CANDORQUE FIDE EQUE
Ex Bibliotheca
LEONARDI MICHON Equitis
Regia consiliis in Lugdunensi
Thesaurariorum Franciæ Curia
Regis advocati. Lugduni
Consulis. Ann. 1721 & 1722.

JUSTIFICATION DU TIRAGE

15 Ex. sur grand vélin à la cuve de Rives, texte réimposé, avec les blasons enluminés à la main, savoir :

5 Ex. réservés à la Famille ;
10 Ex. souscrits par la Librairie F. Michaud à Reims.

200 Ex. sur vergé d'Arches avec les blasons en noir.

Nᵒ 160

CANDOREQUE FIDESQUE
Journal de Lyon.
Messire LEONARD MICHON,
Chevalier, Con.er du Roy, son avocat
general au Bureau des Tresoriers de
France, de la gen.té de Lyon. Ancien Eche-
vin de la d.e Ville. Né à Lyon le 06.mars.1675.
C. Grandon pinx.
Daudet sculp. 1730.

ARMORIAL GENERAL

DE

NOSSEIGNEURS

LES PRÉSIDENS, CHEVALIERS D'HONNEUR

TRESORIERS GENERAUX DE FRANCE

AVOCATS & PROCUREURS DU ROY

Au Bureau des Finances

DE LA GÉNÉRALITÉ DE LYON

CHEVALIERS CONSEILLERS DU ROY, GRANDS VOYERS, JUGES & DIRECTEURS
DU DOMAINE DE S. M. EN LADITE GÉNÉRALITÉ

Depuis leur établiſſement en 1577 juſques à l'année 1790,
que la Compagnie a été ſupprimée

Où l'on voit la date de leur réception & inſtallation, & comment
ils ſe ſont ſuccédés les uns aux autres dans leur office

Dreſſé par MESSIRE LÉONARD MICHON, *avocat du Roy aud. Bureau, de 1700
à 1746 ; continué par* M. BALTHAZARD MICHON, *son fils, qui luy ſuccéda en
ſa charge, de 1746 à 1787 ; & terminé par* M. BALTHAZARD HUBERT
DE SAINT-DIDIER, *petit fils & arrière petit-fils desd.* MMrs MICHON.

A LYON

DE L'IMPRIMERIE DE PAUL LEGENDRE & SES ASSOCIÉS

14, Ruë de la Belle-Cordière, 14

MDCCCCIII

DISCOURS PRÉLIMINAIRE

SUR L'INSTITUTION

DES TRÉSORIERS DE FRANCE

ET DES GÉNÉRAUX DES FINANCES

L E Maire du Palais était anciennement, en France, le premier & le chef de tous les officiers de la Couronne. Il avait réuni en fa perfonne, non feulement la furintendance de la maifon du Roy, de la guerre & de la juftice, mais encore la direction & l'adminiftration de toutes les finances du Royaume & faifait, par conféquent, la fonction de Tréforier de France.

Sur la fin du règne des Rois de la feconde race & quelque temps avant Hugues Capet, premier Roy de la 3e qui commença de régner l'an 987, la Mairie du Palais étant éteinte & les fonctions d'icelle divifées & partagées à 4 différens officiers, il y eut, en France, un officier de la Couronne qui eut feul l'adminiftration des Finances, & on le nomma le grand Tréforier de France.

Sous le règne de Philippe VI, dit de Valois, il y eut deux Tréforiers ; mais on les appela feulement Tréforiers de France. Charles V en créa un troifième & Charles VI un quatrième.

Le nombre, cependant, de ces officiers varia jufqu'en l'année 1450, qu'il fut fixé à quatre pour tout le Royaume, jufqu'en 1551 qu'Henry II en créa 17 pour les 17 généralités du Royaume.

A l'égard des Généraux des finances, leur inftitution peut fe rapporter au règne de Philippe le Bel. Dans leur origine, ils ne furent que trois pour tout le Royaume.

Dans la fuite, le nombre de ces officiers varia, de même que celuy des Tréforiers jufqu'en 1450, qu'il fut fixé à quatre, ainfi que celuy des Tréforiers de France.

En 1551, ces offices de Généraux furent réunis à ceux des Tréforiers ; ils en furent enfuite féparés & enfin réunis pour toujours auxd. offices de Tréforiers, fous le titre de Tréforiers Généraux de France, par l'établiffement qui fut fait des Bureaux des finances, en conféquence de l'Edit d'Henri III du mois de Juillet 1577, ainfi qu'on le verra cy-après.

TABLE ALPHABÉTIQUE
DES NOMS DES OFFICIERS
Contenus dans le préfent Armorial

LES NOMS
ARMOIRIES & BLAZONS
DES
TRÉSORIERS DE FRANCE
&
GÉNÉRAUX DES FINANCES

qui ont exercé les fonctions
de leurs charges
dans la Généralité de Lyon
avant l'établiſſement
du
BUREAU DES FINANCES

TRÉSORIER DE FRANCE

Un des quatre du Royaume

I

ANDRÉ DE TURIN

Établi à Lyon en 1520

De gueules à 3 étoiles d'or rangées en chef

Dans les armes qui font fculptées fur les murs du chœur de Saint-Nizier, les
étoiles font à plufieurs rayes, mais c'eft ainfi qu'anciennement on repré-
fentait les étoiles dans le blazon, & cette différence ne doit pas faire juger
que ces armes ne foient pas celles des Turin ; non plus que le chef qui
paraît être marqué fur ces mêmes armoiries, que la famille de Turin
n'a point mis depuis dans fes armes, & que les armorialiftes ne lui
ont point donné.

ANDRÉ DE TURIN ou DE THURIN, feigneur de Jarnoffe (fief fitué en
Beaujollois qui dépend des Elections de Lyon, Roanne & Villefranche) & de
Charly en Lionnois, Tréforier de France à Lyon & en Lionnois, un des 4
du Royaume depuis l'an 1520 jufqu'en 1530.

On n'a pas connaiffance qu'il y ait eu à Lyon, ni dans la province, aucun
autre Tréforier de France avant André de Turin ; & vraifemblablement, il
n'y en a point eu avant lui, le Roi n'ayant, dans les temps précédens, que
peu ou point du tout de domaine dans la ville et la province, & le peu qu'il
pouvait y avoir, était régi & perceu par le Receveur du Domaine, avec l'affif-
tance des Baillifs & Sénefchaux, qui avaient alors la connaiffance des affairés
domaniales dans les provinces, & il en rendait compte enfuite au changeur du
Tréfor à Paris, lequel était fous l'intendance & l'autorité du Tréforier de

France de la Généralité, dans laquelle le Lionnois était compris, qui était celle de Languedoc.

Au refte les charges de Tréforiers de France étaient alors plutôt des commiffions à temps & révocables, comme font à préfent les places d'Intendants de Provinces, que de véritables charges en titre d'office, quoique le Roy permît quelques fois à ceux qui étaient pourvus de ces commiffions de les réfigner, ainfi que fit André de Turin en faveur de Charles de Pierrevive, fon petit-fils.

Turin ou *Thurin*, comme plufieurs écrivent, était une famille établie à Lyon depuis longtemps. Quelques auteurs donnent à André de Turin Jérôme pour père, qui n'eft pas connu, mais il pourrait bien être petit-fils de Pierre Thurin, échevin de la ville en 1435, 38, 46 & 1447.

· André de Turin avait époufé Bonne Faye, fille de Jean, feigneur d'Efpeiffes en Lyonnois, dont il eut, entre autres enfans, Jeanne de Turin, mariée à Charles (ou Nicolas) de Pierre Vive, qui fut père de Charles second du nom, Tréforier de France cy après.

Cette famille Turin était riche et accréditée. Elle paffe pour avoir fait bâtir en partie le chœur de l'églife de St-Nizier, sur les buttes duquel on voit aujourd'hui (1720) les armes fculptées des Turin.

L'abbé de Marolles, dans fes *Mémoires généalogiques*, donne pour mari à Jeanne de Turin, Nicolas de Pierre-Vive, feigneur de Vaux qui fut père de Charles, feigneur de Lézigny en Brie, Tréforier de France, cy après.

Les *Mémoires* de M^r de l'Eftoile font mention, sous les années 1607 & 1608, d'un Philibert de Thurin, conseiller de la Grand-Chambre & qui avait été receu le 27 novembre 1566, lequel était, dit-il, homme docte & bifarre, bon juge, mais inacceffible, grandement riche mais vivant en gueux. Après avoir remis fa charge à François, fon fils, il fe retira en 1608, en fon païs de Lyonnois ; il faifait profeffion, quoiqu'en fecret, de la religion P. R. dont il était cependant foupçonné ; il changea, dit M. de l'Eftoile, fa robe longue écarlate en habit court & de gentilhomme & prit l'épée. Ce Philibert de Thurin pouvait bien être le fils ou tout au moins le petit-fils d'André, Tréforier de France.

TRÉSORIER DE FRANCE

Un des quatre du Royaume

I I

CHARLES DE PIERRE VIVE

Etabli à Lyon en 1530

D'or à 3 pals de gueules, chargés en chef de 3 tables de diamant d'argent
(enchaſſées d'or)
CIMIER : *un griffon naiſſant d'or ;* SUPPORTS : *deux griffons du même.*

MM. Cachet de Montezan, de la province de Dombes, portent des armes
à peu près ſemblables à celles de Pierre Vive ; il pouvait y avoir eu entre eux
quelque alliance ou affinité. J'ai ouï dire par quelques perſonnes que les Cachet
descendaient d'un bâtard de la maiſon de Pierre Vive.

CHARLES DE PIERRE VIVE, ſeigr de Lézigny en Brie, &ca, Tréſorier
de France à Lyon, un des quatre du Royaume en l'année 1530, par réſignation d'André de Turin, ſon prédéceſſeur & ayeul maternel, & aux païs de
Languedoc, comme appert par une ordonnance dud. sr de Pierre Vive,
datée du 3 octobre 1539.

Charles de Pierre Vive était fils de Charles (ou Nicolas) et de Jeanne de
Turin, fille d'André, cy-devant, Tréſorier de France, et ce Nicolas, ſelon
toute apparence, était le même que Nicolas de Pierre Vive, échevin de Lyon
en 1508.

Charles de Pierre Vive, Tréſorier de France, eut, entre autres frères
et ſœurs, Marie-Catherine de Pierre Vive qui fut gouvernante des enfants de
France ſous Catherine de Médicis, & mariée à Antoine Gondy, second du nom,

patrice florentin, fieur du Péron en Lionnois (château et fief près d'Oullins), qui fut père d'Albert de Gondy, Duc de Retz & Maréchal de France ; elle mourut le 4 août 1570.

La famille de Pierre Vive était originaire de Quiers en Piedmont & établie depuis longtemps à Lyon, où, par des biens confidérables qu'elle y avait acquis, & les alliances qu'elle y avait faites particulièrement avec les Gondy, elle avait eu la protection de la Reine Catherine de Médicis, qui favorifait volontiers les florentins, tels qu'étaient les Gondy.

La famille de Pierre Vive ne fubfifte plus.

GÉNÉALOGIE DES PIERRE-VIVE

SELON LES MÉMOIRES DE L'ABBÉ DE MAROLLES

I

Nicolas de Pierre Vive, feig^r de Vaux.
Jeanne de Turin, fa femme.

I I

Charles de Pierre Vive, feig^r de Lézigny en Brie, maître de la Garde-robe (celuy-cy eft Charles de Pierre Vive, qui fut Tréforier de France).
Jeanne Clauffe de Marchaumont, fa femme.

I I I

Anne ou Annet de Pierre Vive, Baron de Lézigny.
Louife de Clermont-Talart, fa femme.

I V

Gabriel de Pierre Vive, Baron de Lézigny.
Louife d'Ardres, fa femme, fille du Baron de Créfigne.

GÉNÉRAL DES FINANCES

Un des quatre du Royaume

III

CHARLES DU PLESSIS

Établi à Lyon en 1547

De gueules à la croix pattée et alaizée d'argent

CHARLES DU PLESSIS ou DU PLESSEYS, feigneur de Savonnières, un des quatre Généraux des finances du Royaume, faifait fes fonctions de Général à Lyon, conjointement avec Pierre Vive cy-devant, qui était Tréforier de France en l'année 1547.

Par un acte paffé par devant notaire à Paris, le dimanche 1er mars 1527 ou 1537, qui m'a été communiqué, appert que noble homme & fage meffire Jean de Ponchier, chevalier, feigr de Limours, conseiller du Roy & Général de fes finances en fes païs de Languedoc, Lionnois, Forès & Beaujollois, baille à ferme à plufieurs particuliers le droit de 5 pr o/o que le Roy lève fur les draps d'or & d'argent qui entrent à Lyon & par le Royaume. Cet acte établit qu'avant le sr Dupleflis, il y avait à Paris un Général des finances pour Lyon et les provinces de la Généralité : Lionnois, Forès & Beaujollois.

La famille de ce Charles Dupleffis, quant à préfent, ne m'est pas connue.

Par acte paffé à Lyon le 3 avril 1551, après Paques, figné Charles Dupleffeys, appert que led. Charles Dupleffis était Général des finances à Lyon & en faifait les fonctions.

Il parait, par quelques actes, que François Rouffelet, feigneur de la Pardieu, dont nous parlons cy-après, a été commis du sr Du Pleffis de Savonnières, Général des finances.

RÉUNION DES DEUX OFFICES
EN UN SEUL

I I

CHARLES DE PIERRE VIVE

TRÉSORIER DE FRANCE GÉNÉRAL DES FINANCES

en la Généralité de Lyon
en 1551

Comme cy-devant p. 5

P AR EDIT du mois de janvier 1551, Henry II, en réuniſſant & incorporant les charges de Généraux des finances à celles de Tréſoriers de France pour ne faire qu'un feul & même corps d'offices, créa & érigea en chef & titres d'offices formés 17 offices de Tréſoriers Généraux pour les 17 Généralités ou Recettes générales du Royaume créées en 1542, & pour y réſider, avec pouvoir aux anciens Tréſoriers de France & après eux aux anciens Généraux des finances, de choiſir pour leur charge telle Généralité ou ſiège de Recette générale qu'ils souhaiteraient, en prenant toutes fois, ainſi que les nouveaux créés, lettres de proviſion de Sa Majesté.

CHARLES DE PIERRE VIVE, cy-devant Tréſorier de France, en conféquence de cet édit, fut Tréſorier de France & Général des finances, le premier établi pour la Généralité de Lyon en ladite année 1551. Voicy les qualités qu'il prenait alors :

« Charles de Pierre Vive, chevalier, feigr de Lézigny, conseiller & maître

« d'hôtel ordinaire du Roy, notre fire, Tréforier de France & Général des
« finances dud. feigr en la charge & généralité de Lyon.

Ainfi Charles de Pierre Vive a été Tréforier de France & Général
des Finances pendant 25 ans, depuis 1530 jusqu'en 1555.

Quoyque, par l'édit de 1551, il eût été ordonné que chaque Tréforier
général ferait tenu de réfider en perfonne dans l'étendue de sa généralité,
comme par des édits précédents, il avait été permis auxdits Tréforiers de
tenir un commis dans chaque recette générale pour, en leur abfence, y faire
leurs fonctions, le sr de Pierre Vive en eut un à Lyon qui fut le sr Rousselet.
Voicy les qualités qu'il prenait dans les actes publics & entre autres dans un
d'iceux, paffé à Lyon le 26. Décembre 1555 :

« François Rossellet, sr de la Pardieu (fief fitué à la Guillotiére, faubourg
« de Lyon), commis de meffire Charles de Pierre Vive, chevalier, feigr de
« Lézigny, conseiller & maître d'hôtel ordinaire du Roy, Tréforier de
« France & Général de fes finances à la charge de Lyon. Signé : Rouffellet.

Ce François Rouffelet, feigr de la Pardieu, de la Bâtie, &ca..., avait été
Tréforier des deniers de l'Aumône générale de Lyon en 1535, & échevin
de lad. ville en 1539-40 & en 1547-48. Il portait les mêmes armes que Fran-
çois-Louis de Rouffelet de Château Regnaud, Maréchal de France en 1703,
dont il était le bifayeul ; il avait époufé, en 1537, Méraude de Grillet, fille de
Nicolas de Grillet, feigr de St-Trivier, & de Marie de Gondy, dame d'honneur des filles de France & première dame d'honneur de Marguerite de
France, Ducheffe de Savoye.

François Rouffelet était allié à la famille de Pierre-Vive.

I V

François DE CHALVET

en 1555

*D'azur à une bande d'or, chargée de 3 croisettes de gueules, accompagnée
en chef d'une tête de lion arrachée d'argent, & en pointe
d'une quintefeuille du même.*

On trouve auſſi : écartelé d'azur à 3 demi-vols d'argent, 2 & 1, qui eſt de
Cey. CIMIER : un lion naiſſant d'or ; SUPPORTS : deux lions du même. Quelques
blazonniſtes font le champ des armes de Chalvet de gueules, & la tête du lion
& le quintefeuille d'or, au lieu d'argent.

FRANÇOIS DE CHALVET, chevalier, baron de Trézac, feig^r de
Freſne & de Freluc, conseiller du Roy, Trésorier de France & Général
de ſes finances, tant ordinaire qu'extraordinaire en la charge & généralité
de Lyon, ſuccéda aud. office à Charles de Pierre Vive, par ſa réſignation du
2. Avril 1555.

Il paraît néanmoins par pluſieurs actes que le s^r de Chalvet n'exerça
ſes fonctions de Tréſorier & Général à Lyon que dans l'année 1556, & l'on
a vu cy-devant que François Rouſſelet faisait fonction de commis de
Charles de Pierre Vive le 26. Décembre 1555. Sur quoy on peut obſerver,
en paſſant, qu'en France, dans ces temps-là, on commençait à compter
l'année du jour de Pâques, ce qui dura juſqu'en 1565.

François de Chalvet avait épouſé Iſabeau Cey, iſſuë de la maiſon de Cey de Florence, alliée à celle de Stroffi, duquel mariage il n'eut qu'une fille unique et fon héritière, Françoife, qui fut mariée à Jacques Faye, feig^r d'Efpeiffes, Préfident au Parlement de Paris, par contract paffé à Lyon le 12. Février 1576.

La famille de Chalvet était, je crois, originaire de Languedoc ou de la haute Auvergne.

Il y a eu Mathieu de Chalvet, de la province de la haute Auvergne, qui a traduit en français les œuvres de Senèque le philofophe ; il fut préfident au parlement de Thouloufe, & mourut en 1603. Il eut un fils, François de Chalvet, qui luy fuccéda en fondit office de Président ; il y a apparence que ceux-cy étaient de la famille de François de Chalvet, Tréforier de France.

François de Chalvet n'a exercé fes charges de Tréforier de France & de Général des Finances à Lyon que pendant 4 à 5 années, depuis 1556 jufqu'en 1560, que Jean Viallart luy fuccéda en l'office de Général des finances, comme on va le voir cy-après.

On trouve cependant, dans un livre *Les Problèmes de Jérôme Garimbert*, in 8º, imprimé à Lyon par Guillaume Rouville, une épitre adreffée à François Rogier, fous la date du 30. Juin 1559, dans laquelle il est qualifié Tréforier général de Lyon, ce qui peut bien faire croire que le s^r de Chalvet n'exerça guère fes fonctions de Général depuis 1557, qu'il quitta la charge de Trésorier de France jufqu'en l'année 1560, que Viallart luy fuccéda en celle de Général.

<table>
<tr><td align="center">

V

François ROGIER

TRÉSORIER DE FRANCE

en 1557

De gueules à la bande ondée d'argent.

Ces armes fe voyent blazonnées de même dans les formes du chœur du grand couvent des Cordeliers de cette ville de Lyon.

</td><td align="center">

IV

François DE CHALVET

GÉNÉRAL DES FINANCES

en 1557

D'azur à une bande d'or, chargée de 3 croifettes de gueules, accompagnée en chef d'une tête de lion arrachée d'argent & en pointe d'une quintefeuille d'argent.

</td></tr>
</table>

H ENRY II, par fon édit du mois d'Aouft 1557, fépara & divifa les offices de Tréforiers de France d'avec ceux de Généraux des finances, qui avaient été réunis par l'Edit de 1551, voulant que les anciens Tréforiers Généraux puffent choifir celuy desdits offices de Tréforier ou de Général qu'ils aimeraient le mieux ; &, pour cet effet, il créa & érigea, en titres d'offices, 17 nouveaux offices de Tréforiers ou de Généraux pour les 17 Généralités ou Recettes générales du Royaume, dont les pourvus seraient tenus de prendre lettres de provifions de Sa Majesté.

En conféquence de cet Edit, François de Chalvet, qui était Tréforier de France, Général des Finances, opta pour l'office de Général des Finances & François Rogier fut pourvu de celuy de Tréforier de France.

Sur quoy on obfervera que le s^r de Chalvet préféra à la charge de Tréforier de France celle de Général des Finances, parce que celle-cy avait des fonctions plus importantes que l'autre, quoyque plus confidérable par l'ancienneté, attendu que déjà, dans ces temps-là, le domaine de France était fort aliéné, & que les principaux revenus de l'Etat confiftaient dans les finances extraordinaires, qui étaient fous la charge & direction des Généraux des finances.

François ROGIER (ou Rougier, ou Roger, ou de Rouger), Baron de Ferrats & de St-Benoift, feig^r de Malras (ou Matras, ou Merras), &ca, en vertu de la défunion de l'office de Tréforier Général des finances, ordonnée par l'Edit cy-deffus rapporté du mois d'Aouft 1557, fut Tréforier de France & le premier pour la généralité de Lyon vers lad. année 1557 ; & le s^r de Chalvet fut Général des Finances, en forte qu'il y eut en ce temps-là à Lyon un Tréforier de France & un Général des Finances.

On verra plus amplement, cy-après, ce qui concerne François Rogier & l'exercice de fa charge.

On trouve dans un livre imprimé à Lyon *les Proverbes de Jérôme Garimbert*, in-8°, par Guillaume Rouille, une épiftre adreffée à François Rogier fous la date du 30. Juin 1559, dans laquelle il eft qualifié Tréforier général de Lyon, ce qui peut faire croire que le s^r de Chalvet après la défunion de fon office de Tréforier de France, Général des finances, en retenant feulement celuy de Général jufqu'en 1560, que le s^r Viallart en fut pourvu, n'en exerça prefque point les fonctions. Voicy les qualités que le libraire donne au s^r Rogier, dans cette épiftre dédicatoire :

« A Monfeigneur Monfieur François Rogier, baron de Ferrats & St-« Benoift, feig^r de Malras, confeiller du Roy & Tréforier général de Lyon & du « Languedoc, fecrétaire & contrôleur général des guerres. » Dans cet épiftre, il loue extrêmement cet officier de ce qu'il eft chargé de grandes & importantes affaires dans le Royaume dont il s'acquite vertueufement & au contentement de tout le peuple.

Dans un autre livre intitulé *Les Nuits facécieufes de Straparoles*, imprimé à Lyon, par Rouille (réimprimé en 1615), il y a auffi une épiftre dédicatoire adreffée au s^r Rogier, en ces termes :

« A Monfeigneur Monfieur François Rogier, chevalier, Baron de Ferrats « & de St-Benoift, feig^r de Tournebois & de Malras, confeiller du Roy, Tréfo-« rier de France, fecrétaire et contrôleur général de fes guerres. »

Dans cette épiftre, l'éditeur qui eft le s^r Rouille, le loüe de fon efprit & de fon bon goût pour les ouvrages de littérature, & rappelle le livre des « Problèmes de Garimbert » qu'il lui avait auparavant dédié en 1559.

VI

JEAN VIALART

GÉNÉRAL DES FINANCES

1560

D'azur à un sautoir d'or, accompagné de 4 croix ancrées du même.

Paillot fait les croix potencées & prétend que ce font
les véritables armes de Vialart.

JEAN VIALART, ou VIALLART, fuccéda à François de Chalvet, en l'office de Général des finances, vers l'année 1560, par réfignation dud. Chalvet.

Et François ROGIER continua d'exercer la charge de Tréforier de France.

On voit néanmoins, dans les additions aux *Mémoires de Caftelnau,* un extrait d'une lettre de la Reine Catherine de Médicis adreffée à Artus de Coffé, sʳ de Gonnor, furintendant des finances fous la date du 12. Février 1562, où elle qualifie led. sʳ Rogier de Général ; voici les termes de l'extraict : « Sur les entrefaites du voyage de mon coufin le Cardinal de Guife, le Général « Malras (c'eft le sʳ Rogier, feigʳ de Malras ; d'autres, ainfi que l'hiftorien « Claude de Rubis, difent Matras) eft arrivé qui nous a, bien au long, déclaré « tout ce que luy avez dit & donné charge, touchant le moyen de recouvrer « deniers, en vendant pour 100 mille écus de domaine de l'Églife ». Cette qualité, de Général donnée au sʳ Rogier, qui était feulement alors Tréforier de France peut faire juger que quoyque la charge de Tréforier de France, Général des finances, eût été divifée, comme on l'a dit cy-devant, en conféquence de l'Edit de 1557, les officiers pourvus de celle de Tréforier de France étaient néanmoins qualifiés de Tréforier Général, ou de Général, ce qu'on a déjà pu remarquer par la note cy-devant, qui rappelle une épitre dédicatoire à François Rogier, qualifié Tréforier général de Lyon. L'on peut dire auffi que ces deux qualités commençaient déjà à fe confondre.

A l'égard de Jean Viallart, on lit, dans les mêmes additions aux *Mémoires de Caftelnau,* une copie d'une lettre du duc de Guife au sr de Gonnor, surintendant des finances, où il eft fait mention de cet officier en ces termes :

« Monfieur de Gonnor, je m'affeure que l'arrivée à Paris de M. le Car-
« dinal, mon frère, fera caufe que MM. de la Cour de parlement feront publier
« l'Edit de l'aliénation du temporel de l'Eglife, & pour cette occafion, je vous
« prie avoir fouvenance de ce que je vous dis dernièrement. La Reine étant à
« Rambouillet pour faire nommer en la commiffion M. Viallart, à ce qu'il y
« soit employé pour l'un des commiffaires de la ville de Paris. Vous le
« connaiffez tant homme de bien et bon ferviteur du Roy, que je ne m'étendray
« à vous en dire davantage, priant Dieu, après m'être recommandé à votre
« bonne grâce, vous donner, Monfieur de Gonnor, ce que plus vous défirés.
« Du camp devant Orléans, le 17. Février 1562. Votre bien affectionné ami :
« François de Lorraine ».

A côté font écrits ces mots : « Je vous prie mander à M. Viallart ce qu'il
« aura à faire et s'il vous ira incontinent trouver à Paris ».

La famille de Vialart ou Vialard eft une bonne famille de robe, dont il y a eu des confeillers aux parlements de Paris & de Rouen, & des Archevêques & des Evêques.

V I I

Jean CHASTELIER

GÉNÉRAL DES FINANCES

1566

*D'azur au château de 3 tours d'argent, celle du milieu plus élevée,
& maſſonné de ſable.*

La deviſe de Jean de Chaſtelier était : FERMETÉ & LOYAUTÉ. Le maréchal
de Briſſac l'avait fait chevalier après le ſiège & la priſe de Quéraſque en
Piedmont, en 1557 (Chorier : *Hiſtoire de Dauphiné*).

JEAN CHASTELIER, ſeigʳ de Millieu (près de Vienne, en Dauphiné)
&ca, par réſignation de Jean Vialart cy-devant, luy ſuccéda en l'office de
Général des finances en l'année 156... ; il paraîtrait, par quelques titres, que
Vialart était décédé dès 1562.

Et François ROGIER continua d'exercer la charge de Tréſorier de
France.

JEAN CHASTELIER, ou DE CHASTELIER, avait été Tréſorier de France,
Général des Finances en Savoye, Piedmont & marquiſat de Saluces en 1560,
61 & 62, & en Dauphiné (Chorier : *Hiſtoire de Dauphiné*) ; auſſi Tréſorier
de France général des Finances à Poitiers, & Intendant des finances en
Piedmont.

Il y a toute apparence que ce Jean Chaſtelier eſt le même que le
Général des finances à Lyon, mais cela n'eſt pas certain.

Il avait épouſé Hippolite de Scaravelli, dame d'honneur de la Reine
Catherine de Médicis.

Guy CHASTELIER, ſon fils, fut Tréſorier général des finances en Dauphiné.

Cette famille eſt de la province de Dauphiné, où elle ſubſiſte encore à préſent ; mais, comme Jean Chaſtelier n'exercea preſque point de fonctions de ſa charge de Général à Lyon, elle y eſt peu connue, & je ne ſache pas qu'elle y ait laiſſé poſtérité.

Claude de Rubis, dans ſon *Hiſtoire de Lyon*, livre III, chapitre LVI, page 393, fait mention du sʳ Rogier, ſous le nom ſeulement de sʳ de Matras qu'il qualifie Maître d'hôtel de la Reine Mère du Roy & Tréſorier de France en la généralité de Lyon, lequel, dit-il, « logeait alors (le 27. Avril 1562) à Lyon, en l'hôtel du Plat, appartenant aux sieurs du Peyrat ».

Dans le verbal & information faite de la démolition de l'Egliſe de Saint-Juſt de Lyon, imprimé à Lyon chez Guillaume Barbier, en 1672, l'avis donné au Conſeil par le sʳ Rogier, le 12. Juin 1564, eſt ainſi intitulé :

« François de Rouger, baron de Ferrats & Saint-Benoiſt, ſeigʳ de Merras
« & Tournebois, conſeiller & maître ordinaire du Roy et de la Reyne, Tréſorier
« de France & Général des finances à Lyon ; Vu..., &ca », & à la fin dud. avis, il eſt ainſi ſigné : de Rouger. Ce qui fait voir (à moins qu'il n'y euſt eu faute d'ortographe ou d'impreſſion dans l'imprimé dud. verbal) la différence que l'on a mis en différentes rencontres au nom du sʳ Rogier, ou en la prononciation d'iceluy auſſi bien que dans ſes qualités et ſeigneuries. Cependant, à l'égard de la qualité de Tréſorier de France qu'il ſe donne luy-même dans ſon avis du 12. Juin 1564, qui doit ne concerner que le Général des finances, on doit croire qu'après la diviſion qui fut faite, en 1557, de l'office de Tréſorier de France, Général des finances, le sʳ Rougier, qui fut d'abord ſeulement Tréſorier de France, fit, peu de temps après, les fonctions, tant de Tréſorier que de Général ; & que les sʳˢ Jean Viallart et Jean Chaſtelier qui ſont icy placés en qualité de Généraux des finances, depuis l'an 1560 juſqu'en 1567, n'exercèrent pas, du moins à Lyon, les fonctions de cette charge ; ainſi François Rogier, qui en faiſait les fonctions, avait droit, par là, de prendre la qualité de Général des finances, comme il fit dans ſon avis du 12. Juin 1564, cy-deſſus mentionné; & ce qui autoriſe d'autant mieux ce ſentiment eſt, qu'en conſéquence d'un Edit du mois de novembre 1567, il fut ſeul Tréſorier de France & Général des finances pour la généralité de Lyon, comme on le verra cy-après. D'ailleurs, quoyque les sʳˢ Vialart et Chaſtelier ayent icy rang parmi les Généraux des finances, je n'ay pas vu beaucoup d'actes qui établiſſent qu'ils en ayent fait les fonctions à Lyon, mais bien plutôt à Paris et en Dauphiné.

RÉUNION
DES DEUX OFFICES PRÉCÉDENS
EN UN SEUL

V

FRANÇOIS ROGIER

TRÉSORIER DE FRANCE GÉNÉRAL DES FINANCES

1567

Comme cy-devant p. 12.

FRANÇOIS ROGIER, cy-devant, en vertu d'un Edit du mois de novembre 1567, réunit les deux offices de Tréforier de France & de Général des finances & fut seul Tréforier de France, Général des finances en la charge & généralité de Lyon; mais, l'année suivante, 1568, les deux offices furent de rechef divifés, ainfi qu'on va le voir cy-après.

François ROGIER a exercé fes charges de Tréforier de France ou de Général des finances dans la généralité de Lyon, environ une dizaine d'années, savoir : depuis 1557 jufqu'en 1567.

Il y a quelque apparence que la famille Rogier était originaire de ces païs-cy, ce qu'il y a de certain eft qu'elle n'y fubfifte plus depuis longtemps, & qu'elle n'y eft même pas connue, du moins à Lyon.

J'ay vu néanmoins, par quelques titres, qu'en l'année 1578, il y avait, à Lyon, Barthélemy Rogier, sr de Ferrats, qui était débiteur des héritiers de feu Bonaventure Michaély & Jérome Arnolphiny, banquiers demeurans en lad. ville; ce qui fait préfumer deux chofes : la première que ce Barthélemy Rogier était parent de François Rogier, cy-dessus, Tréforier de France &

Général des finances qu'on nommait pareillement sr de Ferrats, et la seconde que ce Barthélemy Rogier faifait en cette ville commerce avec d'autres marchands & banquiers; il y a aufſi toute apparence qu'il eut le nom & le fief de Ferrats, de François Rogier, ſon parent.

Par contraſt du 9.Janvier 1631, appert qu'Antoine de Rogier de Saint-George, eſcuyer, seigr de Ligniat & du Colombier, était domicilié dans la paroiſſe de Mars, en Lionnois, dépendant de la chatellenie de Charlieu ; il paraît, par d'autres pièces jointes à celle cy-deſſus, qu'Antoine-Hilaire de Guillermin de Nuzières, chevalier, sr Deſcombes, a épouſé la dame Françoiſe de Ligniat, fille d'Antoine de Rogier, seigr de Ligniat, lequel était, ſelon toute apparence, iſſu de la famille de François Rogier, Tréſorier de France.

Dans un procès-verbal du 21. Février 1568 fait par un maître des comptes de Dijon, commis par ordonnance du sr Rogier du 27. Juin 1567, led. Rogier eſt qualifié ainſi qu'il ſuit :

« Noble sr Meſſire François de Rougier, chevalier, sr de Matras, baron de « Ferrats et de Saint-Benoît, maître d'hôtel ordinaire de Sa Majeſté, Tréſorier « de France établi à Lyon, &ca (*Fournival*, page 945).

Cet aſte établit que le sr Rogier exerceait encore les fonſtions de Tréſorier de France à Lyon en l'année 1567. Ce ne fut que l'année suivante, 1568, que les srs frères Camus furent pourvus de ſa charge, après avoir été diviſée en deux offices, ainſi qu'on va le voir cy-après.

DIVISION EN DEUX OFFICES
DE L'OFFICE PRÉCÉDENT

<table>
<tr><td align="center">VIII</td><td align="center">IX</td></tr>
<tr><td align="center">Antoine CAMUS</td><td align="center">Claude CAMUS</td></tr>
<tr><td align="center">TRÉSORIER DE FRANCE</td><td align="center">GÉNÉRAL DES FINANCES</td></tr>
<tr><td align="center">Etabli le 14 Février 1568</td><td align="center">Etabli le 14 Février 1568</td></tr>
</table>

*D'azur à 3 croiffans montans d'argent, 2 & 1, à l'étoile d'or,
périe en cœur (ou en abîme).*

Claude Camus, frère d'Antoine, brifait des armes de Vinols ou Vignols, fa mère fans doute, qui font : d'azur à 3 coquilles d'or, 2 & 1, au chef de gueules, chargé de 3 coquilles d'argent.

En vertu d'un Edit qui ordonnait la divifion des deux offices de Tréforier de France & de Général des finances, ou de la réfignation de François Rogier qui avait, depuis peu, réuni les deux charges, les s^{rs} frères Camus en furent pourvus, savoir :

Antoine CAMUS, baron de Riverie, Confeiller du Roy, Tréforier de France en la généralité de Lyon, le 14. Février 1568.

Claude CAMUS, fon frère puifné, seig^r d'Arginy, Chaftillon d'Azergues, Bagnols & Veize-les-Lyon, confeiller du Roy & général de fes finances en la charge & généralité établie à Lyon, pourvu ou receu led. jour 14. Février 1568.

La famille Camus, établie depuis très longtemps à Lyon, était originaire d'Auffonne en Bourgogne ; le premier qui s'établit à Lyon fe nommait Nefme Camus. Cette famille acquit des biens confidérables & poffédait, dans un temps, une grande quantité de terres & de fiefs dans la province, comme : Riverie, Bagnols, Arginy, Chatillon d'Azergues, Veize-les-Lyon, le Peron, Ivours, &ca.

Antoine Camus & Claude Camus frères, étaient fils de Jean Camus, fecrétaire du Roy, qui avait été échevin de Lyon & avait acquis la terre de Bagnols du .s^r Florimond Robertet, fecrétaire d'Etat, par contract du 17. Aouft 1570 ; eux-mêmes furent auffi échevins avant que d'être Tréforiers de France, & ont fervi auffi l'un & l'autre les maifons de l'Hôpital & de la Charité, en qualité de recteurs & de préfidens aux bureaux desd. hôpitaux.

Cette famille a fait plufieurs branches, établies à Lyon, à Paris, à Rouen & dans d'autres provinces du Royaume, & elle fait, depuis quelque temps, des chevaliers de Malte.

Antoine Camus & Claude Camus étaient frères de Jean Camus, feig^r de St-Bonnet, confeiller du Roy en fon Conseil privé & Intendant de fes finances, & de Mre Geoffray Camus, feig^r de Pont Carré, auffi conseiller du Roy en fon Confeil privé. Claude de Rubis, en fon *Hiftoire de Lyon*, livre iiie, page 358, parlant d'Antoine Camus, Baron de Riverie & préfident au Bureau des finances, dit que, « s'il fe fût voulu affujettir à fupporter les « incommodités de la Cour, comme il en a été fouvent recherché, il pouvait, « pour les bonnes & belles parties qui font en luy, être employé en des plus « belles & honorables charges de ce Royaume, mais il a eftimé fagement, avec « le poète Horace, que

> *Auream quisquis mediocritatem*
> *Diligit, tutus caret obsoleti*
> *Sordibus tecti : caret invidenda*
> *Sobrius aulá.*

X

ANTOINE GROLIER

GÉNÉRAL ALTERNATIF DES FINANCES

1577

*D'azur à 3 befans d'or rangés en fasce, abaiffée & fommée d'autant
d'étoiles d'argent*

EN 1570, CHARLES IX créa, par fon Edit du mois de Novembre, en chacune
des généralités ou recettes générales du Royaume, un fecond office de
Général des finances, pour vacquer alternativement, avec le premier Général
cy-devant établi, à l'exercice & fonctions de leurs charges, favoir : un à la
ville & l'autre hors d'icelle. En forte qu'il y eut alors en chaque généralité
un Tréforier de France & deux Généraux des finances. A Lyon les deux
frères Camus étaient, comme on l'a marqué : l'un, Tréforier de France
& l'autre Général des finances, & Antoine Grolier leva le fecond office de
Général des finances.

ANTOINE GROLIER, Sr de Servières, leva l'office de Général alternatif
des finances crée par l'Edit de Novembre 1570, mais il n'en fut pourvu que
peu avant l'établiffement du Bureau des finances en 1577 &, par conféquent,
il n'en exerça pas les fonctions qui, jufqu'à ce temps-là, demeurèrent
à Claude Camus, ancien Général des finances.

Antoine Grolier ou Grollier (il fignait Grolier & non Grollier avec deux *ll*
ainfi que le font aujourd'hui (1730) fes arrière petits fils, c'eft-à-dire avec
deux *ll*), sieur & baron de Servière, fut Receveur général des finances de

Dauphiné, maître d'hôtel ordinaire du Roy & échevin de Lyon. Il avait épousé Marie Camus, fille de Mre Antoine Camus, chevalier, feigr & baron de Riverie qui luy conftitua en dot la fomme de 3o.ooo l. par conctract du 14.Février 1581.

La famille des Grollier eft originaire de Gênes ; lors d'Antoine Grollier, cy-deffus, elle était déjà, depuis quelque temps, établie à Lyon, où ayant acquis des biens affez confidérables, cela luy avait donné lieu de remplir & d'exercer les emplois & les charges des plus honorables de la ville. Elle a fait, dans la fuite, des alliances qui l'ont mise en état d'entrer à Malte. On aura encore occafion, cy-après, de parler de cette famille par rapport à ceux qui ont exercé les charges de Tréforier de France au Bureau des finances de Lyon.

Antoine Grollier, cy-deffus, avait été auparavant Général des finances en la charge de Dauphiné et Marquifat de Saluces, duquel office il fe démit au profit de Charles de la Colombière.

Il exercea enfuite la charge de Tréforier de France créée par l'Edit de Juillet 1577, depuis l'année 1578 qu'il y fut inftallé, jusqu'en 1606, qu'il la réfigna à Jean de la Veühe, qui avait époufé Claudine Grollier, fa fille fans doute. Antoine Grollier décéda en 1606. Marie Camus (dont la maifon d'habitation à Lyon, rue de la Juifverie, paroiffe Saint-Paul, appartient aujourd'hui (en 1731) à Eftienne Clapeyron, Tréforier de France), fa veufve, fille d'Antoine Camus cy-devant, fe fit adjuger fes droits dotaux fur les biens de fon mari, fur lesquels fes créanciers avaient fait mettre un décret. Entre huit enfants qu'il laiffa, fut Nicolas Grollier, Sr de Servières, officier d'infanterie qui fut père de Charles, Tréforier de France, cy-après p. 149. A l'égard d'Antoine Grolier, il était fils de François Grolier, plufieurs fois échevin de Lyon, & fecrétaire du Roy.

X I

Louis DE LAULBE

TRÉSORIER DE FRANCE ALTERNATIF

Pourvu le 10 Mars 1577

D'azur au cerf courant d'or sur un rocher abaissé du même à six pointes.

Palliot blazonne les armes de Laube Bron : d'azur au cerf d'or rampant
sur un rocher d'argent, ce qui n'est pas tout à fait semblable au blazon ci-dessus ;
mais on voit, au surplus, par cet auteur qui a écrit au milieu du siècle passé
(1650) que les de Laulbe possédaient en ces temps-là la terre de Bron.

Par Edit du mois d'Octobre 1571, Charles IX créa encore, en titre
d'office formé, un second Tréforier de France en chaqu'une Généralité
ou bureau de Recette générale du Royaume, pour vaquer, alternativement
avec l'ancien cy-devant établi, à l'exercice de leur charge, favoir : l'un une
année dans la ville où était le bureau de Recette, & l'autre hors de lad. ville,
s'occupant à faire fes vifites & chevauchées ; mais cet Edit n'eut pas plus
d'exécution que le précédent de Novembre 1570, parce que Louis de l'Aulbe,
dont on va parler, ne leva cet office de Tréforier alternatif, que peu avant
l'établiffement du Bureau des finances, fait par l'Edit de Juillet 1577.
Ainfi, quoy qu'il y eut, avant ce temps-là, par les Edits de création qu'on a
cy-devant cités, deux Tréforiers de France & deux Généraux des finances
établis pour la généralité au Bureau de Recette de Lyon, néanmoins il n'y
eut que les deux frères Camus, l'un en qualité de Tréforier de France,
l'autre comme Général des finances, qui y exercèrent les fonctions de ces

charges jufqu'au parfait établiffement du Bureau des finances, en 1577 ou même 1578, ainfi qu'on le verra cy-après.

Louis DE L'AUBE ou DE L'AULBE (il fignait de Laulbe), seig^r de Lartoire, Tréforier de France alternatif à Lyon, en vertu de l'Edit de création de cet office, du mois d'Octobre 1571, dont il fut feulement pourvu le 10. Mars 1577, peu avant l'établiffement du Bureau des finances &, partant, il n'en exercea pas les fonctions.

Il y a eu, en 1563, Jean de Laube, échevin à Lyon ; il y a toute apparence qu'il était père de Louis de Laulbe cy-deffus ou, du moins, qu'ils étaient l'un & l'autre de la même famille. Elle a fubfifté jufque dans ces temps-cy à Lyon &, en particulier, en la perfonne des feig^{rs} de Bron en Dauphiné près de cette ville ; aujourd'huy ceux du nom de l'Aulbe, feig^{rs} de Bron, parens & héritiers collatéraux defd. de l'Aulbe, font établis du côté de Bourgogne. On parlera encore cy-après de Louis de l'Aulbe ; on remarquera cependant icy qu'il avait époufé Hipolite Scaravel ; il paraît, par d'autres pièces, qu'il avait auffi époufé dem^{lle} Ragonde Romier, dont des enfans ; ce pourrait être une feconde femme.

Il y a eu Louise Camus, ou le Camus, qui fut veuve de Jacques de l'Aulbe, feig^r de Bron, petit-fils, fans doute, de Louis de l'Aulbe cy-dessus, dont elle n'a point eu d'enfans. La famille de l'Aulbe eft aujourd'huy (1730) établie à Clugny, dans le Mâconnais, qui fait partie du gouvernement de Bourgogne. Le père, les enfans & les petits-fils y font vivans, & ce font eux qui font feig^{rs} de la terre de Bron en Dauphiné, à la fortie du faubourg de la Guillotière de cette ville. C'eft ainfi que les familles, en fe tranfplantant, dépaïfent le monde, car ces MM^{rs} de l'Aulbe font en Mâconnais et dans le Chalonnais, à 2 ou 3 lieues de Clugny où ils ont leurs terres, fur le pied de très bons gentilfhommes.

L'Établiſſement

des

BUREAUX DES FINANCES

du Royaume

fut fait ſous Henry trois

par ſon Édit donné à Poictiers

au mois de Juillet

1577

APRÈS qu'HENRY III eut encore créé, dans les Généralités du Royaume, quelques nouveaux offices de Tréforiers de France ou de Généraux des finances par des Edits particuliers qui n'eurent point d'exécution, il en rendit un général, à Poitiers, au mois de Juillet 1577, par lequel, en réuniffant pour toujours les charges de Tréforiers de France & de Généraux des finances en un seul corps d'office, fous le titre de Tréforier de France général des finances, ou plutôt, Tréforier général de France, il créa dans chaque Généralité cinq offices de Tréforier Général de France ; voulant néanmoins que ceux qui y étaient auparavant créés et établis fiffent partie dud. nombre de cinq, à la charge, par les pourvus d'iceux, de prendre nouvelles provifions de Sa Majefté, & fans être tenus de prêter autre nouveau ferment que celuy qu'ils auraient auparavant pu prêter, & que, pour les autres offices non créés ou établis pour parfaire le nombre de 5, il y ferait par Sa dite Majefté pourvu.

HENRY III, par ce même Edit, ordonna que les cinq officiers, pourvus de ces nouveaux offices, s'affembleraient certains jours de la femaine en tel lieu qu'ils aviferaient le plus commode de la ville, où le Bureau de Recette générale était établi, même en fes maifons, palais ou châteaux, pour y régler et décider à la pluralité des voix toutes les affaires concernant leurs charges, & les tribunaux ainfi établis furent, pour lors, nommés, comme ils l'ont été depuis : les *Bureaux des finances*. On créa encore, par cet Edit, un greffier et des huiffiers pour le fervice de la juridiction.

En conféquence dud. Edit de 1577, & en vertu des lettres patentes du mois de May 1578, le Bureau des finances fut établi à Lyon et compofé des deux frères Camus cy-devant, l'un Tréforier de France, l'autre Général des finances, & des ssrs Grollier & de l'Aulbe qui étaient auffi, comme on l'a vu, Général des finances & Tréforier de France avant l'Edit de Juillet 1577, après avoir néanmoins, par eux tous quatre, pris de nouvelles provifions du Roy.

A l'égard du 5e office, le sr Garrault, Tréforier de l'Epargne, s'en rendit propriétaire pour peu de temps, car, en 1580, il le remit à Louis de l'Aulbe déjà pourvu d'un autre office de Tréforier Général de France, mais celuy-cy ne garda guère de temps ce second qu'il réfigna, en 1583, à Jean Barraillon, comme on le va voir cy-après.

BUREAU DES FINANCES

DE

LYON

L A première féance du Bureau des finances de Lyon y fut tenue, le lundy 9.Juin 1578, au palais de Roanne, dans la chambre des gens du Roy, par Antoine & Claude Camus. Depuis, le Bureau fe tint alternativement, chaque année, chez les deux plus anciens officiers. En 1582, on prit dans la rue St-Jean une maifon à louage, au prix de 300 l. par an, pour la tenue du Bureau, qui y refta jufqu'en 1640. Cette maifon appartenait au sr Maurice du Peyrat, chevalier de l'Ordre & gentilhomme de la chambre.

Le Mercredy, 11. Juillet 1640, le Bureau fut tenu, pour la première fois dans la maison acquife par le Bureau, au profit de Sa Majefté, des recteurs de l'Hôtel-Dieu de Lyon, & en 1641, il acquit une feconde maifon, attenante à la première, des sr Claude Meffier avocat, & fœurs Grégoire, au prix de 9,500 l. pour l'augmentation des appartemens du Bureau.

La première maifon, acquife des recteurs de l'Hôtel-Dieu, fut du prix de 26,000 l. payé des deniers du Roy par le receveur du Domaine en 1639.

V I I I

ANTOINE CAMUS

TRÉSORIER GÉNÉRAL DE FRANCE

Inſtallé le 21 Mars 1578

Comme cy-devant p. 20

ANTOINE CAMUS DE RIVERIE, Tréforier Général de France, en vertu de l'Edit de Juillet 1577, fut pourvu de fon office le 5. Février 1578 & receu le 21. Mars fuivant, & au Bureau des finances le 9. Juin 1578. Il paya aux parties cafuelles, par quittance du dernier Décembre 1577, pour l'office de Tréforier de France, général des finances, créé par l'Edit de Juillet 1577, la fomme de 400 écus fol feulement, en confidération de différentes finances par luy payées ou prêtées auparavant au Roy, pour raifon de fa charge ancienne de Tréforier de France, dont il avait même obtenu l'exemption de l'alternatif'créé en 1571.

Et, depuis, favoir en 1582, il eut la qualité de préfident fuivant l'Edit de création de cet office de Janvier 1581, moyennant 500 écus de finances & par lettres patentes du 5. Aouft 1581, & le 13. May 1582 eut lettres de difpenfe d'un an pour prêter ferment dud. office entre les mains de M. le Chancelier; femblable délay luy fut accordé les années fuivantes.

Antoine Camus de Riverie, réfigna fon office de Tréforier de France à Marc-Antoine Camus, sr Duperon, fon fils, en 1599, cy-après p. 50, & après fa réfignation faite, ayant pris congé de la compagnie, il fut prié par lad. compagnie de continuer d'entrer au Bureau fuivant l'acte du 28. Juillet 1599, ce que le sr de Riverie accepta & dont il remercia la compagnie. Il avait déjà obtenu lettres d'honneur ou de vétérance après 32 ans d'exercice & plus, étant âgé de 80 ans ; ces lettres font datées du 22. May 1599.

2ᵉ *Création*
de Juillet 1577

Succeſſeur
p. 49

I X

Claude CAMUS

TRÉSORIER GÉNÉRAL DE FRANCE

Inſtallé le 21 Mars 1578

Comme cy-devant p. 20

Claude CAMUS d'Arginy, Tréforier Général de France, en vertu dud. Edit, pourvu & installé lesd. jour & an qu'Antoine Camus, ſon frère.

Par quittance du 31. Décembre 1577, il paya, pour ſa nouvelle charge de Tréforier Général de France, la ſomme de 800 écus ſol, pour les mêmes conſidérations que deſſus, concernant ſon frère.

Antoine Camus d'Arginy, cy-après p. 49, ſuccéda à Claude Camus, ſon père, en ſon office de Tréforier de France en 1594, ſur la nomination de la veuve & des héritiers dud. Claude Camus, décédé vers le commencement de lad. année 1594, ou vers la fin de 1593.

3ᵉ Création
de Juillet 1577

Succeſſeur
p. 56

X

Antoine GROLIER

TRÉSORIER GÉNÉRAL DE FRANCE

Inſtallé le 10 Novembre 1578

Comme cy-devant p. 22

Antoine GROLLIER De Servières, Tréforier Général de France, en vertu du même Edit de Juillet 1577, pourvu le 31.Décembre 1577.

Il avait été reçu à la chambre des comptes à Paris, le 13.May 1578, préſenta ſes lettres pour la première fois au Bureau le 15.Octobre 1578, pour être enregiſtrées, mais ne fut inſtallé ou ne ſiégea que le 10. novembre 1578 ; paya ſon office créé par led. Edit de Juillet 1577, la ſomme de 6,000 écus ſols, ſuivant la quittance de finance du 31.Décembre 1577.

X I

LOUIS DE L'AULBE

TRÉSORIER GÉNÉRAL DE FRANCE

Inſtallé le 18 Mars 1579

Comme cy-devant, p. 24.

Louis DE L'AULBE, Tréſorier Général de France en vertu dud. Edit de 1577, avait été pourvu le 10. Mars 1577 de l'ancien office de Tréſorier de France alternatif créé par l'Edit de 1571 ; ainſi il eſt probable qu'il ne fut pas obligé de prendre de nouvelles proviſions pour ce nouvel office créé par l'Edit de Juillet 1577, auquel il fut inſtallé le mercredy 18. Mars 1579. Pour raiſon de quoy y ayant eu conteſtation pour la ſéance entre luy & les sʳˢ Claude Camus & Antoine Gróllier, elle fut réglée au profit de ces deux derniers, comme ayant prêté ſerment à la Chambre des Comptes avant le sʳ de l'Aulbe (ne l'ayant fait que le 8. Janvier 1579), qui prétendait en qualité d'ancien Tréſorier de France alternatif, & en conſéquence de la diſpoſition expreſſe de l'Edit de 1577, avoir le pas ſur Meſſieurs d'Arginy & de Servières qui n'étaient que Généraux des finances avant cet Edit. Louis de l'Aulbe décéda environ la fin de Mars de l'année 1587. La première finance de cet office fut de 6,000 écus ſols, payée par quittance du dernier Décembre 1577, ſignée Forget, contrôlée le 13. Janvier 1578, ſignée Galiard.

Claude GARRAULT

Non inſtallé

Titulaire du ſecond office acquis par Louis DE L'AULBE, *cy-devant.*

Claude GARRAULT, Tréſorier de l'Epargne à Paris, ſe rendit propriétaire du cinquième office de Tréſorier Général de France, mais il n'en exerça
pas les fonctions ; l'ayant bientoſt après, ſavoir en 1580, remis à Louis de
l'Aulbe qui ſe trouva, par là, propriétaire de deux charges de Tréſorier de
France au Bureau, qu'il ne garda pas néanmoins longtemps, car, en 1583, il
réſigna la dernière à Jean Barraillon, comme on le verra cy-après.

Par les regiſtres il paraît que, le 6 avril 1579, le sʳ de l'Aulbe requit que
le greffier du Bureau luy délivrât double droit de préſence, attendu qu'il était
pourvu de deux offices de Tréſorier de France, ce qui luy fut conteſté par les
sʳˢ frères Camus & Grollier, qui ſoutinrent que ce droit de préſence était
perſonnel & que, d'ailleurs, le sʳ de l'Aulbe n'avait pas encore ſes lettres de
proviſions dans le temps pour lequel il demandait ſes droits de préſence &
n'avait été inſtallé que le 18. Mars 1579.

Par les mêmes regiſtres il paraît que le 24. Novembre 1579, le Bureau
receut lettres du sʳ Garrault, cy-devant Tréſorier de l'Epargne, & lors Tréſorier général au Bureau des finances de Lyon, avec copie de ſes lettres dud.
office & autres lettres de diſpense de ſa réſidence aud. Bureau pour un an.

Par ces deux extraits cy-deſſus, il ſemblerait que de l'Aulbe aurait
acquis le cinquième office de Tréſorier de France avant le sʳ Garrault qui
l'aurait enſuite tenu dud. de l'Aulbe ; il y a ſur cela de la contrariété & de la
confuſion dans les regiſtres. Ce qui eſt de certain, eſt que le sʳ Garrault n'a

jamais été inftallé dans fon office de Tréforier de France & que le s¹ de l'Aulbe a été réellement propriétaire des deux offices de Tréforier, car il en réfigna un à Jean Barraillon & l'autre à Jean de Raverie.

Ce qu'il y a de plus vraifemblable, eft que le s¹ de l'Aulbe leva le cinquième office de Tréforier de France ; que, ne l'ayant pas pu pofféder conjointement avec celui dont il était déjà pourvu, il le remit au s¹ Garrault, & que ce dernier n'y ayant été reçu, ni inftallé, le s¹ de l'Aulbe le réfigna, en qualité de propriétaire, à Jean Barailhon de Nanta, du confentement néanmoins dud. Garrault, qui en avait été apparemment pourvu, mais qui n'était fans doute qu'un prête-nom.

Dans les *Mémoires de M. de l'Etoile,* il eft fait mention d'un nommé Garrault, financier ou Tréforier qui fut recherché & pourfuivi pour caufe de péculat avec les autres partifans et financiers du Royaume, lequel s'étant abfenté, fut trompetté par la ville à Paris au mois de May 1607, & pendu le 7. Aouft fuivant, en effigie, dans la Cour du Palais, devant les degrés de la Sainte-Chapelle.

Claude GARRAULT, cy-deffus, pourrait bien être de la famille de celuy-ci, peut-être même celui dont parle M. de l'Etoile, car on fait que les partifans, financiers ou gens d'affaires compris & pourfuivis dans la recherche qu'en fit faire Henri IV dans ce temps là, furent prefque tous rétablis dans leurs biens ou leur honneur soit par faveur, crédit ou follicitation, ou moyennant des finances plus ou moins confidérables, auxquelles ils furent taxés.

XII

Pierre SCARRON

Inftallé le 19 Mars 1582

D'azur à la bande breteffée d'or.

D'autres font la bande breteffée & contrebreteffée ; à la bordure componnée du premier & du fecond, comme cy-deffus.

Par Edit du mois de Janvier 1581 le Roy, à l'occafion de quelque nouvelle attribution de jurifdiction faite aux Bureaux des Finances du Royaume, y créa un fixième office de Tréforier général de France. Pierre Scarron le leva aux parties cafuelles pour la fomme de fix mille écus fol par quittance du 29. Septembre 1581, fignée Mylon.

Pierre SCARRON, pourvu dud. office de Tréforier général de France le 29. Septembre 1581, reçu en la Chambre des comptes le 13. Février 1582, inftallé au Bureau le lundy, 19. Mars 1582, réfigna fon office, en 1601, à Barthélemy Prévoft cy-après p. 51 & fut prié par la Compagnie de continuer à fe trouver aux affemblées, fuivant l'acte du 13. Décembre 1602.

Pierre Scarron fut préfident au bureau de l'Hôtel-Dieu en 1583 & en celuy de la Charité en 1591 ; échevin de Lyon en 1587-88 & Prévoft des Marchands en 1606 ; il prenait alors la qualité de feigr de la Parerie, de la Tour du Pin, Quinfonas, Ceyfieu & Saint-Try, confeiller du Roy, fon maître d'hôtel ordinaire, Tréforier général de France au Bureau des finances de Lyon ; il mourut pendant fa prévofté en 1607.

Il y a eu plufieurs perfonnes du nom de Scarron, qui ont été échevins de

Lyon & qui étaient de la même famille de Pierre Scarron, Tréforier de France, fans doute fes pères & proches parens.

Cette famille était originaire de Quiers en Piedmont (d'autres la font originaire de Montcallier). Elle s'établit à Lyon vers le commencement du feizième fiècle, y négocia en épiceries & y acquit du bien confidérablement. Entra enfuite dans les finances et dans la Robe, et elle a fait plufieurs branches à Paris & à Lyon ; mais aujourd'hui, même depuis affès longtemps, il n'en refte aucune dans cette ville.

XIII

JAQUES D'AVEYNE

Installé le 18 Avril 1582

*Coupé de gueules & de sinople, au chevron d'argent,
chargé de 3 mouchetures d'hermine.*

P AR le même Edit cy-devant rapporté du mois de Janvier 1581, le Roy créa
en chaque Généralité ou Bureau des finances du Royaume, un office de
présidentpour, avec les six officiers y créés & établis, faire le nombre de sept;
mais, par déclaration du Roy & lettres patentes du 5. Aoust 1581, le s^r Antoine
Camus de Riverie, plus ancien Trésorier de France au Bureau, fut pourvu de
cet office de Président, moyennant 500 écus de finance, & le s^r d'Aveyne fut
pourvu de l'office de Trésorier Général de France qui fut distrait de celui de
Président créé par led. Edit de 1581.

JAQUES D'AVEYNE, conseiller du Roy, Trésorier Général de France,
fut pourvu de son office par lettres du 5. Aoust 1581, moyennant la somme de
6500. écus sol, suivant la quittance de finance dud. jour, 5. Aoust 1581, aux
semblables gages & droits des autres Trésoriers de France, savoir : aux gages
de 833 écus un tiers, droit de buche, de préfence & de manteaux, &ca ; il fut
reçu à la Chambre des comptes le 2. Avril 1582, & installé au bureau le
mercredy 18. Avril 1582.

Jaques d'AVEYNE avait été Trésorier des deniers de l'Aumône générale
en 1568, échevin de Lyon avant & depuis qu'il fut Trésorier de France, préfident au bureau de la Charité en 1593 & à l'Hôpital en 1610.

Il y a eu un Edouard Daveyne, échevin en 1562.

Cette famille eſt établie à Lyon depuis le commencement du ſeizième ſiècle. En 1516, il y avait dans cette ville un Jean Daveyne qui était tailleur couturier, ſuivant la Cour, & fourniſſait & vendait étoffes de ſoye. Je ne ſay au juſte s'il a été un des aſcendans des Daveyne iſſus du Tréſorier de France, dont il ne reſte à préſent, à Lyon, que le sr Barthélemi d'Aveyne, ſeigr de Collonges, qui a épouſé une ſœur de feu M. Claude Pecoil, ancien Prévoſt des Marchands, dont il n'a eu que trois filles, l'une deſquelles eſt mariée au sr de Sarde Jean-Pierre d'Aveyne de Saint-Véran.

Après le deceds, ou plutôt après que le sr Antoine Camus de Riverie eut réſigné son office à Marc-Antoine Camus Duperon, ſon fils, le sr d'Aveyne prit la qualité & enſuite rang de préſident au Bureau. Il réſigna ſon office à François Clappiſſon en 1611 cy-après p.58, & obtint de la compagnie, attendu ſon ſervice en l'exercice de ſa charge pendant 29 à 30 années, la faculté de continuer d'entrer au Bureau & d'y avoir voix & opinion délibérative, par acte du 28. Mars 1611.

Jaques Daveyne fut pourvu, par lettres de proviſions du 12. Novembre 1610, de l'office de Procureur du Roy en la Seneſchauſſée, ſiège préſidial & autres juriſdictions de Lyon que tenait et exerceait François Clappiſſon qui fut enſuite pourvu de celuy de Tréſorier de France. Il y a apparence que ce dernier Jaques Daveyne était le fils de Jaques Daveyne, Tréſorier de France, qui permuta ſa charge avec celle de Clappiſſon pour ſon fils.

Prédéceſſeur, p. 35
Succeſſeur, p. 52

Création
de Juillet 1577

XIV

JEAN BARRAILLON

Inſtallé le 25 Juin 1583

D'argent au lion rampant de gueules, à la bande d'or brochant sur le tout.

JEAN BARAILHON, BARAILLON OU BARRAILLON (il ſignait Barailhon), seigʳ de Nanta, Tréſorier géńéral de France, fut pourvu de ſon office ſur la réſignation de Louis de l'Aulbe, cy-devant p. 35, dernier poſſeſſeur d'un deſdits états de Tréſorier de France, par lettres de proviſion du 23. Avril 1583, aux ſemblables gages de 833 écus ſol un tiers, droits de bûche, épices & autres des Tréſoriers de France au Bureau de Lyon. Receu à la chambre des comptes le 13. Juin 1583, & inſtallé aud. Bureau le ſamedy 25. Juin 1583 au lieu du vendredy précédent qui était la feſte de St Jean-Baptiſte. Jean Barailhon fut préſident au bureau de l'Hôpital en 1589, & à celuy de la Charité en 1597. Cette famille eſt originaire de Forès. Jean Barailhon, ſeigʳ de Nanta en était luy-même ; ſa terre, ou fief de Nanta, y était ſituée. Vers l'année 1500 il y avait, à Lyon, un Barraillon qui était notaire, mais je doute qu'il fuſt de la même famille. En 1583 Barthélemy Baraillon, de Sury le Comtal en Forès, fut caution de Jaques de la Veuhe pour la recette du Taillon de lad. province ; celuy-cy était certainement de la même famille de Jean Barailhon, Tréſorier de France.

Jean Barailhon de Nanta réſigna, en 1601, ſon office à Jean Sève, seigr de Fromente cy-après p. 52, & n'a pas laiſſé poſtérité. Il était décédé en 1603, temps auquel Jean Sève fut inſtallé en son office, quoyqu'il en euſt été pourvu en 1601, parce que, dans ces temps-là, le réſignataire d'un office pouvait, avec privilège du prince, l'exercer encore pendant 2 ou 3 ans après ſa réſignation, pourvu que celuy à qui il l'avait réſigné ne s'y euſſe pas fait inſtaller. Après le décès de Jean Barailhon, Aimé Barailhon, ſon frère, Tréſorier de France, cy-après p. 54, fut tuteur de ſes enfans & de la dᶫᶫᵉ Françoiſe Camus, ſa femme & ſa veuve.

X V

PIERRE DE CHAPONAY

Inſtallé le 18 Juin 1586

D'aʒur à 3 coqs ou chapons d'or, 2 & 1, crettés, becqués & membrés
de gueules.

PAR EDIT du mois de Janvier 1586, le Roy, en rétabliſſant les nouvelles charges des Tréſoriers de France qui avaient été ſupprimées par des Edits précédens, créa, en chaque Bureau des finances, deux nouveaux offices de Tréſorier de France pour y faire le nombre de neuf, y compris le Préſident.

PIERRE DE CHAPONAY fut pourvu d'un de ces deux nouveaux offices de Tréſorier de France par lettres de proviſions du 23. Mars 1586, aux mêmes gages & droits des autres Tréſoriers de France, ſavoir : 833 écus ſol un tiers de gages &ca ; fut receu à la chambre des comptes le 10. Juin 1586, information préalablement faite tant à Paris qu'à Grenoble, lieu de ſa demeure et réſidence, & inſtallé au Bureau le 18. Juin 1586.

Pierre de Chaponay était fils de Laurent de Chaponay, seig^r d'Ebeins, troiſième préſident en la chambre des comptes de Grenoble, & de Barbe Plouvier, qui était fille de Pierre Plouvier, maître des comptes, qui réſigna cette charge à ſon gendre. Avant que d'être pourvu de ſon office de Tréſorier de France, il était commis à la Recette des deniers du païs de Dauphiné & Contrôleur général des finances aud. païs. Il épouſa Françoiſe Scarron, fille de François Scarron, ſecrétaire du Roy, & de Catherine de la Tour, le 22. Février 1582. Succéda à son père Laurent en la terre d'Eybeins, à laquelle il ajouta celle de Breffon. Réfigna fon office de Tréforier de France à Bertrand de Chaponay, son fils, cy-après p. 63, en 1615, & tefta le 13.Aouft 1616. Il fignait de Chapponay, avec 2 pp.

La famille de Chaponay eft une des plus anciennes qui fubfifte aujourd'hui dans la ville ; il y a eu, vers la fin du xiiie fiècle, un Pierre de Chaponay qui était un des gardiens recteurs ou échevins de Lyon ; elle s'eft, depuis, fort étendue, & a fait différentes branches tant icy qu'en Dauphiné & en d'autres provinces, qui portent toutes même nom, mêmes armes, mais aujourd'hui je ne fache pas qu'il y en ait qui soit encore entré à Malthe.

En cette année, 1745, il y a, dans la famille des Chaponay établie en Dauphiné, des chevaliers de Malthe.

*Nouvelle
Création*

*de Janvier 1586
Succeſſeur, p. 53*

XVI

JAQUES REYNIER

Inſtallé le 18 Juillet 1586

*Bandé d'or & d'aȝur de 12 pièces, au chef de gueules chargé de 3 fleurs
de lys d'argent.*

Ces armes ſe voyent ſur les tormes du chœur du grand couvent des
Cordeliers de cette ville.

Jaques REYNIER ou Régnier (il ſignait Reynier) fut pourvu, par
lettres patentes de proviſions du 23. Mars 1586 de l'office de conſeiller du
Roy, Tréſorier général de France en la Généralité de Lyon, nouvellement
créé par l'Edit de Janvier 1586 rapporté cy-devant, pour faire dans le
Bureau le nombre de neuf officiers, & aux gages de 833 écus un tiers par an
& ſemblables autres droits dont jouiſſent les autres Tréſoriers de France
dud. Lyon. Il fut receu à la chambre des comptes le 10. Juin 1586, le même
jour que le sr de Chaponay, quoyqu'après luy, ainſi que par lad. chambre
avait été ordonné ; il fut encore reçu à la cour des aides le 21. Juin 1586,
& inſtallé au Bureau le 18. Juillet 1586.

Jaques Reynier fut préſident au bureau de la Charité en 1589.

Cette famille n'a guère été connue à Lyon, & n'y ſubſiſte plus depuis
longtemps.

Jaques Reynier décéda en 1602 ou vers le commencement de 1603.
François de Merle, cy-après p. 53, leva ſa charge qui était vacante aux
parties caſuelles & en fut pourvu le 21. Février 1603.

Création
de Juillet 1577

Prédéceſſeur, p. 34
Succeſſeur, p. 54

XVII

JEAN DE RAVERIE

Inſtallé le 24 Avril 1588

*D'aʒur au lion léopardé d'or, au chef d'or chargé d'un aigle iſſant
& éployé de ſable.*

L'Armorial conſulaire de Lyon fait le lion d'argent, & l'aigle entier éployé;
d'autres couronnent le lion.

JEAN DE RAVERIE fut pourvu de l'office de Conſeiller du Roy,
Tréſorier Général de France au Bureau des finances de Lyon, ſur la
réſignation de Louis de l'Aulbe, dernier poſſeſſeur d'iceluy, c'eſt-à-dire
du premier office de Tréſorier de France dont il avait été pourvu (car il avait
déjà réſigné au sr Barailhon de Nanta, en 1583, l'autre office de Tréſorier
qui luy appartenait auſſi), & ce par lettres de proviſions du 25. Juillet 1586,
pour jouir des gages et droits attribués aud. office, &ca. Le sr Raverie
préſenta ſa requête à la chambre des comptes le 15. Mai 1587 pour
y être receu, mais n'ayant pas l'âge de 25 ans requis par les ordonnances,
la chambre ordonna que, rapportant par luy atteſtation de ſon âge judiciai-
rement faite par le Sénéſchal de Lyon ou ſon Lieutenant appelé le Procureur
du Roy, lui ſerait fait droit. Depuis, ayant acquis led. âge de 25 ans,
il fut receu en lad. chambre le 1er Avril 1588, & inſtallé au Bureau le
24. Avril 1588. Il avait préſenté auparavant au Bureau des finances ſes
lettres de proviſions qui y furent entérinées le 1. Juillet 1587, à la charge
néanmoins de rapporter dans 6 mois l'acte de ſa réception à la chambre
des comptes & l'original de ſesdit. lettres, qui furent enſuite vérifiées
aud. bureau le 24. Avril 1588, jour de ſon inſtallation.

Jean de Raverie, feig^r de la Chaux & de Veize lès Lyon, Tréforier de France, fut préfident au bureau de la Charité en 1599. Il réfigna fon office à Aimé Barraillon ci-après p. 54, qui y fut inftallé en 1604. Ainfi le s^r de Raverie exerça fa charge environ 16 années, & fut prié par la compagnie de continuer de venir au Bureau, par acte du 20. Octobre 1604.

Dans le catalogue des échevins de Lyon, Jean de Raverie, s^r de la Chaux, y eft nommé échevin pour les années 1612 & 1613 ; je ne doute pas que ce ne foit celuy qui avait été Tréforier de France.

En 1557, 58, 62 & 68, Claude Raverie dit Dijon, ou Raveyrie, était échevin de Lyon ; il y a apparence que Jean de Raverie, Tréforier de France, était de cette famille.

Les armes de Raverie font peintes aux vitres d'une des croifées du chœur de l'Eglife de St-Nizier, blazonnées comme cy-deffus & font appofées fur une tombe qui eft dans la même églife, à côté du maître-autel, où on les voit écartelées de celles de Baraillon, ce qui fait juger que la famille de Raverie &, notamment, Jean de Raverie, Tréforier de France, était parent ou allié à celle de Barraillon ; auffi voit-on qu'il réfigna fon office à Aimé Barraillon ci-après p. 54.

Cette famille ne fubfifte plus à Lyon depuis longtemps fous le nom de Raverie, & elle eft entrée dans celle de Guillon, à qui appartient aujourd'huy la terre de la Chaux.

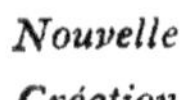

XVIII

CLAUDE DE MONTCONIS

Installé le 13 Juin 1588

*De gueules à la fasce abaissée d'argent & sommée d'une autre fasce
ondée d'or.*

L'Armorial de la ville de Lyon fait le champ d'azur, le reste de même.

P AR EDIT du mois de Juin 1586 (cet édit est rapporté dans *Fournival*,
p. 381), Henry III créa en chaque Bureau des finances du Royaume, en chef
& titre formé un second office de Président avec la qualité de Trésorier général
de France, pour servir alternativement avec l'autre Président rétabli par
l'Edit de Janvier 1586, & pour faire, avec tous les autres officiers le nombre de
dix en chaque Bureau, dont quatre serviraient une année avec un président &
les quatre autres avec le second président l'année suivante, & aux gages, pour
le regard de ce second président, de mille écus sol par an & de tous les autres
droits & privilèges des Trésoriers de France.

CLAUDE DE MONTCONYS, ou MONCONYS, fut pourvu de cet office
de conseiller du Roy, Président au bureau des finances de Lyon créé par
led. Edit du mois de juin 1586, par lettres de provisions du 16. Juillet 1586,
fut reçu en la Chambre des comptes le 20. Février 1588, & installé au Bureau
le 13. Juin 1588; je n'ay pas trouvé l'enregistrement de ses lettres dans les
registres du Bureau.

Il y a eu un Claude de Montconys, échevin de Lyon, dès l'année 1544 ; il y a apparence qu'il était père du Tréforier de France. Il y a eu auffi d'autres perfonnes de ce nom qui ont été de même échevins de Lyon. Pierre de Montconys & Gaspard de Montconys, feig^{rs} de Liergues, ont été Lieutenans criminels à Lyon & Prévofts des Marchands en 1623 et 1652.

Cette famille qui était, je pense, originaire de Suiffe ou des Grifons, ne fubfifte plus aujourd'huy à Lyon (1727), même depuis plufieurs années ; d'autres disent qu'elle venait de Bourgogne.

Claude de Montconis, Tréforier de France, réfigna fou office à Jean-Baptifte Sarde cy-après, p. 55 ; partant, il l'exercea environ dix-sept années.

Création
de Juillet 1577

Prédéceſſeur, p. 32
Succeſſeur, p. 57

XIX

Antoine CAMUS

Inſtallé le 5 Décembre 1594

D'aẓur à 3 croiſſants d'argent 2 & 1, à l'étoile d'or en abîme ; écartelé d'aẓur à 3 coquilles d'or 2 & 1, au chef de gueules, chargé de 3 coquilles d'argent.

Antoine CAMUS sr d'Arginy (terre & fief & château en Beaujolais) fut pourvu de ſon office de Tréſorier de France par lettres de proviſions du 5. Février 1594, ſur la nomination de la veuve & héritière de Claude Camus, ſon père, cy-devant p. 32 fut receu à la Chambre des comptes le 26. Octobre 1594 & inſtallé au Bureau le 5. Décembre 1594, ſur copie collationnée de ſes lettres qu'il devait rapporter dans trois mois, ce qui n'ayant pas, ſans doute, été exécuté, leſd. lettres ne ſe trouvent enregiſtrées aux regiſtres.

Le sr Camus d'Arginy réſigna ſon office, en 1608, à Benoiſt de Pomey, cy-après p. 57 ; partant il l'exercea treize années environ.

X X

MARC ANTOINE CAMUS

Inftallé le 3 Décembre 1599

D'azur à 3 croiffants d'argent 2 & 1, à l'étoile d'or en abîme.

MARC ANTOINE CAMUS, sʳ du Peron (fief en Lionnois près Saint-Genis) pourvu de l'office de Confeiller du Roy, préfident et Tréforier Général de France, fur la réfignation d'Antoine Camus de Riverie, cy-devant p. 31, fon père, & par lettres de provifions du 26. Avril 1599, aux gages anciens de mille écus fol & autres droits des Tréforiers de France, receu à la Chambre des comptes le 8. Juin 1599 & inftallé au Bureau le vendredy 3. Décembre 1599 en qualité de Tréforier de France feulement; les autres Tréforiers préten-dant que la qualité de Préfident dud. feu Antoine Camus était éteinte tant par l'Edit de Mars 1596 que par celui de Décembre 1598; pour raifon de quoy led. sʳ du Peron après avoir fait fes proteftations, dont acte luy fut octroyé, prit féance et rang en la place des derniers receus. Le sʳ du Peron fut préfident au bureau de la Charité en 1602 et 1603, et Prévoft des Marchands en 1607, 1608 et 1609; il réfigna son office, en 1612, à Mathieu Sève, cy-après p. 6o; partant l'exercea feulement environ treize années.

*Création
de janvier 1581.*

Prédéceſſeur, p. 37
Succeſſeur, p. 59

XXI

BARTHÉLEMY PRÉVOST

Inſtallé le 5 Mai 1603

*Echiqueté d'or & d'azur, au franc quartier d'or, chargé d'un griffon de
ſable ; à la bordure de gueules, chargée de 8 beſans d'or.*

Il y a eu des Prévoſt, conſeillers au Parlement de Paris, qui portent les
mêmes armes que Barthélemy Prévoſt, Tréſorier de France ; il ſe peut faire
qu'il fuſt de la même famille.

BARTHÉLEMY PRÉVOST, sᵣ de la Maiſon Fort, fut pourvu de son office
de Tréſorier de France ſur la réſignation de Pierre Scarron, cy-devant p. 37,
par lettres du 7. Juillet 1601, receu à la Chambre des comptes-le 7. Mai 1602,
inſtallé au Bureau le Lundy 5. Mai 1603. Barthélemy Prévoſt, ou le Prévoſt,
paya, par quittance du 31. Décembre 1608, la ſomme de 3.214 l. 5 s. 8 d. pour
le rétabliſſement des Bureaux des finances qui avaient été ſupprimés par
l'édit de Décembre 1598. Son office fut vendu par décret ſur luy et adjugé, en
1612, à François Dugué, cy-après p. 59. Ainſi il n'exercea sa charge qu'environ
neuf années. La famille de Prévoſt n'a pas été connue en ce païs-cy, & n'y
ſubſiſte pas.

Création
de Juillet 1577.

Prédéceffeur, p. 41
Succeffeur, p. 72

XXII

JEAN SÈVE

Inftallé le 17 Décembre 1603

Fafcé d'or & de fable, à la bordure contre-componnée de même.

Jean SÈVE, puis de Sève, s^r de Fromente (fief & château près de Lyon), pourvu de fon office de Tréforier de France fur la réfignation de Jean Barraillon, cy-devant p. 41, aux gages de 833 écus un tiers, droits de buche de 75 écus & autres dont jouiffent les Tréforiers de France, par lettres de provifions du dernier Juillet 1601, receu à la Chambre le 21. Octobre 1603, inftallé le mercredi 17.Décembre 1603. La famille de Sève eft ancienne dans Lyon, où elle était connue avant le commencement du feizième fiècle & y négociait en foye & en draperie ; elle donna dans les nouvelles erreurs de Calvin, qu'enfuite elle quitta ; elle a occupé les principales charges de la ville &, après avoir négocié, elle entra dans les finances.

Jean Sève, Tréforier de France, fut Receveur général des finances de la Généralité de Lyon en 1585, recteur à la Charité en 1596, préfident au bureau de l'Hôpital en 1606 & échevin en 1601, puis Prévoft des marchands en 1612 ; il prenait alors la qualité de feig^r de Fléchères. En 1622, il réfigna fon office à Pierre Sève, ou de Sève, fon parent qui, n'ayant pas enfuite voulu s'y faire recevoir, en fit fa démiffion au profit de Jean Baptiste Sarde, cy-après p. 72 ; en forte que Jean Sève exercea fa charge environ 20 années.

Prédéceffeur, p. 44
Succeffeur, p. 100

*Création
de Janvier 1586.*

XXIII

FRANÇOIS DE MERLE

Inftallé le 20 Octobre 1604

D'or au merle de fable, becqué & membré de gueules.

Ce font armes parlantes.

FRANÇOIS DE MERLE, fecrétaire ordinaire de la chambre du Roy, pourvu de l'office de Tréforier de France par lettres du 21.Février 1603, au lieu & place de Jacques Reynier, cy-devant p. 44, décédé, la charge duquel il leva aux parties cafuelles & paya 21,000 l. de finance, fut receu à la chambre des comptes le 22. Octobre 1603 & inftallé le mercredy 20. Octobre 1604. Il y a eu un nommé Merle qui était fecrétaire du s^r de Mandelot, gouverneur de Lyon, dont je ne doute pas que le Tréforier de France ne foit iffu, lequel fut préfident au bureau de la Charité en 1609, à l'Hôpital en 1617 & Prévoft des marchands en 1618. Il fut feigneur de Grigny, terre et château en Lionnois. Il y a eu auffi un Gaspard le Merle, ou de Merle, qui était qualifié fecrétaire du Roy en 1588 & 1602, qui pouvait bien être père, oncle ou frère de François de Merle ; la famille duquel ne fubfifte plus aujourd'huy (1727) à Lyon. François de Merle tefta le 22.Avril 1639 & décéda le 8. May fuivant, ayant entre autres chofes légué fa charge à Camille de Merle, fon fils, cy-après p. 100, qui y fut reçeu en 1639 ; partant François de Merle, fon père, exerça son office environ 36 années.

*Création
de Juillet 1577*

*Prédécesseur, p. 45
Successeur, p. 61*

X X I V

Aymé BARAILHON

Installé le 20 Octobre 1604

D'argent au lion de gueules, à la bande d'or brochant sur le tout.

Ce font armes parlantes, à caufe de la bande brochante, qui fait *barre à
lion*. Celui-cy était de la branche cadette, car il brifait, dans le commencement, fes armes d'un lambel d'azur, au canton feneftre du chef.

Aimé BARAILHON (c'eft ainfi qu'il fignait & que fes fucceffeurs fignent
aujourd'huy), pourvu de l'office de Tréforier de France fur la réfignation de
Jean de Raverie, cy-devant p. 45, par lettres du 6. Aouft 1603, aux gages de
2,500 l., receu à la Chambre le 23. Septembre 1604, inftallé le même jour que
François de Merle cy-devant, quoyque après luy, favoir le 20. Octobre 1604.
Aimé Barailhon était originaire de Forès, frère de Jean Barailhon de Nanta,
auffi Tréforier de France, des enfans duquel il fut tuteur ; il avait exercé la
Recette générale de Lyon, fut préfident au bureau de la Charité en 1605, à
l'Hôtel-Dieu en 1613, & Prévoft des marchands en 1616. Sa poftérité fubfifte
aujourd'huy (1727) en la perfonne du sr Camille Barailhon de St-Didier, lieutenant général d'artillerie, chevalier de St-Louis dont le père, Gafpard
Barailhon, a été auffi Prévoft des marchands en 1689. Aimé Barailhon
réfigna, en 1612, son office à Louis Puget ; ainfi il l'exercea feulement 8 années.
Dans ces temps-là, quoyqu'on euft réfigné son office, on pouvait encore
l'exercer avec privilège du prince, pourvu que le réfignataire ne fe fût point
fait inftaller. Il avait époufé Anne Grollier, qui était fœur d'Antoine Grollier,
sr de Servières, cy devant p. 32, Tréforier de France, fur les héritiers duquel
la maifon forte de la Combe, à St Germain au Mont d'Or, ayant été décrétée,
il s'en rendit adjudicataire en 1618, moyennant la fomme de 37,500 l.

Création
de Juin 1586

Prédéceſſeur, p. 47
Succeſſeur, p. 64

X X V

JEAN BAPTISTE SARDE

Inſtallé le 13 Avril 1605

D'aʒur à la faſce d'or, accompagnée d'une aigle éployée d'argent en chef,
& de 3 croiſſans montans du même, 2 & 1 en pointe.

Ses ſucceſſeurs ont, depuis, changé ces armoiries en partie, comme on le verra
cy-après, à l'article de Guillaume Sarde, p. 114.

JEAN BAPTISTE SARDE, pourvu de l'office de Tréforier de France ſur la réſignation de Claude de Montconis cy-devant p. 47, par lettres du dernier Février 1605, aux gages de 3,000 l., receu à la chambre le 1er Avril 1605 & inſtallé le Mercredy 13. Avril 1605 ; fut préſident au bureau de la Charité en 1607 & était décédé en 1615. La famille de Sarde était connue & établie à Lyon dès le milieu du ſeizième ſiècle & commença par y négocier en draperie ou en ſoye & en d'autres commerces qui ſe faiſaient en Italie. Elle y ſubſiſte encore aujourd'hui (1727) en la personne du sr de Sarde, ſeigr de St-Véran.

Jean Baptiſte Sarde, Tréforier de France, étant décédé dans ſa charge, Anne Croppet, ſa veuve, mère & tutrice de Jean Baptiſte Sarde, héritier dud. deffunct, nomma à cet office Mathieu Gaillat, cy-après p. 64, qui en fut pourvu le dernier Décembre 1615 ; en ſorte que Jean Baptiſte Sarde père exerça ſa charge environ 10 ans. Cette famille eſt originaire des états de Milan en Italie & avait nom Sardi, qui fut depuis franciſé & changé en celuy de Sarde. Jean Baptiſte Sarde était fils de François Sarde, lequel décéda et fut enterré à Lyon, aux Céleſtins, dans la chapelle qui eſt à côté du maître-autel au mois d'Aouſt 1581 ; il prenait la qualité de noble. Led. Jean Baptiſte épouſa, en 1599, Anne Croppet, étant âgé de 22 ans & ſa femme de 21, laquelle décéda le 10. Avril 1641 & ſon mari en Novembre 1615, & a été enterré dans la tombe de ſon père aux Céleſtins.

XXVI

JEAN DE LA VEÜHE

Inftallé le 1er Septembre 1606

D'azur à l'aigle d'or

JEAN DE LA VEÜHE, sr de Coulongres, ou Collongres, pourvu de fon office de Tréforier de France fur la réfignation d'Antoine Grollier cy-devant p. 33, par lettres du 23.May 1606, aux gages de 2,500 l., de 225 l. pour droit de buche & autres des Tréforiers de France, receu à la chambre le 19.Juillet 1606 & inftallé le vendredy, 1er.Septembre 1606. Jean de la Veuhe était de Montbrifon en Forès, où luy & fes parents du même nom avaient exercé des offices de Receveur du domaine du Taillon dans l'Election & autres de femblable nature ; fut préfident au bureau de la Charité en 1618. Il avait époufé dame Claude Grollier, fille, fans doute, d'Antoine, cy-devant p. 33, & il décéda le 19.Février 1638. Partant il exercea fa charge environ 32 années. Laurent de la Veühe, fon fils, cy-après p. 99, luy fuccéda dans fon office, auquel il fut pourvu en lad. année 1638, fur la nomination de Claudine Grollier, fa mère, veuve & héritière testamentaire dud. Jean de la Veühe.

Création
de Juillet 1577

Prédéceſſeur, p. 49
Succeſſeur, p. 110

XXVII

BENOIST DE POMEY

Inſtallé le 16 Avril 1608

*D'argent à l'arbre (ou pommier) arraché de ſinople, accoſté de 2 étoiles
de gueules.*

L'Armorial de la Ville fait le pommier fruité d'or, accollé d'une guivre
de gueules & ſoutenu d'un croiſſant d'azur.

BENOIST DE **POMEY**, sʳ des Sauvages, pourvu de ſon office de Tréſorier
de France, ſur la réſignation d'Antoine Camus, sʳ d'Arginy, cy-devant p. 49,
par lettres du 12. Février 1608, aux gages de 2,500 l., droit de buche & autres
des Tréſoriers de France ; receu à la Chambre le 11.Mars 1608 & inſtallé le
Mercredy 16. Avril 1608; fut préſident au bureau de la Charité en 1619 &
échevin en 1627 ; prenait alors la qualité de sʳ de Rochefort. Il donna ſon
office à Pierre Guillard, sʳ de la Goutte, ſon parent, par codicille, du
28. Mars 1648, lequel ſur ſa réſignation, en fut pourvu en lad. année 1648.
Ainſi il exercea ſa charge 40 ans. La famille de Pomey était originaire de
Beaujolois, auprès d'Amplepuis, voiſin de la terre de Rochefort les Sauvages.
Elle ne ſubſiſte plus aujourd'huy (1728) dans Lyon.

Création
de janvier 1581

Prédéceſſeur, p. 39
Succeſſeur, p. 65

XXVIII

FRANÇOIS DE CLAPISSON

Inſtallé le 28 Mars 1611

*D'argent au lion de ſable, accompagné de 2 plantes de perſil de ſinople, l'une
entre ſes pattes, l'autre entre ſa queue.*

Dans l'égliſe de Saint=Joſeph le champ des armoiries eſt d'or.

FRANÇOIS CLAPPISSON, cy-devant, Procureur du Roy à la ſeneſchauſſée, ſiège préſidial, & autres juriſdiĉtions de Lyon, fut pourvu de l'office
de Tréſorier de France & Préſident au Bureau des finances, ſur la réſignation
de Jaques Daveyne, cy-devant p. 39 (à qui il remit ſa charge de Procureur
du Roy pour Jaques Daveyne, ſon fils), par lettres du 19. Novembre 1610,
aux gages de 2.5oo livres & autres droits des Tréſoriers de France, receu à la
Chambre le 22. Janvier 1611, inſtallé le lundy 28. Mars 1611, en la place de
ſecond préſident, après M. Sève de Fromente, préſident premier, aux
proteſtations des autres Tréſoriers de France que lad. inſtallation ne leur puſt
préjudicier en cas de ſuppreſſion des qualités de préſident. Il avait été échevin
en 1608, préſident au bureau de la Charité en 1617; décéda ſans enfans en
Avril 1618. Il avait épouſé Marguerite Dulin, fille naturelle & légitimée
d'Antoine Dulin, receveur de l'extraordinaire des guerres & d'Etiennette
Caliche; fit conjoinĉtement avec ſad. femme, héritier, François Clapiſſon, ſon
neveu, fils de Pierre, ſon frère de père, conſeiller au Châtelet de Paris, &
donna, par ſon teſtament, 3.ooo piſtoles pour la conſtruĉtion de l'égliſe de
Saint-Joſeph de Bellecour. Sa famille ne ſubſiſte plus à Lyon. Il était ſeigr de
la Duchère, la Tour, Montaney, Layet & Montenat.

La maiſon en Bellecour cy-devant, appelée la Maiſon rouge, aujourd'huy
à M. de la Vallette, luy appartenait; il l'avait, je pense, fait bâtir.

XXIX

FRANÇOIS DUGUÉ

Inſtallé le 18 Avril 1612

D'aʒur au chevron d'or, accompagné de 3 étoiles du même, 2 en chef,
l'autre en pointe, surmontée d'une couronne (ou diadème) du même.

FRANÇOIS DUGUÉ, pourvu de l'office de Tréforier de France ſur la réſignation de Barthélemy Prévoſt, ou le Prévoſt cy-devant p. 51, par lettres du dernier Décembre 1611, aux gages de 2.500 livres, receu à la Chambre le 18. Février 1612, inſtallé le mercredy 18. Avril 1612. En Janvier 1614, il réſigna ſon office à Gaſpard Dugué, ſon frère, cy-après, p. 62, pour prendre la charge de receveur général & payeur des rentes de l'hoſtel de ville de Paris qu'il paya 175.000 livres. La famille de Dugué eſt originaire de Forès, près Montbriſon. François Dugué, comme on voit, exercea ſa charge de Tréforier de France deux années ſeulement ou environ.

Création
de Juillet 1577

Prédécesseur, p. 50
Successeur, p. 111

XXX

MATHIEU SÈVE

Installé le 28 Mai 1612

Fascé d'or & de sable, à la bordure contre-componnée de même.

MATHIEU SÈVE DE SAINT-ANDRÉ, pourvu de son office de Trésorier de France sur la résignation de Marc Antoine Camus du Peron, cy-devant, p. 50, par lettres du 12. Mars 1612, aux gages de 3.750 livres, y compris ceux attribués à la qualité de Préfident & l'augmentation de ceux pour la révocation de la furvivance & autres droits des Tréforiers de France, receu à la Chambre le 12. May 1612, inftallé le lundy 28. May 1612; fut préfident au bureau de la Charité en 1623, Prévoft des Marchands en 1630; il prenait alors les qualités de sr de Saint-André, Fromente et Fléchères. Il décéda en 1647; partant, il exercea fon office environ trente-cinq ans. Ses enfans & héritiers y nommèrent & préfentèrent le sr Chauvel de la Martinière, qui s'en démit enfuite au profit du sr Gabriel Palerne, cy-après, p. 111, lequel y fut receu en 1651.

Prédécesseur, p. 54
Successeur, p. 76

Création
de Juillet 1577

X X X I

Louis PUGET

Installé le 3 Septembre 1612

D'azur à 2 chevrons ondés d'argent, accompagnés de 3 étoiles d'or,
2 en chef, une en pointe.

Louis PUGET, pourvu de son office sur la résignation d'Aimé Barailhon, cy-devant, p. 54, par lettres du 14. Avril 1612, aux gages de 2.500 livres, receu à la Chambre le 4. Aoust 1612, installé au Bureau le lundy 3. Septembre 1612. Il avait servi les maisons de la Charité & de l'Hôtel-Dieu en qualité de recteur, avant que d'être en charge ; fut président au bureau de la Charité en 1621 & résigna son office à Gabriel Puget, son fils, en 1627, cy-après, p. 76. En sorte qu'il l'a exercé environ quinze années.

*Création
de Janvier 1581*

Prédécesseur, p. 59
Successeur, p. 125

XXXII

Gaspard D'UGUÉ

Installé le 14 Février 1614

D'azur au chevron d'or, accompagné de 3 étoiles du même en chef, et d'une aussi du même en pointe, surmontée d'une couronne (ou diadème) d'or.

    Gaspard DUGUÉ DE BAGNOLS, secrétaire du Roy, maison, couronne de France, pourvu de l'office de Tréforier de France fur la réfignation de François Dugué, fon frère, par lettres du 15.Janvier 1614, aux gages de 2.500 livres & autres droits des Tréforiers de France ; receu à la Chambre le 1er Février 1614, inftallé le vendredy 14.Février 1614, fut préfident au bureau de l'Hôtel-Dieu en 1619 & en celuy de la Charité en 1625. Il réfigna fon office à Michel Dugué de Morancé, fon fils, cy-après, p. 125, le 30.avril 1651, mais fon fils n'y fut receu qu'en 1659 et 1660, après fon décès, l'année duquel n'étant marquée, on ne peut dire au jufte combien de temps il a exercé fa charge, fi ce n'eft feulement depuis 1614 qu'il en fut pourvu jufqu'en 1651, qu'il réfigna à fon fils, ce qui fait l'efpace de trente-fept à trente-huit ans. Gafpard Dugué avait époufé Virgine Edmé de Saint-Jullien, qui était veuve du sr Bertrand de Chaponay, cy-après, p. 63, dont elle avait eu Laurent de Chaponay qui fuccéda en 1665 à Michel Dugué, fon frère utérin, dans fon office de Tréforier de France, qu'elle eut de Gafpard Dugué, fon fecond mari.

<table>
<tr><td>Création
de Janvier 1586</td><td></td><td>Prédécesseur, p. 42
Successeur, p. 67</td></tr>
</table>

XXXIII

Bertrand DE CHAPONAY

Inftallé le 7 Septembre 1615

D'azur à 3 chapons d'or, créttés, becqués et membrés de gueules, 2 & 1.

Bertrand DE CHAPONAY, pourvu de fon office fur la réfignation de Pierre de Chaponay, sr d'Ebeins, fon père, cy-devant, p. 42, par lettres du 16.Juin 1615, aux gages de 2.500 livres, etc., receu à la Chambre le 20.Aouft 1615, information préalablement faite tant à Lyon qu'à Grenoble; inftallé au Bureau le lundy 7.Septembre 1615. Il était fils de Pierre cy-devant p. 42, & de Françoise Scarron ; il époufa Virgine Emé de Saint-Jullien, l'an 1613 ; il réfigna fon office, en 1620, à Claude Pellot, cy-après, p. 67. Ainfi il ne l'exercea que environ cinq années & mourut à Paris en Septembre 1625. Il a laiffé poftérité, qui font les srs de Chaponay d'Eybeins & les Chaponay de Venniflieu, favoir : Octavien & Laurent qui ont fait ces deux branches. Octavien a eu pour fils, Gafpard, marié à la demoifelle Baglion de la Salle, dont Pierre, feigr de Lizerable et Morancé, qui a époufé la demoifelle Marie Darefte & qui en a des enfans, & Balthazard qu'on appelle le chevalier de Chaponay, seigr de l'Ifle Méan qui eft garçon ; Laurent, fecond fils de Bertrand de Chaponay, était sr de Venniflieu & fuccéda à Michel Dugué dans fon office de Tréforier de France, cy-après, p. 125, fon frère utérin, car Bertrand de Chaponay étant décédé, fa veuve, Aimé de Saint-Jullain ou Jullien, époufa en fecondes nopces Gafpard Dugué, cy-devant p. 62, dont elle eut Michel Dugué de Morancé qui fuccéda à la charge dud. Gafpard, fon père, en 1660, & lequel étant décédé fans enfans, fit fa mère héritière, qui nomma à l'office dud. Michel Dugué, fon fils, Laurent de Chaponay, fon autre fils du premier lit.

XXXIV

MATHIEU GAILLAT

Inftallé le 31 Août 1618

·

D'argent à la fafce d'azur, chargée de 3 étoiles d'or.

MATHIEU GAILLAT, pourvu de l'office de Trésorier de France, général des finances que tenait feu Jean Baptifte Sarde, cy-devant, p. 55, vaquant & fur la nomination faite au profit dud. Gaillat par Anne Croppet, veuve, mère et tutrice de Jean Baptifte Sarde, fils & héritier dud. deffunct, aux gages de 3,000 livres par chaque an, et autres droits des Trésoriers de France, par lettres de provifions du dernier Décembre 1615, reçeu à la Chambre des comptes le 12. Juillet 1618, inftallé au Bureau le 3. Septembre 1618 ; fuivant le regiftre des ordonnances du bureau, d'autres mettent fon inftallation au 31. Aouft 1618. Il fut échevin de Lyon en 1616 et 1617, & prenait la qualité de sr de Fourqueraux & de Chana avec celle de Tréforier de France, quoyqu'il n'euft pas encore été inftallé ; il paraît qu'il a été recteur au bureau de la Charité en 1599 ; il fut préfident au bureau de l'Hôtel-Dieu en 1621. Cette famille fubfifte encore à Lyon, il y a eu un Gaillat, avocat du Roy à la fenefchauffée de cette ville, qui était, je penfe, fils du Tréforier ; il n'a laiffé que des parens collatéraux. Mathieu Gaillat décéda, en 1627, & fa veuve & héritière vendit la charge à Antoine Charrier sr de la Barge, cy-après p. 81, qui y fut reçeu en 1629.

X X X V

Dominique PARTICELLE

Non inftallé 1618 ou 1619

D'or à l'arbre terraffé de sinople, au chef de gueules, chargé de 3 molettes
d'éperon d'or.

Dominique PARTICELLE ou PARTICELLI acquit l'office de Tréforier de France des héritiers de feu François de Clappiffon, décédé en Avril 1618, cy-devant p. 58, mais ayant mal fait fes affaires, cet office fut fur lui décreté par fentence de la Senefchauffée de Lyon du 3.Septembre 1619, confirmée par arrêt du Parlement de Paris, du 1. Février 1620 & adjugée au sr Jean Charrier cy-après p. 66 ; ainfi led. Particelli ne fut point inftallé en cette charge, auffi ne trouve-t-on point fes lettres de provifion dans les regiftres du Bureau. La famille Particelli était originaire d'Italie, & faifait à Lyon commerce de banque & de foye très confidérable. Il paraît que Dominique Particelli avait été Tréforier des deniers de l'Aumône générale en 1606. J'aurai occafion de parler dans la fuite de cette famille fur l'article de Michel Particelli, Tréforier de France, cy-après p. 95.

Création
de Janvier 1581

Prédécesseur, p. 66
Successeur, p. 135

XXXVI

JEAN CHARRIER

Inftallé le 16 Avril 1621

D'azur à la roue d'or, cloutée de gueules.

JEAN CHARRIER, sr de la Rochette (la Rochette eft un fort petit fief & château fitué le long de la Saofne, au-deffous du bois de la Caille, du côté de l'Ifle-Barbe), acquit l'office de Tréforier de France, par décret, fur Dominique Particelli cy-devant, & fut pourvu de fon office par lettres de provifions du 16. Avril 1620, pourvu que led. Particelli vécut 40 jours après la datte defd. lettres & aux gages de 2.500 l. fut receu à la chambre des comptes le 4. Mars 1621 & inftallé le vendredy 16. Avril 1621 ; fut préfident au bureau de l'Hôtel-Dieu en 1623 & en celuy de la Charité en 1627, & Prévoft des marchands à Lyon en 1636. Son père Antoine ou Guillaume avait été échevin. La famille des Charrier eft établie depuis très longtemps à Lyon, où elle commença, dit-on, à négocier en drapperie près Saint-Nizier ; après avoir acquis beaucoup de biens, elle entra dans les charges de judicature & même de finances, car il paraît qu'en 1616, Jean Charrier était Receveur général des finances de Lyon, lequel pouvait bien être celuy-cy, Tréforier de France. Cette famille a fait auffi quelques bonnes alliances. Il y a eu auffi Antoine Charrier, Tréforier de France, cy-après p. 81, coufin germain de Jean Charrier la Rochette, qui fut Receveur général des finances en cette généralité, avant que d'être Tréforier de France, & Aimé Charrier, procureur du Roy, qui était frère dud. Jean Charrier, lequel réfigna fon office à Jean Charrier de Soleymieu, fon fils, cy-après p. 135, qui y fut receu en 1670 ; partant, il exercea led. office environ 49 ans.

Prédécesseur, p. 63
Successeur, p. 97

Création
de Janvier 1586

XXXVII

Claude PELLOT

Inftallé le 7 Juin 1621

De fable à la tierce d'or

Claude PELLOT pourvu de l'office de Tréforier de France fur la réfignation de Bertrand de Chaponay, cy-devant p. 63, par lettres de provifions du 5. Décembre 1620, receu à la chambre le 18. May 1621, & inftallé le lundy 7. Juin 1621, aux gages de 2.500 1. Claude Pellot avait fervi les maifons de l'Hôtel-Dieu & de la Charité en qualité de recteur, puis d'ex-conful, ayant été échevin en 1611, & enfuite Prévoft des Marchands en 1632 & 1633, & prenait la qualité de sr du Port David & de Sandars. Cette famille, établie à Lyon fur la fin du XVIe fiècle, était originaire du Milanais en Italie ; elle ne fubfifte plus à Lyon dans les males. Le fils de Claude Pellot fut premier préfident au parlement de Rouen, Claude Pellot réfigna fon office en 1634 à François Bourdicauld, cy-après p. 97, après l'avoir exercé environ 14 années ; il avait épousé Marie Poculot, qui luy survécut.

Nouvelle
Création

d'Août 1621
Succeſſeur, p. 130

XXXVIII

ALEXANDRE MASCRANNY

Inſtallé le 8 Août 1622

De gueules à 3 faſces vivrées d'argent, au chef couſu de gueules, à l'aigle
éployée d'argent, adextrée d'une clef d'argent, feneſtrée d'un casque en
profil du même ; chargé en cœur d'un écuſſon d'azur à une fleur de lys
d'or (par conceſſion du Roy Louis XIII).

PAR EDIT du mois d'Aouſt 1621, rapporté dans *Fournival*, page 444,
Louis XIII créa deux offices de Tréforiers généraux de France en chaque
Bureau des finances, pour y faire le nombre de douze, avec attribution de
l'intendance, pouvoir & faculté d'ordonner des deniers deſtinés pour les
ponts & chauſſées, & pour en jouir par les nouveaux pourvus aux mêmes
honneurs, autorités, féances, privilèges & droits dont jouissent les anciens
Tréforiers de France, &ca.

ALEXANDRE MASCRANNY fe préfenta pour lever un de ces deux offices,
la finance duquel il paya 61000 livres, favoir 50000 livres à quoy il avait été
taxé au Confeil du Roy & 11000 livres d'enchère, aux gages de 2500 livres,
200 livres de droit de buche & 312 livres pour droits d'entrée & de préfence,
& autres droits & privilèges des Tréforiers de France; il fut pourvu dud. office
par lettres du dernier Décembre 1621, receu à la chambre le 4. Juillet 1622,

& inftallé le lundy 8. Aouft 1622. Il fut préfident au Bureau de la Charité en 1637,& Prévoft des marchands en 1642 & 1643.

La famille Mafcranny eft originaire de Chiaverne au païs des Grisons en Suiffe ; elle était établie en cette ville fur la fin du XVIᵉ fiècle, & y gagna des biens confidérables. Paul Mafcranny, sʳ de la Verrière, fut le premier qui s'y établit, & y fit un commerce de foye & de banque avec les srᵗ Lumague, fes affociés ; il prit des lettres de naturalité, & enfuite prétendant être d'une famille noble dud. païs des Grifons, il obtint lettres & déclaration du Roy de réhabilitation & en tant que de befoin de confirmation de nobleffe pour luy & fa poftérité, avec faculté de négocier en gros & faire la banque fans déroger. Il eut plufieurs enfans qu'il plaça tous dans des charges ou emplois confidérables. Alexandre Mafcranny, Tréforier de France, était un de fes fils, dont la mère s'appelait Françoife Pollaillon, fille de Pierre Pollaillon, bourgeois, échevin de Lyon, en 1603 & 1604. Les lettres de réhabilitation & confirmation de nobleffe au profit de Paul Mafcranny font du mois de Juin 1635, & enregiftrées au Bureau des finances. Alexandre, Tréforier de France, décéda le 22. May 1659 ; fon fils Louis, sʳ de Paroy, cy-après p. 130, luy fuccéda en fon office en 1664.

*Nouvelle
Création*

*d'Août 1621
Succeffeur, p. 94*

XXXIX

ALEXANDRE ORLANDINY

Installé le 5 Décembre 1622

*Tranché, enté d'or & de fable, au lambel de gueules, à la bordure dentelée
de gueules, pour brifure.*

Paillot (p. 282) ; Orlandini, dont la famille eft à Florence, feigneur de
Saint Trivier, les Hallettes, porte comme cy-deffus.

P AR L'EDIT du mois d'Aouft 1621, rapporté cy-devant, le sr Orlandiny
leva le fecond office de Tréforier de France, créé par led. Edit ; la finance
duquel fut réglée ainfi que celle du sr Mafcranny à 61000 livres, favoir :
50000 livres felon le rolle arrêté au Conseil & 11000 livres d'enchère, aux
gages de 2500 livres, 250 livres de droit de buche, 312 livres de droits
d'entrées & de préfence & autres droits des Tréforiers de France.

ALEXANDRE ORLANDIN ou ORLANDINY fut pourvu du fecond office
de Tréforier Général de France au Bureau des finances, créé par l'Edit
du mois d'Aouft 1621, par lettres de provifions du dernier Décembre 1621.
Receu à la chambre des comptes le 14. Juillet 1622 & inftallé au bureau le
lundy 5. Décembre 1622.
La famille Orlandiny ou des Orlandins était originaire de Florence

& fe prétendait noble. Elle était déjà établie à Lyon vers le milieu du XVI⁰ fiècle, & y négociait en banque & en foye, & acquit des biens confidérables. Alexandre Orlandiny, Tréforier de France, fit faire à ses frais, en l'année 1626, la baluftrade en marbre qui ferme le chœur de l'églife des Jacobins de cette ville. Il fit conftruire auffi tout le contour du chœur de cette églife, ainfi qu'il paraît par fes armes & par les infcriptions qui y font, qui marquent que c'eft Alexandre Orlandiny qui l'a fait faire, fans luy donner la qualité de Tréforier de France ; ainfi ce pourrait bien être un autre Orlandiny du même nom d'Alexandre. Cette famille ne fubfifte plus à préfent à Lyon. Alexandre Orlandiny réfigna fon office en 1634, à Hugues Dinet, cy-après p. 94; partant il ne l'exercea qu'environ douze années.

Prédéceſſeur, p. 52
Succeſſeur, p. 102

*Création
de Juillet 1577*

X L

JEAN BAPTISTE SARDE

Inſtallé le 7 Août 1623

*D'azur à la faſce d'or, accompagnée en chef d'une aigle éployée d'argent,
& en pointe de 3 croiſſans montans du même, 2 & 1.*

JEAN BAPTISTE SARDE fut pourvu de l'office de Tréforier de France que tenait Me Jean de Sève, cy-devant, p. 52, dernier poſſeſſeur d'iceluy ; ſur la réſignation duquel le Roy avait déjà pourvu Me Pierre Sève, le 12.Décembre 1622, lequel, ne s'y étant pas fait recevoir, il en fit ſa démiſſion en faveur dud. Jean Baptiſte Sarde, qui en fut pourvu par lettres du 18. May 1623. Reçeu à la Chambre, le 20.Juillet 1623, & inſtallé au Bureau, le lundy 7. Aouſt 1623. Jean-Baptiſte Sarde fut préſident au Bureau de la Charité, en 1631 ; il était fils de Jean Baptiſte Sarde, qui était Tréforier de France, en 1605 & décéda en 1615, & de Anne Croppet, décédée le 10. Avril 1641. Celuy cy décéda le 16. Octobre 1635 ; partant, il n'exercea ſa charge qu'environ douze années. Denis Bernico cy-après, p. 102, luy ſuccéda en cet office, dont il fut pourvu en 1642, ſur la nomination du tuteur des enfans & héritiers dud. défunct. Jean Baptiſte Sarde, Tréforier de France, a été enterré aux Céleſtins de cette ville, dans le tombeau de ſes père & grand-père, qui eſt dans la chapelle, à côté du maître Autel. Il avait épouſé la demoiſelle Marie Jaquet dont il laiſſa trois fils & deux filles. Elle ſe remaria le 2. Novembre 1640, à noble Melchior de Mornieu, & décéda le 16.Octobre 1643.

XLI

Balthazard DE MORNIEU

Inſtallé le 7 Octobre 1626

D'aʒur aux 3 ſautoirs d'or, 2 & 1.

P AR EDIT du mois de Février 1626, rappórté dans *Fournival*, page 451,
Louis XIII créa deux offices de Tréſoriers de France en chaque Bureau des
finances, pour y faire le nombre de quatorze, avec attribution union &
incorporation aux charges & offices de Tréſoriers de France dans l'étendue de
leur généralité & de la charge & fonction de grand Voyer, & pour en jouir aux
mêmes honneurs, droits & privilèges des anciens Tréſoriers de France, avec
augmentation d'un ſixième de leurs épices &ca.

BALTHAZARD DE MORNIEU, conſeiller ſecrétaire du Roy, fut pourvu
de l'un desd. deux offices de Tréſorier de France, créés par l'Edit de Février,
cy-deſſus cité, par lettres de proviſions du dernier Avril 1626, aux gages de
2,5oo livres, 225 livres de droit de buche & 312 livres de droit d'entrée & de
préſence & autres droits, &ca., moyennant la ſomme de 65.ooo livres de
finance par luy payée ; fut receu à la Chambre des Comptes, le 20. Aouſt 1626
& inſtallé au Bureau, le mercredy 7. Octobre 1626 ; il fut préſident de la
Charité, en 1629, & prenait la qualité de ſeigʳ de Grandmont & d'écuyer.

J

La famille de Mornieu était affez ancienne à Lyon où un André Mornieu
avait été échevin dès l'année 1567 ; il y a eu auffi un André Mornieu éleu, qui a
été échevin & qui ont fervi fouvent au bureau de la Charité en qualité de
recteur ; il y a apparence qu'André Mornieu était ayeul de Balthazar, Tréforier de France. Le Chʳ du guet de Lyon, prédéceffeur du sʳ Colomby qui fut
receu Chʳ du guet en 1693 ou 1694, après le déceds de de Mornieu, était
un de Mornieu. Cette famille ne fubfifte plus icy dans les males. Balthazard
de Mornieu réfigna fon office de Tréforier de France, en 1636, à Baptifte
Pianello, cy-après, p. 98 ; partant, il l'exercea feulement dix années.

XLII

FRANÇOIS MURARD

Inftallé le 7 Octobre 1626

D'or à la faſce maçonnée & crenellée d'azur, accompagnée de 3 têtes d'aigle arrachées de ſable, rangées en chef.

FRANÇOIS MURARD, puis DE MURARD, fut pourvu du ſecond office de Tréforier de France.créé par l'Edit du mois de Février 1626, cité cy-devant, par ſemblables lettres de proviſions du dernier Avril 1626, & moyennant ſemblable finance de 65.000 livres & aux mêmes gages de 2.500 livres 225 livres de droit de buche & 312 livres de droit de préſence & d'entrée & autres ; fut auſſi receu à la Chambre des comptes le même jour, 20.Aouſt 1626, que le sr de Mornieu & inſtallé au Bureau auſſi le même jour, 7.Octobre 1626, quoyqu'après led. de Mornieu. François Murard fut préſident au Bureau de la Charité, en 1633 & prenait la qualité de ſeigr de Montferrand. Il y a eu à Lyon, Pons Murard, échevin dès l'année 1574, & qui, en 1584, ſe qualifiait noble Pons Murard de Genevois, sr du Buiſſon, étant reſteur au bureau de l'Hôtel-Dieu. Jean Baptiſte Murard, docteur en droits, sr d'Espagnieu, a été échevin en 1616 & 1617 ; il y a apparence que Pons Murard cy-deſſus, était ayeul de François Murard, Tréforier de France. Cette famille ſubſiſte encore aujourd'huy à Lyon, communément ſous le nom de de Montferrand. François de Murard réſigna ſon office à Guillaume Sardé, cy-après, p. 114, qui y fut receu en 1653 ; ainſi, il exercea ſa charge environ vingt-sept ans. Barthélemy de Murard de St-Romain, aujourd'huy (1732) confeiller à la Cour des Monnoyes de Lyon, eſt petit-fils de François Murard, Tréforier de France.

Prédéceffeur, p. 61
Succeffeur, p. 93

Création
de Juillet 1577

XLIII

GABRIEL PUGET

Inftallé le 12 Mai 1627

D'azur à 2 chevrons ondés d'argent, accompagnés de 3 étoiles d'or, 2 & 1.

GABRIEL PUGET fut pourvu de l'office de Tréforier de France, fur la réfignation de Louis Puget, fon père, cy-devant, p. 61, par lettres de provifions du 29. Janvier 1627 ; fut receu à la Chambre des comptes, le 17. Avril 1627 & inftallé au Bureau, le mercredy 12. May 1627. Il réfigna fon office en 1633, à Philippe de Couleur, cy-après, p. 93 ; partant, il ne l'exercea que environ fix ans.

XLIV

JACQUES DE THÉLIS

Inſtallé le 27 Avril 1629

D'or à 3 faſces de gueules.

P AR EDIT du mois d'Avril 1627, Louis XIII attribua la Juriſdiction contentieuſe des cauſes du Domaine & de la Voyerie, avec la réception des foys & hommages à chacun des Bureaux des finances de toutes les généralités du Royaume, & créa quatre offices de Tréforiers généraux de France & deux qualités de préſidens en chacun d'iceux ; les deux qualités de préſident furent attribuées aux sᵣˢ de Pomey & Sève de St-André, plus anciens Tréforiers après les deux autres préſidens cy-devant établis, & par délibération du Bureau du 14. Septembre 1629, ſous le bon plaiſir du Roy & du Conſeil, pour y exercer leurs fonctions, ſavoir : neuf en une année & neuf en l'autre, faiſant en tout le nombre de dix-huit avec les anciens officiers cy-devant créés & ſelon qu'il eſt plus au long porté par led. Edit, rapporté dans le recueil de *Fournival*, page 478. Par lettres en forme de déclaration du Roy du 23. Septembre 1627, l'exercice du Bureau fut rétabli comme il ſe faiſait auparavant.

JAQUES DE THÉLIS fut pourvu d'un des quatre offices de Tréforiers de France nouvellement créés par l'Edit cy-deſſus, par lettres de proviſions du

6. Octobre 1627, moyennant la finance de 59.340 livres, aux gages de 2.5oo livres 225 livres de droit de buche & 312 livres de droit d'entrée & de préfence & autres droits & privilèges des anciens Tréforiers de France, &ca; fut receu à la Chambre des comptes, le 20. Octobre 1628, & inftallé au Bureau le Vendredy 27. Avril 1629, nonobftant l'oppofition qui avait été formée à fa réception, à lad. Chambre des comptes par les srs de Merle, Dugué & Charrier qui fe prétendaient lézés dans leurs offices & fonctions au moyen de la nouvelle création de cet office, et dont ils avaient été déboutés par arrêt de lad. chambre.

Les provifions de Jaques de Thélis portaient qu'il ferait receu tant à la Chambre des comptes qu'à la cour des aides, mais il y eut arrêt du Confeil de l'an 1627 ou 1628, qui ordonna que, déformais, les Tréforiers de France feraient receus à la Chambre des comptes & non ailleurs, & cela s'eft, depuis, pratiqué.

Jaques de Thélis fut préfident au Bureau de la Charité, en 1639.

La famille de Thélis eft originaire de Forès, elle fe dit de la même famille que Thélis Valorges, qui eft bonne dans la province & qui a des titres dès l'an 1300, mais celle-cy n'en convient pas, quoyque l'une & l'autre porte même nom & mêmes armes. Jacques de Thélis était de Forès, il prenait la qualité de feigr de Chaftel & de Chamboft, qui font petites terres & fiefs de cette province : il prenait auffi la qualité de feigr de Cleppé & de Tourville. Il avait époufé Marie Piquet ou Picquet. Il obtint lettres d'honneur du 4. May 1661, fans avoir encore réfigné fon office ; il décéda le 23. Février 1666. Son fils, Gafpard, luy fuccéda en 1667 fur la nomination de Marie Piquet, fa mère & tutrice.

XLV

ANTOINE BOURGEOIS OU BORGHÈSE

ADVOCAT DU ROY

Inſtallé le 27 Avril 1629

Bandé d'or & de gueules de 6 pièces ; au chef d'aʒur, chargé d'un lion
paſſant d'or.

C'eſt ainſi qu'elles font gravées & sculptées ſur la tombe de Jean Baptiſte
& d'Antoine Bourgeois, dans l'égliſe Saint Laurent à Lyon.

P AR le même EDIT du mois d'Avril 1627, rapporté cy-devant, le Roy créa outre les quatre offices de Tréforiers généraux dans chaque Bureau des finances, un office de Procureur du Roy & un d'avocat du Roy ſur le fait du domaine, &ca. L'Edit eſt rapporté dans *Fournival*, page 478, auquel il eſt bon d'avoir recours.

ANTOINE BOURGEOIS fut pourvu de l'office de Conseiller Avocat du Roy au Bureau des finances nouvellement créé par l'Edit d'Avril 1627 cy-devant cité, par lettres de proviſions du 25. Septembre 1627, moyennant la finance de 32.500 livres par luy payée, & aux gages de 1.200 livres par chacun an, 225 livres de droit de buche, 312 livres d'entrée & de préfence & autres droits & privilèges des Treforiers de France ; fut receu au

Grand Confeil, le 8. Novembre 1628, & inftallé au Bureau le même jour que le
sr Jacques de Thélis cy-devant, qui fut le vendredy 27. Avril 1629, pour jouir
par led. Antoine Bourgeois, dud. office, tant & fi longuement que les
Tréforiers de France jouiront de la jurifdiction contentieufe du Domaine &
Voyerie, & pour ce qui les concerne feulement.

Antoine Bourgeois était fils de Jean Baptifte Bourgeois, natif d'Aviglane
en Piedmont, lequel prenait la qualité de noble, ainfi qu'il paraît fur fon
tombeau à Lyon, dans l'Eglife de St-Laurent, annexe de St Paul. L'épitaphe
d'Antoine, fon fils qui eft fur le même tombeau, eft conceue en ces termes :
*Antonius Burgefius, eques, regius in quæftura lugdunensi patronus, obiit 28ª die
Xbris 1660*. Il paraît, par d'autres titres, qu'il décéda le 27. Février 1661 ; fon
fils, Jean Baptifte Borghèfe cy-après, p. 133, lui fuccéda dans fa charge, fur la
préfentation & nomination de Jeanne Dufourt, fa mère, veuve dud. Antoine
Bourgeois, qui exercea fa charge environ trente-deux ans.

Prédéceffeur, p. 64
Succeffeur, p. 112

*Création
de Juin 1586*

XLVI

ANTOINE CHARRIER

Inftallé le 13 Août 1629

D'azur à la roue d'or.

Antoine CHARRIER, sr de la Barge, pourvu de l'office de Tréforier général de France, que tenait & exerceait feu Mathieu Gaillat, cy-devant p. 64, par lettres de provifions du 27. May 1628, fut receu à la Chambre des comptes le 12. May 1629, & inftallé au Bureau le lundy 13. Aouft 1629.

Mathieu Gaillat, précédent titulaire de lad. charge étant décédé en 1627, sa veuve & héritière nomma aud. office Claude Vanel, prête nom, qui paya le 8e denier par quittance du 24. Avril 1628, & puis le marc d'or & en fut pourvu & enfuite en fit fa démiffion au profit dud. Antoine Charrier, qui en fut propriétaire & titulaire. Il était receveur général des finances de la Généralité de Lyon, pour raifon de quoy, il fut obligé de prendre des lettres de difpenfe en fe défaifant, néanmoins, de fad. charge de receveur général ; le bureau des finances avait formé oppofition à fa réception à la Chambre des comptes, fondée principalement fur la qualité de comptable dud. sr Charrier, de laquelle oppofition il fut débouté ; on fit auffi quelque difficulté pour fon inftallation fondée fur les parenté & alliances qu'il avait avec quelques-uns de la Compagnie, mais elles furent levées & led. sr Charrier inftallé après que M. le Garde des Sceaux eut fait réponfe aux Tréforiers de France, que led. Antoine Charrier n'ayant que des coufins & beaux-frères aud. Bureau qui ne font compris dans l'Ordonnance, il n'avait pas befoin de difpenfe.

Antoine Charrier, sr de la Barge, était fils d'Antoine ou de Guillaume qui,
tous deux, avaient été échevins ; il était, par conféquent, coufin germain de
Jean Charrier la Rochette, cy-devant, p. 66, & de Aimé Charrier, Procureur
du Roy, cy-après, p. 83, &, de plus, beau-frère de Gafpard Dugué, Tréforier ;
il était Receveur général des finances, comme on a dit, avant que d'être
Treforier de France. En 1628, il acheta du sr Alexandre Orlandin la maifon &
fonds fitués à Greizieu, qu'il nomma depuis la Barge, auxquels il avait joinct
une petite portion de juftice qu'il avait acquife de MM. de St-Jean, Comtes de
Lyon. Il fut préfident au bureau de la Charité, en 1635, & réfigna fon office
à Jean Charrier de la Barge, fon fils cy-après, p.112, qui y fut receu en 1652.
Partant, Antoine Charrier exercea fa charge environ vingt-trois ans.

Nouvelle
Création

d'Avril 1627
Succeſſeur, p.138

XLVII

AIMÉ CHARRIER

PROCUREUR DU ROY

Inſtallé le 14 septembre 1629

D'azur à la roue d'or.

On voit néanmoins quelque part ces armes briſées d'un lambel d'argent
en chef, ce qui pourrait marquer la branche cadette.

AIMÉ CHARRIER, Procureur du Roy au Bureau des finances. Par Edit
du mois d'Avril 1627, cy-devant cité, le Roy ayant créé dans chaque Bureau
des finances un office de conſeiller & Procureur du Roy, dans la juriſdiction
contentieuse du Domaine & de la Voyerie ; led. sr Aimé Charrier le leva
& en fut pourvu par lettres de proviſions du 25. Septembre 1627, moyennant
65000 livres de finance par luy payée, aux gages de 2500 livres, 225 livres
de droit de buche & 312 livres de droit d'entrée & de préſence & autres
droits, privilèges, &ca, dont jouiſſent les Tréſoriers de France. Led.
sr Charrier fut receu en son office au Grand Conſeil du Roy le 10. Novembre
1628, en conſéquence de la déclaration du Roy du 10. Aouſt 1628, portant
que les Tréſoriers de France, Avocats & Procureurs du Roy des Bureaux
feraient doresnavant receus & interrogés aud. Grand Conſeil & enſuite inſtallés
dans leur bureau. Depuis led. sr Charrier fut obligé de ſe faire recevoir à

la chambre des comptes le 18.Avril 1630, en qualité de conſeiller du Roy, ſubſtitut du Procureur général en lad. chambre ; & ce, ſans doute, pour pouvoir être payé de ſes gages ſur leſquels la chambre avait mis des ſouffrances ; il fut même obligé de prendre des lettres de ſurannation de ſes proviſions qui étaient du 25.Septembre 1627. La chambre des comptes s'arrogea alors un droit de qualifier les Procureurs du Roy au Bureau des finances de ſubſtituts du Procureur général de lad. chambre qui, depuis, a été réformé.

Enſuite de cette réception, le sᵣ Charrier le préſenta le 16.Mars 1629, au Bureau des finances pour s'y faire inſtaller, mais le Bureau ayant rejetté ſa requête ſous prétexte de parenté & d'alliance avec pluſieurs officiers de la compagnie, le sᵣ de Neſmond, Mᵉ des Requêtes de l'Hôtel, chargé, à ce qu'il diſait, des ordres de la cour, vint au Bureau des finances le 9. May 1629 inſtaller led. sᵣ Charrier. Le même jour les Tréſoriers de France firent des proteſtations ſur la prétendue inſtallation dud. sᵣ Charrier, & le 11. dud. mois ils la déclarèrent nulle, faiſant défenſes aud. Charrier de s'immiſcer dans les fonctions de ſa charge, & au greffier d'enregiſtrer ſes proviſions. Il y eut, pour ce, procès au Grand Conſeil entre leſd. sᵣ Charrier & les Tréſoriers de France qui s'étaient même auparavant oppoſés à la réception dud. Charrier, mais par arrêt dud. Grand Conseil du 29. Aouſt 1629, les Tréſoriers de France furent déboutés de leur oppoſition, & il fut ordonné que led. sᵣ Charrier exercerait ſon office, & que ſes proviſions, réception & inſtallation seraient enregiſtrées au Bureau. Depuis, & le vendredy 14. Septembre 1629, led. sᵣ Charrier vint au Bureau & y fut inſtallé, & ſes lettres de proviſions, réception, inſtallation & arrêt du Grand Conſeil enregiſtrées ſous quelques clauſes portées ſur le regiſtre des ordonnances auquel il eſt néceſſaire d'avoir recours pour une plus parfaite connaiſſance des fonctions de la charge de Procureur du Roy au Bureau. J'ay copie de toutes ces pièces.

Aimé Charrier, Avocat au parlement de Paris, était fils de Antoine ou de Guillaume Charrier, qui avaient été échevins, & frère de Jean Charrier la Rochette, Tréſorier cy-devant p. 66, cousin germain d'Antoine Charrier la Barge, cy devant p. 81, & beau-frère de Gaſpard Dugué, Tréſorier cy-devant p. 62. Il se nommait Charrier de la Roche & ſe qualifiait baron de la Roche Jullié & Julliénas qui ſont terre & fiefs ſitués en Beaujolois. Il réſigna & remit ſon office à Jean-Baptiſte Michon de Pierreclau, ſon gendre, qui épouſa Geneviève Charrier, fille dud.Aimé Charrier & fut receu en l'office de Procureur du Roy de ſon beau-père, en 1671. Son fils aisné ayant pris le parti des armes a été Lieutenant Colonel de cavalerie, dont le fils aiſné Georges Antoine Charrier, qui a épouſé la demoiſelle Ranvier, fille d'Annet Ranvier, échevin de Lyon en 1694 & 1695, eſt aujourd'hui (1730) Lieutenant particulier & préſident à la Cour des Monnaies, le fils duquel receu dans les charges de ſon père, a épouſé la demoiſelle Durret, fille de Jean Durret, premier préſident au Bureau des finances. Aimé Charrier, Procureur du Roy, exerca ſon office environ quarante-deux à quarante-trois ans, depuis ſa réception au Grand Confeil, & quarante & un ans depuis fa réception à la chambre des comptes.

Par Edit du mois de May 1635, rapporté cy après à l'article d'Antoine Bourgeois p. 105, Louis XIII créa dans chaque Bureau des finances un fecond office de confeiller Procureur du Roy, fur le fait des finances ordinaires & extraordinaires. Aimé Charrier s'en fit pourvoir par lettres du 2. Janvier 1636, moyennant 14000 livres de finance, & aux gages de 1000 livres; enfuite par lettres patentes du Roy en forme de déclaration du mois d'Aouft 1637, & en conféquence de l'arreft du Confeil du 21. Février 1636, enregistrées en la chambre des comptes le 9. Décembre 1637, ce fecond office de Procureur du Roy fut réuni à l'ancien de la création du mois d'Avril 1627 & depuis ces deux offices réunis ont été exercés par un feul & même officier. Il y eut un relief d'adreffe aux Tréforiers de France de Lyon pour faire exécuter lad. déclaration.

Nouvelle Création

d'Avril 1627
Succeſſeur, p. 92

XLVIII

Jean BERTRAND

Inſtallé le 5 Décembre 1629

D'aʒur à la guivre ou ſerpent tortillant d'or, miſe en pal ; au chef de gueules, chargé de 2 flèches ou dards d'or paſſés en ſautoir.

En 1671, Il y avait Jean Baptiſte Bertrand du May, qui était Tréſorier de France au Bureau des Finances de Dauphiné, établi à Grenoble, lequel portait les mêmes armes que cy-deſſus, quant aux pièces, mais autrement blazonnées & comme s'enſuit : d'or à la guivre de ſinople, miſe en pal, languée de gueules, au chef couſu d'argent, chargé de 2 flèches de gueules miſes en ſautoir, la pointe en haut, liées de même & empennées d'azur (Guy-Allard : *Nobil. de Dauphiné*).

Par Edit du mois d'Avril 1627, cy devant cité, le Roy, en attribuant la juriſdiction contentieuſe du Domaine & Voyerie & la réception des foy & hommages aux Bureaux des finances des Généralités du Royaume, avait créé en chaque Bureau quatre nouveaux offices de Tréſoriers généraux de France, deux offices & nouvelles qualités de préſident, faiſant avec les deux autres, anciennement établis, le nombre de quatre pour faire en chaque Bureau en tout le nombre de dix-huit Tréſoriers de France, y compris les quatre préſidens ; on créa auſſi par le même Edit un office d'Avocat du Roy & un office de Procureur du Roy. On a vu cy devant que le sr de Thélis fut pourvu d'un de ces quatre offices de Tréforier de France ; que le sᵣ Bourgeois fut pourvu de celuy d'Avocat du Roy ; le sʳ Aimé Charrier de celuy de Procureur du Roy & que les deux qualités nouvelles de Préfident furent données au sʳˢ de Pomey & Sève Saint-André, plus anciens Tréforiers de France. A l'égard des trois autres nouvelles charges de Tréforier de France, la compagnie, par délibération du 14. Septembre 1629, avait réfolu d'en prendre deux par moitié & de les lever ; mais cela n'eut pas d'exécution, & elles furent toutes trois levées & payées par des particuliers.

Jᴇᴀɴ BERTRAND, sʳ ᴅᴜ Mᴀʏ, fut pourvu du fecond office de Tréforier Général de France, nouvellement créé par l'Edit d'Avril 1627, cy deffus cité, moyennant la finance de 59340 livres aux gages de 2500 livres, 225 livres de droit de buche, 312 livres de droit d'entrée & préfence & autres droits & privilèges des autres anciens Tréforiers de France, par lettres de pro-vifions du 6. Octobre 1627 ; les provifions avaient alors, fans doute, été expédiées & fcellées le nom en blanc. Receu à la chambre des comptes le 19. Octobre 1629, & inftallé au Bureau le mercredy 5. Décembre 1629 ; il réfigna fon office au commencement de l'année 1631 à Alexandre Mazuyer, cy-après p. 92 ; partant il ne l'exercea qu'environ une année.

Nouvelle
Création

d'Avril 1627
Succeſſeur, p. 144

XLIX

BARTHÉLEMY LOUBAT-CARLES

Inſtallé le 5 Décembre 1629

D'aʒur à 3 bandes d'argent, celle du milieu chargée de 3 molettes de gueules
(qui est Loubat); écartelé d'or au lion rampant d'aʒur, tenant à ſes pattes
une croix haute de gueules (qui est Carles).

BARTHÉLEMY LOUBAT-CARLES leva le troiſième office de Tréſorier
général de France qui avait été créé par l'Edit du mois d'Avril 1627; il en
fut pourvu par lettres de proviſions du 6.Octobre 1627, moyennant la finance
de 59340 livres, aux gages de 2500 livres, 225 livres de droit de buche &
312 livres pour droit d'entrée & de préſence & autres droits & privilèges
des Tréſoriers de France, fut receu à la chambre des comptes le 25.Octobre
1629, & inſtallé au Bureau le mercredy 5.Décembre 1629, le même jour que
Jean Bertrand & après luy.

La famille de Loubat-Carles eſt originaire de Dauphiné; elle s'établit
à Lyon vers le milieu du XVIᵉ ſiècle. François Loubat fut échevin dès
l'année 1568; ſon fils Hugues Loubat fut élu en l'Election de Lyon, &
échevin en 1602; il fut héritier de Laurent Carles, originaire d'Italie (qui
avait acquis des biens aſſez conſidérables) à condition d'en porter le nom
& les armes & eut pour fils Barthélemy Loubat-Carles, Tréſorier de France,
qui fut préſident au bureau de la Charité en 1641; il ſe qualifiait ſeigʳ de Boha

(terre & fief en Breffe). Il mourut à Paris en 1673 (?) & fut enterré à Saint-Germain l'Auxerrois, fans avoir payé la paulette ou droit annuel ; fa charge tomba vacante aux parties cafuelles. Son fils Camille Loubat-Carles, en qualité de fon unique héritier, au moyen de la renonciation de fon frère François Carles, à la fucceffion de Barthélemy père, leva la charge qui luy fut adjugée pour 15ooo livres, y compris les 2 sols pour livre, et il y fut reçeu en 1673, voyés cy-après. Barthélemy Loubat Carles exerçea fa charge environ quarante ans & plus.

Comme le droit annuel ou paulette était confidérable, il y avait bien des officiers dans ce temps-là qui hafardaient la perte de leur charge, surtout quand ils étaient jeunes pour ne pas payer chaque année une groffe fomme.

François Loubat, échevin en 1568, eut pour fils Hugues Loubat élu & échevin en 1602, qui époufa Marie, fille de Laurent Carles dont il fut héritier à condition d'en porter par les fiens le nom & les armes. Hugues eut pour fils, Barthélemy, qui époufa Sibille Marie Hérard ou Erard, dont Camille Loubat-Carles, Tréforier de France en 1673, qui époufa la demoifelle de Regnaud de Glareins.

*Nouvelle
Création*

*d'Avril 1627
Succeſſeur, p. 108*

L

JEAN BÉRAUD ou BÉRAULD

Inſtallé le 5 Décembre 1629

*D'aʒur à 3 molettes d'or, 2 & 1, au chef de gueules, chargé d'un lion
paſſant d'argent.*

Ces armes sont les mêmes que celle de Villars, duc & pair,
maréchal de France.

JEAN BÉRAUD ou BÉRAULD, sʳ de Reſſins, leva le quatrième office
de Tréforier Général de France, créé par l'Edit du mois d'Avril 1627
cy-devant cité, dont il fut pourvu par lettres du 6. Octobre 1627, moyennant
59340 livres de finance par luy payée, aux gages de 2500 livres, 225 livres
de droit de buche, 312 livres de droit d'entrée & de préſence & autres droits
des Tréſoriers de France ; receu à la chambre des comptes le 25. Octobre
1629 & inſtallé au Bureau le mercredy 5. Décembre 1629, le même jour que
le sʳ Loubat-Carles quoyqu'après luy ; il avait pris des lettres de furannation,
il ſignait Bérauld. En 1647, il réſigna ſon office à François Béraud, ſon fils,
cy-après p. 108 ; ainſi il l'exercea environ vingt années, à compter du temps
qu'il en avait été pourvu ſeulement, pour raiſon de quoy il obtint lettres
d'honneur ou de vétérance du 8. May 1647 qui le relèvent & diſpenſent du
deffaut des vingt années de ſervice. Les lettres ſont enregiſtrées au Bureau

des finances & imprimées dans le recueil de *Fournival* page 791 ; dans ce temps-là elles donnaient la faculté d'avoir mêmes entrée, rang, séance, opinion & voix délibérative au Bureau & autres lieux, ainfi qu'on avait accoutumé auparavant, fans, néanmoins, prendre aucuns gages, épices ni émolumens, ce qui a, depuis, changé à l'égard de l'entrée, féance et voix délibérative au Bureau, comme on pourra le voir cy après. La famille de Béraud eft originaire de Beaujollois, ou d'auprès de Roanne. Le château de Reffins eft dans la paroiffe de Nandax, païs de Beaujollois ; une partie de la juftice & des rentes dépendantes du château de Reffins font fitués dans la chaftellenie de Charlieu, qui eft du Lionnois.

Création
d'Avril 1627.

Prédéceffeur, p. 86
Succeffeur, p. 121

LI

ALEXANDRE MAZUYER

Inftallé le 27 Juin 1631

*D'azur au chevron d'or, accompagné en chef de 2 étoiles du même,
& en pointe d'un croiffant d'argent.*

ALEXANDRE MAZUYER fut pourvu de fon office de Tréforier de France fur la réfignation de Jean Bertrand, cy-devant p. 86, par lettres du 19. Février 1631. Receu à la chambre des comptes le 15. Avril 1631 ; nonobftant l'oppofition faite par Louis Puget, Confeiller Maitre ordinaire en lad. chambre pour laquelle il fut dit qu'il fe pourvoirait ailleurs qu'en lad. chambre pour la perception ou confervation de fes droits. Il fut inftallé au Bureau le vendredy 27. Juin 1631.

La famille de Mazuyer était établie à Lyon avant le commencement du XVIIe fiècle. Alexandre Mazuyer était fils de Jean Mazuyer, & il fut préfident au bureau de la Charité en 1647 ; il réfigna fon office à Jean Mazuyer, fon fils, cy-après p. 121, qui y fut receu en 1657 ; comme il avait plus de vingt ans de fervices, il obtint lettres d'honneur ou de vétérance enregiftrées au Bureau le 16. Octobre 1657, à la charge que fa voix fe trouvant conforme avec celle de fon fils, elles ne feraient toutes deux comptées que pour une. En ce temps-là les vétérans avaient entrée, féance & voix délibérative au Bureau, ce qui, depuis, leur a été ôté par les lettres même de vétérance. Les Mazuyer font, je penfe, originaires de Montbrifon ou de Forès.

L I I

PHILIPPE DE COULEUR

Inſtallé le 25 May 1633

D'aʒur au chevron d'or, au chef d'or, chargé de 3 roſes de gueules.

PHILIPPE DE COULEUR fut pourvu de ſon office de Tréſorier de France, ſur la réſignation de Gabriel de Puget, cy-devant p. 76, par lettres de proviſions du 24. Janvier 1633. Receu à la chambre des comptes le 7. Avril, 1633, & inſtallé au Bureau, le mercredy 25. May 1633 ; il fut préſident au bureau de la Charité en 1643. Il était fils de Claude de Couleur petit-fils de François de Couleur, marchand chapelier à Lyon. Claude était ſeigr d'Arnas (fief à demi lieue de Villefranche ſur le chemin de Belleville), & fut échevin de Lyon en 1633 & 1634. Cette famille eſt originaire de Beaujollois, où il y a eu un de Couleur, Lieutenant général au baillage de Villefranche. Il obtint lettres d'honneur ou de vétérance, nonobſtant qu'il n'eût fait la réſignation de ſon office, avec entrée, ſéance & voix délibérative au Bureau, ce qui ne ſe pratique plus à préſent, ainſi qu'on verra cy-après ; les lettres ſont du 26. May 1653, & le qualifient de chevalier & de conſeiller du Roy en ſes conſeils. Il décéda le 26. Avril 1662, & Suzanne Vidaud, ſa veuve & héritière, nomma à ſa charge Etienne de Couleur leur fils, qui y fut reçu en 1664 ; ainſi Philippe de Couleur exercea ſon office pendant environ vingt-neuf années.

Création
d'Août 1621

Prédéceſſeur, p. 70
Succeſſeur, p. 101

L I I I

HUGUES DINET

Inſtallé le 18 Décembre 1634

D'argent au croiſſant d'azur abaiſſé en pointe, & 2 roses de gueules, tigées, feuillées de ſinople à longue queue, mouvantes de ce croiſſant en chevron renversé ; au chef d'azur, chargé d'un lion léopardé ou paſſant d'argent.

HUGUES DINET fut pourvu de ſon office de Tréforier de France fur la réſignation d'Alexandre Orlandiny, cy-devant p. 70, par lettres de proviſions du dernier Janvier 1634 ; fut receu à la chambre des comptes le 6. Avril 1634, & inſtallé au Bureau le lundy 18. Décembre 1634.

Jean Dinet, préſident en l'Election de Lyon, fut échevin en 1613 & 1614. Il y a apparence qu'il était père d'Hugues Dinet, Tréforier de France.

Euſtache Rovlère, cy-après p. 101, ſuccéda à Hugues Dinet dans ſon office de Tréforier de France dont il fut pourvu en 1642 ; ainſi Hugues Dinet n'exercea ſa charge qu'environ huit années.

LIV

MICHEL PARTICELLE OU PARTICELLI

Inſtallé le 12 Février 1635

*D'or à l'arbre terrassé de ſinople, au chef de gueules,
chargé de 3 molettes d'or.*

PAR EDIT du mois de May 1633, rapporté dans le recueil de *Fournival*, page 513, Louis XIII créa un office de Tréforier général de France, garde ſcel en chacune des Généralités du royaume y faiſant le nombre de 19 afin de ſceller les attaches, ordonnances & autres expéditions émanées des Bureaux, avec attributions des mêmes privilèges & honneurs dont jouissent les anciens Tréſoriers de France.

MICHEL PARTICELLE leva l'office de Tréforier général de France garde ſcel au Bureau des finances de Lyon, nouvellement créé par l'Edit cy-deſſus rapporté, moyennant la finance de 60.066 livres, aux gages de 2.800 livres, 225 livres de droit de bûche & 312 livres pour droits d'entrée & de préſence & aux droits & émolumens du sceau y attribués par led. Edit, honneurs, privilèges des anciens Tréſoriers de France ; il fut pourvu dud. office par lettres du 4. Aouſt 1633. Reçu à la chambre des Comptes le 4. Octobre 1634 aud. office de conſeiller du Roy, Tréſorier de France &

général de fes finances au bureau de la Généralité de Lyon feulement ;
& fans qu'il fe puiffe immifcer en l'exercice & fonction de lad. charge de
garde fcel ny en la perception des droits y attribuée, que le Roy eft très
humblement fupplié vouloir fupprimer pour la conféquence du bien de
fon fervice, & la décharge de fes fujets, fuivant l'arrêt de lad. chambre
du 4.Octobre 1634 ; il avait obtenu lettres de furannation. Il fut enfuite
inftallé au Bureau des finances, le lundy 12.Février 1635, en l'office de
Tréforier de France feulement, & fut arrefté que très humbles remonf-
trances feraient faites au Roy fur le préjudice & conféquence de la création
dud. office, dont l'Edit n'avait été vérifié au Parlement contre l'ufage de
tout temps pratiqué.

Il faut obferver qu'il y eut des lettres de juffion du 16.Avril 1635,
rapportées dans *Fournival*, pag. 521, adreffées à la chambre des Comptes
pour faire jouir les pourvus des offices de Tréforier de France gardes fcels,
des gages, fonctions & droits attribués par l'Edit de leur création nonobftant
les modifications portées par les arrefts de lad. chambre, lesquelles lettres
y furent enregiftrées le 16.May 1635.

Depuis, les droits & émolumens du fceau ayant été acquis & attribués
au greffe du Bureau, les officiers pourvus de cette charge créée par cet
Edit de May 1633, n'ont jamais fait fonction que de celle de Tréforier de
France feulement.

Michel Particelle fe qualifiait feigr de Sainte-Colombe.

Le 11.Février 1635, il y eut des conventions faites entre la compagnie
& le sr Michel Particelle, enregiftrées au regiftre de 1673, par lefquelles
le sr Particelle abandonnait à la compagnie les droits & émolumens du fceau,
fous des conditions de part & d'autre portées par lefd. conventions,
auxquelles on peut avoir recours au befoin. Entre autres conditions portées
par le traité qui fut homologué par arrêt du Confeil, la compagnie s'obligea
de payer aud. sr Particelle la fomme de fix mille livres, qu'elle luy paya
réellement & comptant, fuivant la quittance enregiftrée aux patentes de
l'an 1673, lors de l'inftallation du sr Louis Defchamps qui fuccéda à Michel
Particelle.

Urbain Particelli fuccéda à Michel Particelle, fon père, dans fa charge
dont il fut pourvu, mais à laquelle n'ayant pas voulu fe faire recevoir, il la
réfigna à Louis Defchamps qui y fut receu en 1672.

L V

FRANÇOIS BOURDICAUD

Inſtallé le 12 Février 1636

D'or au dextrochère au naturel manché de gueules & tenant une tige de laurier ou olivier de ſinople ſur un croiſſant d'azur mis en pointe.

Fʀᴀɴçᴏɪs BOURDICAUD, sʳ de la Vouldy, pourvu de ſon office de Tréſorier de France, le 22. Octobre 1634, ſur la réſignation de Claude Pellot, cy-devant p. 67, receu à la chambre le 15 Décembre 1634; l'arrèt ne fait pas mention qu'il ait été interrogé; il y a apparence qu'il fut receu ſur la finance. Inſtallé au Bureau le 12. Février 1635, le même jour et après le sʳ Michel Particelle.

Barthélemy Gueſton, cy-après p. 103, a ſuccédé aud. Bourdicaud en 1642 ; partant n'a, led. Bourdicaud, exercé ſa charge qu'environ ſept années.

*Création
de Février 1626*

*Prédéceffeur, p. 73
Succeffeur, p. 136*

LVI

BAPTISTE PIANELLO

Inftallé le 22 Août 1636

Coupé de gueules & de fable, au tronc écotté mis en fafce.

BAPTISTE PIANELLO (ou Jean Baptifte), feigr de la Valette (terre fituée près de Saint-Eftienne en Forès, provenante de Marie Beffet, fa femme), fut pourvu de fon office de Tréforier de France fur la réfignation de Balthazard de Mornieu, cy-devant p. 73, par lettres du 6. Mars 1636. Receu à la chambre le 3. Juillet 1636, et inftallé au Bureau le vendredy 22. Aouft 1636.

Baptifte ou Jean Baptifte Pianello, était fils de Laurent Pianello, & petit-fils de Baptifte, originaires d'Italie, négocians à Lyon dès le milieu du XVIe fiècle, & qui ont fucceffivement fervi le bureau dè la Charité en qualité de recteurs en 1564 et 1601. Baptifte Pianello, Tréforier de France, y fut préfident en 1645; il avait été, pendant quelque temps, Receveur des Tailles à Lyon, et avait époufé la fille du sr Beffet, dont Laurent Pianello, fon fils, cy-après p. 136, Tréforier de France fut héritier, à la charge d'en porter le nom et les armes. Baptifte Pianello obtint lettres d'honneur ou de vétérance du 27. Novembre 1657, avec entrée, féance & voix délibérative au Bureau, & fans avoir encore réfigné fon office; ce ne fut qu'en 1670 qu'il le remit à Laurent Pianello, fon fils.

L V I I

LAURENT DE LA VEÜHE

Inſtallé le 15 Décembre 1638

D'azur à l'aigle éployée d'or.

LAURENT DE LA VEUHE, pourvu de ſon office de Tréſorier de France, après le décès de Jean de la Veuhe, fr de Collongre, ſon père, cy-devant p. 56, ſur la nomination de Claudine Grollier, ſa mère, veuve & héritière teſtamentaire dud. Jean de la Veuhe, par lettres de proviſions du 2. Juillet 1638. Receu à la chambre des comptes, le 28. Aouſt 1638, & inſtallé au Bureau, le mercredy 15. Décembre 1638. Il fut Prévot des marchands en 1666, pendant lequel temps Camille de Neufville, archevêque, Lieutenant de Roy à Lyon, s'étant ſervi de luy pour faire maltraiter & excéder un partiſan de nouveaux droits, la cour luy fit faire ſon procès; ſes biens furent confiſqués & ſa maiſon, ſituée rue de Sainte-Marie de Bellecour, razée. Il n'avait qu'une fille unique, qui fut mariée au sr Andrault de Maulevrier Langeron, dans la famille duquel les biens dud. sr de la Veuhe & de ſa 'femme, non ſujets à confiscation, échurent. Laurent de la Veuhe ſe qualifiait comte de Chevrières, baron de Curis, &ca. Il réſigna son office à Claude Corteille qui y fut receu en 1676; partant il l'exerça environ trente-huit ans.

*Création
de Janvier 1586*

Prédéce∬eur, p. 53
Succe∬eur, p. 152

LVIII

CAMILLE DE MERLE

Inftallé le 23 Décembre 1639

D'or au merle de fable, becqué & membré de gueules.

CAMILLE DE MERLE, feigr de Grigny, avocat au Parlement de Paris, fut pourvu de fon office à luy légué par le teftament de feu François de Merle, fon père, cy-devant p. 53, & ce, par lettres du 22. Novembre 1639, avec âge requis par les ordonnances, claufe inférée pour la première fois ; cette claufe pour l'âge de 25 ans, auffi bien que celle de parenté, a été, depuis, inférée dans toutes les provifions des officiers de la Compagnie qui y ont été fujets, à moins qu'ils n'ayent eu lettres de difpense. Dans les lettres de provifions des officiers de la Compagnie, il y avait eu oppofition au fceau à caufe de parenté, à laquelle on n'eut point d'égard ; il fut receu à la chambre des comptes le 3. Décembre 1639, & inftallé au Bureau le vendredy 23. Décembre 1639. Il fut préfident au bureau de la Charité, en 1651. Après fon décès, arrivé le 27. Aouft 1677, les tuteurs de fes enfans mineurs nommèrent à fon office François de Merle, lequel ne s'y étant fait recevoir, s'en démit au profit de Pierre Duon, qui y fut receu en 1678. Camille de Merle décédé dans fa charge, l'a exercée environ trente-huit ans. Sa poftérité ne fubfifte plus à Lyon dans les mâles.

LIX

EUSTACHE ROVIÈRE

Non installé

*D'azur à la çolombe (ou pigeon) d'argent, becquée & membrée de gueules,
essorant sur une rivière d'argent; au chef d'or, chargé
de 3 étoiles de gueules.*

La rivière & le pigeon, qui a coutume de roüer, font ces armes parlantes.

EUSTACHE ROVIÈRE, fils d'Euſtache Rovière, marchand drapier à
Lyon, originaire de Languedoc (de Lodève, près des Cévennes), sr de Malval,
& échevin de Lyon en 1632 et 1633, acquit l'office de Tréforier de France,
dont était auparavant pourvu le sr Hugues Dinet, cy-devant, p. 94, dont il ſe
fit pourvoir en 1642; mais étant décédé à Paris, le 26. Avril de lad. année 1642,
avant que d'y être receu, Euſtache Rovière, ſon père & ſon héritier, réfigna led.
office, & y préſenta & nomma Mathieu Gayot, cy-après, p. 107, qui en fut
pourvu en 1644. Euſtache Rovière, père, avait fait une fortune aſſés confidérable, et fit quelques donations & fondations à l'Eglise de Saint-Nizier, ſa
paroiſſe, où l'on voit en différens endroits ſes armoiries ſculptées ou peintes.
Son petit-fils, Lambert Rovière, a été Tréforier de France en 1703, comme on
verra cy-après, p. 194. Les lettres de proviſions d'Eustache Rovière ne se
trouvent pas enregiſtrées au greffe du Bureau, n'y ayant pas été inſtallé.

*Création
de Juillet 1577*

Prédécesseur, p. 72
Successeur, p. 139

LX

DENIS BERNICO

Installé le 21 May 1642

*D'azur au chevron d'or, accompagné de 2 roses d'argent en chef
& d'une tête de lion arrachée d'or en pointe.*

Denis BERNICO, avocat au Parlement de Paris, fut pourvu de son office de Tréforier de France, fur la démiffion de Pierre Pugeon ou Pujon, préfenté au Roy, et pour lequel on avait payé le 8ᵉ et quart denier aux parties cafuelles, et enfuite fur la nomination du tuteur des enfans & héritiers de défunct Jean-Baptifte Sarde, cy-devant, p. 72, dernier titulaire dud. office & ce, par lettres de provifions du 8. Mars 1642, avec âge de 25 ans accomplis; receu à la chambre des comptes, le 15.Avril 1642, & inftallé au Bureau, le mercredy, 21.May 1642. Il fut préfident au bureau de la Charité, en 1669. La famille Bernico était affés ancienne à Lyon. Pierre Bernico, ou Bernicaud, était échevin en 1606 et 1607; il y avait aussi Pierre Bernico, avocat aux cours de Lyon, & l'un & l'autre ont fervi dans les bureaux de la Charité & de l'Hôtel-Dieu; Denis Bernico, Trésorier de France, était de cette famille. Il y eut encore un Pierre Bernico qui fut échevin en 1631 et 1632. Denis Bernico réfigna fon office à Louis de Madière, cy-après, p. 139, qui y fut receu en 1672. Ainfi, ayant exercé fa charge environ 30 années, il obtint lettres d'honneur du 23.Juillet 1672. Il avait époufé Marie-Anne Voyret, de luy féparée, quant aux biens, en 1675. Cette famille Bernico ne fubfifte plus à Lyon dans les males. Feu Dervieu, décédé fecrétaire du Roy en la Grande Chancellerie, avait époufé une demoifelle Bernico, qui fut mère de Gabriel Dervieu, Lieutenant général d'épée & chevalier d'honneur à la cour des Monnaies, & qui était, je crois, nièce de Denis Bernico, Tréforier de France.

LXI

Barthélemy GUESTON

Inftallé le 15 Septembre 1642

De gueules à la hure de fanglier d'or.

Quelques-uns prétendent que ce foient armes parlantes, comme qui dirait Guette Etr..., parce que le cochon ou le fanglier va ordinairement foüillant dans l'ordure & s'en nourrit ; cette application ne faurait avoir été faite que par moquerie.

Barthélemy GUESTON, comte de Chateauvieux, baron de Fromente, feigr de Chol, Beaurepaire, la Buffière, & de la Duchère, &ca, était fils de Philippe Guefton, fecrétaire du Roy, puis échevin de Lyon en 1641 & 1642 ; il fut pourvu de fon office fur la réfignation de François Bourdicauld, cy-devant, p. 97, par lettres du 21. Juillet 1642 ; receu à la chambre des comptes fur la finance, le 13. Aouft 1642, et inftallé au Bureau, le 15. Septembre aud. an 1642, fans information de vie & mœurs, parce qu'alors on fe contentait de celle qui avait été faite à la chambre des Comptes. Barthélemy Guefton, Tréforier de France, avait un frère nommé, Jean Baptifte, qui était confeiller à la Senefchauffée & fiège préfidial de Lyon.

Dans une information faite, à Lyon, par les Tréforiers de France contre les gardes des ports & paffages de la ville, en l'année 1618, il fe trouve un André Guefton qui prend la qualité de marchand bourgeois de Lyon ; Guefton eſt deſcendu de cette famille qui, effectivement, négociait en ſoye. Elle eſt ſortie de Lyon depuis aſſez longtemps, & s'eſt établie en partie à Paris; il ne reſte ici que quelques filles qui y ont été mariées à différens particuliers.

Barthélemy Gueſton réſigna ſon office à Chriſtophe Boeſſe, cy-après, p. 142, qui y fut reçu en 1672. Ainſi ayant exercé ſa charge environ trente années, il obtint lettres d'honneur du 18. Janvier 1673, & furent les premières lettres de vétérance qui ôtèrent aux impétrans la faculté d'entrer au Bureau & d'y opiner, ce qui, juſqu'ici, s'eſtt depuis pratiqué. On dit que c'eſtt M. Gueſton lui-même, qui demanda de n'avoir pas l'entrée ni la voix délibérative dans les ſéances du Bureau, regardant cette faculté comme un aſſujettiſſement.

XLV

ANTOINE BOURGEOIS

ADVOCAT DU ROI ALTERNATIF

Comme cy-devant p. 79

P AR EDIT du mois de May 1635, rapporté cy-devant & dans *Fournival*, p. 549, le Roy, entre autres choses, créa dans chaque Bureau des finances du Royaume, en titre d'office formé, un Avocat & un Procureur pour Sa dite Majeſté, conſeillers du Roy ſur le fait, direction et intendance des finances ordinaires & extraordinaires, avec gages pour le Bureau des finances de Lyon, de 3.000 livres chacun, & aux mêmes honneurs, privilèges, franchiſes, &ca, que les autres Tréſoriers de France, & ainſi qu'il eſt plus au long porté par led. Edit, auquel il eſt à propos d'avoir recours.

Le sr Aimé Charrier, qui était pourvu de l'office de Procureur du Roy, créé par l'Edit du mois d'Avril 1627, leva ce ſecond office de Procureur du Roy ſur le fait des finances, créé par l'Edit de May 1635 & le fit enſuite réunir à ſon office de premier Procureur du Roy, pour être exercé par un ſeul & même officier, ſuivant la déclaration du Roy & ainſi qu'on peut le voir cy-devant, p. 85.

A l'égard d'Antoine Bourgeois, qui avait levé l'office d'avocat du Roy de la création du mois d'Avril 1627 & qui en était pourvu, il leva pareillement l'office de ſecond avocat du Roy créé par l'Edit de May 1635, moyennant la finance de 35.000 livres, aux gages ſeulement de 2.500 livres & autres droits des Tréſoriers de France, ſuivant la quittance du deuxième Janvier 1636, auquel office il fut pourvu, mais il le réſigna enſuite au sr Mayoſſon, ainſi qu'il eſt marqué cy-après.

LXII

Louis MAYOSSON

ADVOCAT DU ROY

Inſtallé le 25 Février 1643

Coupé, emmanché d'argent & de gueules, les 3 pointes emmanchées de gueules aboutées d'autant de trèfles en faſce du même.

Louis MAYOSSON fut pourvu de l'office de conſeiller avocat du Roy au Bureau des finances ſur le fait & direction des finances ordinaires & extraordinaires, ſur la réſignation d'Antoine Bourgeois, dernier poſſeſſeur dud. office, par lettres de proviſions du 23. Mars 1642, avec âge de 25 ans, ſuivant les ordonnances; fut receu à la chambre des comptes, le 5. Septembre 1642, & inſtallé au Bureau le mercredy, 28. février 1643. Il était avocat au Parlement de Paris & ſes lettres de proviſion en font mention. La famille de Mayoſſon était originaire de Forès, où elle ſubſiste encore aujourd'hui du côté de Saint-Galmier & de Chevrières. Louis Mayoſſon réſigna ſon office à Pierre Philibert, cy-après, p. 109, ſuivant ſa procuration *ad reſignandum* du 30. Juin 1647; partant, il n'exercea ſa charge qu'environ 5 années. Il prenait la qualité de sr de la Bénéventière, fief ſitué en Forès.

Création
d'Août 1621

Prédécesseur, p. 101
Successeur, p. 115

LXIII

Mathieu GAYOT

Installé le 13 May 1644

D'or à la bande d'azur, chargée de 3 étoiles d'or & accompagnée de 2 trèfles de sinople.

Mathieu GAYOT fut pourvu de son office de Tréforier de France fur la préfentation & nomination d'Euftache Rovière, père & héritier de défunct Euftache Rovière, cy-devant, p. 101, dernier titulaire, par lettres du 10. Mars 1644. Receu à la chambre, le 9. Avril 1644, & inftallé le vendredy 13. May 1644 ; il réfigna fon office, en 1653, à Louis Gayot, fon frère, cy-après, p. 115, fe fit preftre & fut obéancier de l'Eglife de Saint-Juft ; ainfi il exercea fa charge environ 10 années. Il était fils de Marcellin Gayot, originaire de Saint-Chaumont en Lionnois, négociant en mercerie & quincaillerie. Les Gayot qui font établis en cette province en grand nombre & depuis longtemps, difent être venus d'Italie fous le nom de Gayotti ; cette famille s'eft fort étendue : il y en a à Paris, à Rouen & ailleurs, & paffe communément pour être fortie de Saint-Chaumont. Mathieu Gayot, Tréforier de France, fut préfident au bureau de la Charité en 1649.

LXIV

FRANÇOIS BÉRAUD

Inftallé le 7 Octobre 1647

D'azur à 3 molettes d'or, 2 & 1, au chef de gueules, chargé d'un lion paſſant d'argent.

FRANÇOIS BÉRAUD, feigr de Reffins, fut pourvu de fon office fur la réfignation de Jean Béraud, fon père, cy-devant, p 90, dernier titulaire, par lettres du 15.Juillet 1647, receu à la chambre, le 3. ou 30. Aouft 1647, & inftallé, le lundy, 7. Octobre 1647 ; fut préfident au bureau de la Charité en 1656. Depuis, étant décédé fans avoir payé l'annuel ou la paulette, fa charge tomba vacante aux parties cafuelles. Barthélemy de Pont-Saint-Pierre, cy-après, p. 145, la leva moyennant la fomme de 20.000 livres & y fut reçu en 1673. La famille de Béraud fubfifte encore à préfent (1729) dans la province, fous le nom, principalement, de *de Reſſins*. Mathieu Béraud, chevalier, feigr de Reffins, fils de François Béraud, Tréforier de France, époufa Marie Benoîte d'Arcy-d'Ally, dont il a laiffé trois filles & un fils, nommé Charles-Marie-Céfar, né à Nandax, le 23.Novembre 1720, qui eft héritier de fon père.

Création
de May 1635

Prédécesseur, p. 106
Successeur, p. 151

LXV

PIERRE PHILIBERT

ADVOCAT DU ROY

Inftallé le 10 Février 1648

*D'azur au chevron d'or, au chef d'or, chargé de 3 feuilles de figuier
ou de perfil de finople.*

PIERRE PHILIBERT, Avocat au parlement de Paris, fut pourvu de l'office de confeiller Avocat du Roy alternatif au Bureau, fur la réfignation de Louis Mayoffon, cy-devant, p. 106, dernier titulaire & poffeffeur d'iceluy, par lettres de provifions du 16. Septembre 1647. Receu à la chambre, le 14. Janvier 1648, & inftallé, le lundy, 10. Février 1648. Il décéda en 1676, & Geneviève Rigaud, fa veuve & héritière teftamentaire, nomma & préfenta aud. office d'Avocat du Roy Jean-François Philibert, cy-après, p. 151, qui en fut pourvu en lad. année 1676, & qui était neveu de fon défunct mari. Ainfi Pierre Philibert exercea fa charge environ vingt-huit années. La famille de Philibert eft originaire de Saint-Chaumont en Lionnois, de laquelle famille il y a eu plufieurs officiers dans le Bureau, favoir : Pierre, cy-deffus ; Jean François, Avocat du Roy ; André, Procureur du Roy & autre Jean-François, Tréforier de France, coufins, oncles ou neveux. Pierre Philibert obtint lettres de vétérance du 23. Juillet 1673, à la charge qu'après fa réfignation, il ne pourrait faire aucune fonction de fa charge. Il décéda le 13. Mars 1676.

*Création
de Juillet 1577*

*Prédéceſſeur, p. 57
Succeſſeur, p. 167*

LXVI

Pierre GUILLARD

Inſtallé le 18 Janvier 1649

*D'aʒur à la flèche d'or miſe en pal, la pointe en bas & entortillée d'un ſerpent
ou guivre d'argent (ou au naturel).*

Pierre GUILLARD, ſeigʳ de la Goutte, pourvu de ſon office, ſur la réſignation de Benoît de Pomey, cy-devant, p. 57, & en vertu du don à luy fait par
le codicille dud. de Pomey, du 28.Mars 1648, & ce, par lettres de proviſions
du 16. Novembre 1648. Receu à la chambre, le 16.Décembre 1648, & inſtallé au
Bureau, le lundy, 18. Janvier 1649; fut préſident au bureau de la Charité en
1660. La famille de Guillard était originaire de Beaujolois, près Amplepuis, &
ne ſubſiſte plus à Lyon. Pierre Guillard eſt décédé ſans enfans, le 16.Aouſt 1690,
& avait exercé ſa charge plus de quarante-un ans; auſſi était-il l'ancien
préſident de la compagnie, & en cette qualité, il jouiſſait de ſon logement dans
la maiſon du Bureau qui était attribué à cette place. Après ſon décès, lad.
Compagnie le donna au commis-greffier pour en jouir pendant ſa ferme du
greffe, &, depuis, les commis-greffiers en ont toujours joui, & leur bail en fait
mention. M. le premier préſident Durret prétendit, quand il ſe fit inſtaller en
ſon office, devoir avoir ſon logement, en cette qualité de premier Préſident,
dans l'hôtel du Bureau des finances, mais il trouva de la réſiſtance de la part
de la Compagnie, qui en avait déjà pourvu le commis-greffier, & comme ce
logement, au reste, ne convenait plus à M. Durret, par rapport à ſa dignité, ny
à ſon bien & à la figure qu'il devait tenir dans le monde, il abandonna ſa
prétention. Après le décès de Pierre Guillard, ſes héritiers vendirent ſa charge
à Jean Genevey, cy-après, p. 177, qui y fut receu en 1691.

Création
de Juillet 1577

Prédéceffeur, p. 60
Succeffeur, p. 113

LXVII

Gabriel PALERNE

Inftallé le 10 Juillet 1651

Ecartelé : aux 1ᵉʳ & 4ᵉ d'or au paon roüant d'azur, furmonté de 3 croifettes de gueules, rangées en chef & en fafce ; aux 2ᵉ & 3ᵉ, pallé d'or & de gueules de 6 pièces.

Gabriel PALERNE ou DE PALERNE, confeiller et maître ordinaire de l'hotel de la Reine régente, mère du Roy, fut pourvu de fon office de Tréforier général de France, par lettres de provifions du 10. Février 1651, fur la démiffion de Nicolas Chauvel, sʳ de la Martinière, qui en avait été pourvu après le décès de Mathieu Sève de Saint-André, arrivé en 1647, en conféquence de la nomination & préfentation faite aud. office par les enfans & héritiers dud. de Sève, cy-devant, p. 60, dernier poffeffeur d'iceluy ; Gabriel de Palerne y fut receu à la chambre des Comptes, le dernier mars 1651, & inftallé au Bureau, le lundy, 10. Juillet 1651. Il avait époufé Sibille de Noyer, & décéda le 23. Juin 1652 ; fon teftament eft du 26. May 1652 ; ainfi il n'exercea fon office qu'environ une année, Léonard Palerne, fon fils, luy succéda en 1653. Voyés cy-après, p. 113.

*Création
de Juin 1586*

*Prédéceſſeur, p. 81
Succeſſeur, p. 143*

LXVIII

JEAN CHARRIER

Inſtallé le 26 Février 1652

D'azur à la roue d'or.

Jean Charrier, feig^r de la Barge, écartelait *de Boyer* qui eſt d'or au lion de ſable, au chef de gueules, & *de Minet*, qui eſt d'argent au pont à 3 arches de gueules, maſſonné de ſable, accompagné de 6 mouchetures d'hermine du même ; ſur le tout, d'azur à la rouë d'or, qui eſt *de Charrier*. Cimier : une rouë, & pour deviſe : Semper in orbita.

Jean CHARRIER, feig^r de la Barge, fut pourvu de ſon office de Tréſorier de France ſur la réſignation de Me Antoine Charrier, ſon père, cy-devant, p. 81, par lettres de proviſions du 4. Décembre 1651. Receu à la Chambre le 15. Janvier 1652, inſtallé le lundy 26. Février 1652 ; à l'inſtallation duquel il fut arrêté que les proviſions des nouveaux officiers de la Compagnie seraient rapportées par le doyen, nonobſtant qu'il ne fût pas en rapport ; fut préſident au bureau de la Charité en 1662 & Prévot des marchands en 1671 & 1672, & prenait la qualité de feig^r de la Barge, baron de Sandrans. Il réſigna ſon office à Jean de Broſſes, ſon gendre, qui y fut receu en 1673 ; partant il exerça sa charge environ vingt années.

Création
de Juillet 1577

Prédéceſſeur, p. 111
Succeſſeur, p. 129

LXIX

LÉONARD PALERNE

Inſtallé le 24 Mars 1653

Comme Gabriel Palerne, ſon père, cy-devant, p. 111.

Leonard **PALERNE** ou **DE PALERNE**, sr de Sardon ou Cerdon, fut pourvu de ſon office par lettres du 13. Janvier 1653, ſur la démiſſion de Sibille de Noyer, veuve & donatrice dudit office par le teſtament de Gabriel de Palerne, ſon mari, cy-devant, p. 111, fut receu à la Chambre des comptes le 15. Février 1653, & inſtallé au Bureau le lundy 24. Mars 1653. Il décéda le 18. Octobre 1661 ; ſa veuve, Françoiſe de Couleur, nomma aud. office Etienne de Couleur, cy-après, p. 128, lequel n'y fut receu & fit enſuite ſa démiſſion en faveur de Pierre de Suduyraud. Comme Gabriel Palerne & Léonard, ſon fils, n'avaient exercé que très peu de temps leur charge, cela donna lieu au traitant de la nobleſſe d'attaquer Philippe Palerne, né le 15. avril 1659, fils de Léonard, pour raiſon de ſa nobleſſe prétendue, & de la qualité d'écuyer qu'il prenait ; mais par ordonnance de l'Intendant de Lyon du 12. Mars 1698, led. Philippe Palerne fut maintenu dans ſa nobleſſe, attendu qu'il était fils & petit-fils de Tréforiers de France, décédés revêtus de leur charge. Sa famille qui ne ſubſiſte plus que du côté des filles, ſe tient ordinairement au château Palerne en Forès, à 10 ou 12 lieues de Saint-Chamond.

Création
de Mars 1626

Prédéceffeur, p. 75
Succeffeur, p. 147

LXX

GUILLAUME SARDE
Inftallé le 1er Décembre 1653

*D'azur à la fafce d'or, accompagnée d'une aigle éployée d'argent en chef,
& en pointe de 3 croiffans montant du même, 2 & 1.*

Les enfans de Guillaume Sarde ont fait quelque changement en ces armes :
ils portent parti d'or, chargé d'une aigle éployée de fable, & d'azur à
3 croiffans montans d'argent; 2 & 1.

GUILLAUME SARDE ou DE SARDE, fut pourvu de fon office fur la réfignation de François de Murard, cy-devant, p. 75, par lettres du 5. Octobre 1653, fut receu à la Chambre le 8. Octobre 1653, après avoir fait preuve
de capacité, & inftallé au Bureau le lundy 1er Décembre 1653. Il fignait
de Sarde, & était feigr de Saint-Véran en Lionnois, confins du Beaujolois. Il
réfigna fon office à Claude Barancy, cy-après, p. 147, qui y fut receu en 1674.
Ainfi il exercea fa charge environ vingt-un ans.

Guillaume de Sarde avait époufé la demoifelle Rovière, fille d'Euftache
Rovière, échevin de Lyon en 1632 et 1633; elle s'appelait Lucrèce Rovière.
Guillaume de Sarde était fils de Jean Baptifte, Tréforier de France, en 1623,
et petit-fils d'autre Jean Baptifte, Tréforier en 1605, lefquels étaient décédés
en leur charge, mais qui ne l'avaient pas exercée longtemps. Guillaume de
Sarde, pour éviter, fans doute, les difficultés qu'on aurait pu faire fur l'exercice de fon père & de fon ayeul dans leur charge de Tréforier de France, s'en
fit pourvoir d'une qu'il exercea vingt & un ans. Il a laiffé poftérité en la
personne du sr Jean-Pierre de Sarde de Saint-Véran, aujourd'huy (1730)
gentilhomme de M. l'Archevêque, lequel Jean-Pierre a des enfans de la dame
Daveyne, fon époufe; il est décédé en Octobre 1737.

Prédécesseur, p. 107
Successeur, p. 161

*Création
d'Août 1626*

LXXI

Louis GAYOT

Installé le 8 Juin 1654

*D'or à la bande d'azur, chargée de 3 étoiles d'or, & accompagnée de 2 trèfles
de sinople, l'un en chef, l'autre en pointe.*

Le champ de l'écu de ces armoiries était, au commencement d'argent, de
même que les étoiles ; c'est ainsy qu'elles sont blazonnées sur la baluftrade ou
grille de fer de la chapelle que cette famille a fait faire dans l'églife de l'Hôtel-
Dieu de cette ville.

Louis GAYOT, pourvu de son office de Tréforier de France sur la réfignation de Mathieu Gayot, son frère, cy-devant, p. 107, par lettres du
10. Novembre 1653, fut receu à la Chambre sur la finance, le 22. Décembre 1653, & inftallé au Bureau le lundy 8. Juin 1654, après avoir fait aud.
Bureau une nouvelle information de vie & mœurs, outre celle faite à la
Chambre des Comptes, fuivant le réfultat de la Compagnie & à l'inftar des
autres Bureaux des finances du Royaume, ce qui s'eftt depuis pratiqué jufqu'à
la réception du s^r Lambert Rovière, à la Chambre des Comptes qui rendit
arrêt, en 1703, contraire à cette difpofition & auquel le Bureau des finances
eut égard, & cela était dans les bonnes règles (voyés l'article du s^r Rovière,
p. 194). Louis Gayot avait époufé Marie Mafcranny, fille d'Alexandre, Tréforier de France, cy-devant, p. 68, laquelle décéda en 1718 ; il fut préfident
au bureau de la Charité en 1658 et Prévoft des Marchands à Lyon en 1681
& 1682. Il eut, comme Tréforier de France, la commiffion du département

des Tailles et des Ponts & Chauffées que Laurent Pianello Beffet de la Valette, fon beau-frère, eut enfuite après luy. Obtint lettres de vétérance du 24 Avril 1687 ; les lettres d'honneur du sʳ Louis Gayot, enregiftrées au Bureau des finances, le 25. Juin 1687. à la charge de ne prendre féance qu'après les préfidens & le doyen. Son fils, Mathieu Gayot de la Bufflère, luy ayant fuccédé dans led. office en 1687 ; partant il l'avait exercé environ trente-trois ans & demy. Il mourut d'apoplexie, en 1694, âgé de 66 ans, & fut enterré dans la chapelle des Gayot, à l'Hôtel-Dieu. Cette famille Gayot eft originaire de Saint-Chaumont, où elle négociait ; Louis Gayot, avant que d'être Tréforier de France, avait négocié en quinquaillerie, & remit fon fonds de boutique à Marcellin Gayot, fon proche parent, qui fut échevin en 1704 & 1705. Voyez, cy-après, p. 161, l'article de Mathieu Gayot qui a fuccédé à Louis, fon père, dans fon office de Tréforier de France en 1687.

LXXII

JEAN MERCIER

Inſtallé le 26 Juin 1656

D'aʒur à la faſce d'argent, accompagnée en chef d'une foy d'or, & en pointe d'un croiſſant montant d'argent, ſurmonté d'un lion paſſant d'or.

PAR EDIT du mois de May 1635, cy-devant rapporté & dans le recueil de *Fournival*, p. 549, le Roy créa entre autres choses, dans chaque Bureau des finances du Royaume & en titre d'office formé : quatre offices de Tréſo-riers de France avec la qualité de préſident & d'intendans généraux, qu'il déſunit des charges de Tréſoriers, auxquelles elle était attachée ; mais, par la déclaration du 15. Aouſt 1637, les qualités de préſident furent diſtraites de ces offices qui furent reſtrainęts à celle de Tréſorier général de France ſeulement, la pluſpart des Bureaux des finances ayant demandé d'être receus à financer pour réunir à leur corps & aux plus anciens officiers de la Compagnie leſd. qualités de préſident.

JEAN MERCIER fut pourvu de l'un de ces quatre offices nouvellement créés par led. Edit de May 1635, ſous le titre de conſeiller du Roy, Préſident & Intendant général au Bureau des finances de Lyon, par lettres de proviſions du 21 Février 1637, moyennant la finance de 70.000 livres, aux gages de

3.5oo livres, taxations & autres droits des Tréforiers de France; il ne fut receu à la Chambre des comptes, dans cette charge, que le 1er Février 1656; dans ce temps-là, on délivrait les quittances de finances pour les charges nouvellement créées, & les provifions d'icelles, le nom en blanc, pour jouir par les porteurs d'icelles, des gages y attribués, fans être tenus de s'y faire recevoir.

La Compagnie leva les quatre charges de Tréforier de France créées par l'Edit de May 1635 & on lui délivra les quittances de finance & les provifions, le nom en blanc, comme cela fe pratiquait alors pour jouir, par les porteurs de quittance, des gages & droits attribués aux offices. Ainfi Jean Mercier ayant rembourfé la Compagnie du prix de l'office, on remplit de fon nom les quittances de finance & les lettres de provifions ; & comme ce rembourfement fe fit, fans doute, feulement vers l'année 1655, auffi Jean Mercier ne fut receu en fa charge qu'en ce temps-là ; il avait prêté ferment entre les mains de Monfeigneur le Chancelier, le 2o. Décembre 1655.

Jean Mercier fut enfuite inftallé en fon office au Bureau des finances le Lundy 26. Juin 1656, fans qu'il put demander ni prétendre aucune chose aux qualités de préfident acquifes depuis longtemps, moyennant finance, par le corps du Bureau, n'y ayant, led. Mercier ni fes auteurs, jamais eu aucun droit. Depuis, par délibération du 8. Mars 1658, il fut arrêté qu'il ferait receu à rembourfer dans fix mois la part qu'il pouvait devoir de la finance payée par la Compagnie pour lefd. qualités de préfident. Comme fes lettres de provifions étaient datées du 21. Février 1637, il eut des lettres de fur an du 7 May 1655 ; il avait, fans doute, acheté cette charge du traitant qui était porteur de la quittance de finance & des provifions, les noms en blanc.

(J'ay lieu de croire que la Compagnie n'avait pas levé cette charge, comme je l'ay dit cy deffus, mais qu'elle appartenait à quelque traitant.)

Jean Mercier décéda le 6. Mars 1685; il exerça fa charge de Tréforier de France environ trente ans, & fut, pendant ce temps-là, employé dans quelques commiffions qui regardaient le Domaine. A fa mort, fes affaires fe trouvèrent dérangées ; fa veuve, en qualité de tutrice des enfans, nomma à fa charge le sr Chana du Coing, cy-après, p. 158, qui y fut receu en 1686. Jean Mercier a laiffé poftérité.

LXXIII

THÉODORE SAVARON

Inſtallé le 7 Septembre 1657

D'azur à 3 ſoleils d'or, 2 & 1, à une croix fleuronnée d'argent poſée en abîme.

La famille a, depuis, changé les ſoleils en 3 croix, & la croix en un ſoleil.

PAR LE MÊME EDIT du mois de May 1635, cy-devant cité, le Roy ayant créé dans chaque Bureau des finances, quatre offices de Tréſoriers de France, pour jouir par les porteurs des ſimples quittances de finance & des lettres de proviſions en blanc, des gages attribués auxd. offices nouvellement créés, le ſr JEAN FAULTRIER acquit le ſecond de ces quatre offices, auquel il ne fut receu ni inſtallé. La première quittance de finance ne ſe trouve pas enregiſtrée au Bureau ; il y a apparence que la quittance de finance était de 70.000 livres, de même que celle de l'office de Jean Mercier, mais la Compagnie était maîtreſſe de le vendre comme elle le jugerait à propos. Il y a eu un Jean Faultrier qui était alors greffier en chef & propriétaire du greffe du Bureau, & il y a apparence que c'eſt le même qui avait acquis le ſecond de ces quatre offices de Tréſoriers de France & auquel Théodore Savaron ſuccéda.

On a remarqué, cy-devant, que la Compagnie leva les quatre offices de Tréſoriers de France créés par l'Edit de 1635 ; elle vendit, en 1656, le premier à Jean Mercier, & le fecond, en ayant fait remplir les provisions du nom de Jean Faultrier qui était greffier du Bureau, elle le vendit enfuite à Théodore Savaron qui rembourfa la Compagnie du prix payé pour la charge; ainfi Jean Faultrier n'était qu'un prête-nom, quoyqu'il paraiffe par les provifions de la charge qu'il avait réfigné l'office à Théodore Savaron.

THÉODORE SAVARON fut pourvu du fecond des quatre offices de Tréforiers de France créés par l'Edit de May 1635, fur la réfignation de Jean Faultrier, dernier poffeffeur ou acquéreur d'iceluy & qui n'y avait été receu ni inftallé, & ce, par lettres de provifions du 26. May 1657, aux gages & droits appartenans aud. office & tel qu'en avait joui led. Faultrier, &ca. Fut receu à la Chambre des comptes le 12.Juin 1657, & inftallé au Bureau le vendredy 7.Septembre 1657, fous les mêmes conditions que le s^r Jean Mercier, affavoir qu'il ne pourrait demander ni prétendre aucune chose aux qualités de préfident au Bureau, acquifes longtemps avant moyennant finances par le corps dud. Bureau, comme n'y ayant, led. Savaron, ni fes auteurs, eu aucun droit; depuis, il fut receu, comme le s^r Mercier, à rembourfer dans fix mois la part qu'il pouvait devoir de la finance payée par la Compagnie pour les qualités de préfident.

La famille de Savaron était originaire d'Auvergne & vint s'établir à Lyon, vers le commencement du XVIIe siècle. Théodore Savaron, Tréforier de France, était fils de François Savaron, qui fut échevin en 1666 & 1667, qui avait payé de fes deniers la charge de fon fils, acquife du s^r de Canaye, confeiller au Parlement de Paris, qui avait, fans doute, payé de fes deniers la première finance de cette charge à l'acquit de la Compagnie. Théodore Savaron réfigna fon office à Charles Grollier, qui y fut receu en 1675. Partant il exercea fa charge environ dix-huit ans.

LXXIV

JEAN MAZUYER

Inftallé le 16 Octobre 1657

*D'aȝur au chevron d'or, accompagné de 2 étoiles du même en chef,
& d'un croiſſant montant d'argent en pointe.*

JEAN MAZUYER fut pourvu de fon office de Tréforier de France, fur la réfignation d'Alexandre Mazuyer, fon père, cy-devant, p. 92, par lettres de provifion du 4.Aouft 1657; fut receu à la chambre des comptes le 23 Aouft 1657, & inftallé au Bureau le mardy 16. Octobre 1657. Il fe qualifiait feigr de la Tourrette. Il réfigna fon office à Antoine de la Praye, cy-après, p. 164, qui y fut receu en 1687; partant il l'avait exercé environ trente années. Cette famille ne fubfifte plus à Lyon dans les masles, étant d'ailleurs tombée dans la décadence pour les biens de fortune.

Jean Mazuyer, Tréforier de France, mourut infolvable, & fes biens furent mis en décret & difcutés. Il époufa, en 1657, Jeanne Berthaud &, en faveur de ce mariage, Alexandre Mazuyer, fon père, luy fit donation de la maifon dite de la Tourrette, & fonds en dépendans fitués en cette ville, près des Chartreux, à la charge qu'il ne la pourrait vendre ni aliéner, & qu'il la conferverait aux enfans qu'il aurait en loyal mariage. De fon mariage avec Jeanne Berthaud, il eut Alexandre Mazuyer qui tomba en démence, & mourut fou, & Marianne Mazuyer qui fut mariée à Honoré Parfait, duquel mariage iffut Marie Parfait, qui fut femme de Pierre Favier, bourgeois de Lyon & de luy féparée de biens & d'habitation, dont néanmoins des enfans du nom de Favier, lefquels, après le décès de Marie Parfait, leur mère, font tombés fous la tutelle & curatelle de Me Morel, procureur èz cours de Lyon qui, pour eux & en leur nom, a prêté au Bureau des finances la foy & hommage de lad. maifon de la Tourrette, en février 1733.

LXXV

PIERRE COCHARDET

Inſtallé le 8 Mars 1658

D'aʒur au coq d'or, cretté, becqué & membré de gueules.

Ce ſont armes parlantes, comme qui dirait *coq hardy ;* dans l'Armorial de la Ville de Lyon elles ſont blazonnées différemment, le coq étant d'argent au lieu d'être d'or.

L A COMPAGNIE, qui ſe voyait grevée au moyen de la création des quatre charges de Tréſorier de France à qui le Roy attribuait, par l'Edit de création du mois de May 1635, la qualité de préſident & d'Intendans généraux des finances & d'autres droits & taxations conſidérables, à la perte des autres anciens Tréſoriers de France, ſe détermina de lever deux de ces quatre charges, dont on luy délivra les quittances de finance & les proviſions, les noms en blanc. Les proviſions d'un de ces deux offices furent d'abord remplies du nom de Jean Faultrier, greffier du Bureau, & enſuite il en fit la démiſſion au profit de Théodore Savaron qui rembourſa la Compagnie du prix de lad. charge à laquelle il ſe fit recevoir en 1657. A l'égard de la ſeconde charge elle fit remplir le blanc des proviſions du nom de François Tallon, prête-nom, qui en fit après la démiſſion ou réſignation en faveur de Pierre Cochardet, qui en paya le prix à la Compagnie & qui y fut receu et inſtallé.

Pierre COCHARDET pourvu du 3e office de Tréforier de France de la création de May 1635, fur la réfignation de François Tallon, dernier poffeffeur d'iceluy, par lettres du 26.May 1657, fut receu à la chambre des comptes le 12.Juin 1657, & inftallé au Bureau le vendredy 8.Mars 1658, & il luy fut permis de rembourfer ce que monterait fa part de la finance payée par la Compagnie à caufe des qualités de préfident, frais & loyaux coûts pour en jouir par luy à fon tour & rang, ainfi qu'il fe pratiquait au Bureau, & ce, conformément à la déclaration du 15.Aouft 1637. Pierre Cochardet était fils d'Etienne Cochardet, marchand drapier, puis échevin de Lyon en 1654 & 1655. Il décéda à Paris en 1680, fans poftérité ; fa charge tomba aux parties cafuelles, faute par luy de n'avoir pas payé l'annuel. Son frère, Etienne Cochardet, cy-après p. 155, la leva tant en qualité d'héritier fubftitué par le teftament d'Etienne Cochardet, leur père, du 25.Octobre 1668, que pour la confervation des droits de la veuve dud. Pierre Cochardet, fils, ou de fes enfans, au cas qu'elle en eut, & paya lad. charge 24.000 livres, & les 2 fols pour livre, & il y fut receu en 1681 ; partant, Pierre Cochardet, fon frère, mort revêtu de fa charge, l'avait exercée environ 23 ans.

Création
de Janvier *1581*

Prédéceſſeur, p. 62
Succeſſeur, p. 131

LXXVI

MICHEL DUGUÉ

Inſtallé le 2 Juillet 1660

*D'aʒur au chevron d'or, accompagné de 3 étoiles du même, 2 & 1,
celle de la pointe couronnée d'un diadème d'or.*

MICHEL DUGUÉ, ſeigʳ de Morancé, fut receu en l'office de Tréſorier de France, ſur la réſignation de Gaſpard Dugué, ſon père, cy-devant, p. 62, en date du 30. Avril 1651, duquel il ne fut néanmoins pourvu que le dernier Décembre 1659, après le décès de ſon dit père ; il fut receu à la chambre des comptes le 5. Juin 1660, & inſtallé au Bureau le vendredy 2. Juillet de lad. année 1660. Il décéda ſans enfans le 13. Septembre 1663, & inſtitua ſon héritière univerſelle teſtamentaire, dame Virgine-Aimée de Saint-Jullien, ſa mère, mariée en premières nopces au ſʳ Bertrand de Chaponay, dont elle avait eu Laurent de Chaponay, cy-après p. 131, auquel elle remit la charge de Tréſorier de France, dans laquelle il fut receu en 1665 ; ainſi Michel Dugué de Morancé n'exercea lad. charge qu'environ 4 années.

LXXVII

Georges GALLON

Inſtallé le 19 Octobre 1661

*D'aʒur à la faſce d'argent, ſurmontée d'un coq d'or, cretté,
becqué & membré de gueules.*

L A Compagnie leva pareillement le quatrième office de Tréſorier général de
France, créé en vertu de l'Edit du mois de May 1635, moyennant la finance
de 70.000 livres, aux gages de 3.500 livres, par quittance du 24.Avril 1637,
qui fut délivrée, le nom en blanc, auſſi bien que les proviſions, dattées du
7.Mai 1637, & qu'on remplit du nom du sʳ Georges Gallon, à qui la
Compagnie le vendit en 1661.

Georges GALLON, comte de Monte-Magno, pourvu dud. office de
Tréſorier général de France, par lettres de proviſions dattées du 7.May 1637,
aux gages de 3.500 livres, & autres droits des Tréſoriers de France; fut receu
à la chambre des comptes le 19.Septembre 1661, & inſtallé au Bureau le mercredy 19.Octobre 1661. Comme ſes proviſions étaient dattées du 7.May 1637,
& qu'il n'avait été receu qu'en 1661, on luy donna des lettres de ſur an
qui ont été regiſtrées au Bureau. Georges Gallon fut préſident au bureau
de la Charité en 1664, 1665 & 1666. Il prenait la qualité d'écuyer; il avait

époufé Suzanne Rigioli, & n'a point laiffé de poftérité ; un de fes neveux de fon même nom a été fon principal héritier & s'eft établi en Bourgogne. Il réfigna fon office à Jofeph du Soleil, cy-après, p. 162, qui y fut receu en 1687 ; partant, il exercea fa charge environ 26 ans. La famille des Gallon qui négociait en foye dans cette ville, était originaire d'Italie et fe nommait Galloni.

Prédéceffeur, p. 93
Succeffeur, p. 157

Création
de Juillet 1577

LXXVIII

ESTIENNE DE COULEUR

Inftallé le 25 Juin 1664

D'a{zur au chevron d'or, au chef d'or, chargé de 3 rofes de gueules.

ESTIENNE DE COULEUR, vicomte d'Arnas, fut pourvu de fon office de Tréforier de France, fur la nomination faite par Suzanne Vidaud, fa mère, veuve & héritière de Philippe de Couleur, auffi Tréforier de France, décédé en 1662, cy-devant, p. 93, père dud. Eftienne de Couleur, & ce par lettres de provifions du 18.Octobre 1663, receu à la chambre des comptes le 7.Janvier 1664, & inftallé au Bureau le mercredy 25.Juin 1664; il eut lettres de difpenfe d'âge, n'ayant encore 25 ans accomplis, fuivant les ordonnances, pour exercer fa charge. Il avait été pourvu auparavant de la charge de Tréforier de France du sr Léonard de Palerne, fur la nomination de la veuve & héritière, qui était Françoife de Couleur, mais il en fit peu après sa démiffion en faveur de Pierre de Suduyraud, comme on va le voir ci-après.

Eftienne de Couleur époufa, en 1664, Catherine Arthaud, fœur d'André Arthaud, feigr de Bellevue, échevin de Lyon en 1677 & 1678, & il décéda au mois de Décembre 1709. De fon mariage il laiffa deux enfans, favoir : Eftienne de Couleur, qui a été longtemps officier dans la cavalerie des troupes du Roy, lequel a été marié & a des enfans, quoyque d'un mariage peu convenable (fa femme était fille d'un vivandier d'armée), & Jeanne de Couleur, mariée au sr de la Pimpie, gentilhomme de Vivarais. Catherine Arthaud, femme d'Eftienne de Couleur, eft aujourd'huy (1730) vivante, & a environ 82 ans. Eftienne de Couleur réfigna fon office à Théodore David de Foncraine, cy-après, p. 157, qui y fut receu en 1685 ; ainfi il l'exercea environ 21 ans, & obtint lettres d'honneur ou de vétérance.

Création
de Juillet 1577

Prédéceſſeur, p. 113
Succeſſeur, p. 153

LXXIX

Pierre DE SUDUYRAUD

Inſtallé le 25 Juin 1664

D'or aux 3 hures de ſanglier de ſable, 2 & 1.

Pierre SUDUYRAUD ou DE SUDUYRAUD, ſeigʳ des Alymes & de Gy, fut pourvu de l'office de Tréſorier de France que tenait et exerceait Léonard de Palerne, cy-devant, p. 113, décédé en 1661, ſur la démiſſion d'Etienne de Couleur, qui en avait été pourvu ſans s'y être fait recevoir, & ce, par lettres de proviſions du 13. Mars 1664, receu à la chambre des comptes le 29. May 1664, & inſtallé au Bureau le même jour qu'Eſtienne de Couleur, mercredy 25. Juin 1664, quoyqu'après luy. Il fut préſident au bureau de la Charité en 1667, & prenait la qualité d'écuyer. Il y a eu auſſi un Pierre Suduyraud, recteur aud. bureau, en 1650 qui eſt, je crois, le même que celuy-cy. Françoiſe de Couleur, veuve de Léonard Palerne, prédéceſſeur de Pierre de Suduyraud dans l'office de Tréſorier de France, vendit la charge à Jacques de la Fraſſe, cy-après, p. 153, par contraſt du 27. Avril 1678, lequel y fut receu en l'année 1679, & par là il paraît que cette charge de Tréſorier de France n'appartenait pas au sʳ Suduyraud & qu'il ne faiſait que prêter ſon nom ; il l'a exercée environ 15 années. Son fils a été officier au parlement de Dombes, & ſa poſtérité ſubſiſte dans ce païs. Pierre de Suduyraud était de Bordeaux & avait négocié avec le sʳ Vidaud de la Tour en banque, ſoye & épiceries dans la rue Juifverie ; il obtint lettres de réhabilitation, prétendant être iſſu de parens nobles en la robe. Il avait épouſé la demoiſelle Lalier, de Bugey, dont des enfans, l'aiſné deſquels fut conſeiller & avocat général au parlement de Dombes, qui a laiſſé poſtérité.

Création
d'Août 1621

Prédéceſſ**eur, p. 68**
Succeſſ**eur, p. 201**

L X X X

Louis MASCRANNY

Inſtallé le 15 Octobre 1664

De gueules à 3 faſces vivrées d'argent, au chef couſu de gueules à l'aigle éployée d'argent, adextrée d'une clef d'argent, & féneſtrée d'un caſque en profil du même; chargé en cœur d'un écuſſon d'aʒur à une fleur de lys d'or (par conceſſion du Roy Louis XIII).

Louis MASCRANNY fut pourvu de ſon office de Tréſorier de France par lettres du 4. Septembre 1664, ſur la démiſſion & nomination de Paul Maſcranny, ſon frère, Prévôt des Marchands à Lyon en 1667 (on le nommait M. de la Verrière & Louis Maſcranny, M. de Paroy), fils aiſné & principal héritier ſubſtitué d'Alexandre Maſcranny, cy-devant, p. 68, dernier poſſeſſeur dud. office, décédé le 22. May 1659, et ce aux gages réduits pour deux quartiers à 2.800 livres; fut receu à la Chambre des comptes le 16. Septembre 1664, & inſtallé au Bureau le mercredy 15. Octobre 1664. Louis Maſcranny décéda dans ſa terre de Villers ſous Saint Leu, le 1er. Novembre 1704, âgé de 73 ans; il ſe qualifiait sʳ de Paroy; il avait été reçu à la Chambre des comptes ſur la finance. Jaques Terraſſe, cy-après, p. 201, luy ſuccéda dans la charge, à laquelle il fut receu & inſtallé en 1705.

*Création
de Janvier 1581*

*Prédécesseur, p. 125
Successeur, p. 160*

LXXXI

LAURENT DE CHAPONAY

Installé le 12 Août 1665

D'azur à 3 chapons d'or, becqués, crettés & membrés de gueules, 2 & 1.

LAURENT DE CHAPONAY, fils de Bertrand de Chaponay, cy-devant, p. 63, fut pourvu de son office de Tréforier de France, par lettres du 20. Février 1664, fur la préfentation & nomination de dame Virgine Edmée de Saint-Jullien, fa mère, héritière univerfelle teftamentaire de feu Michel Dugué, fon fils, cy-devant, p. 125, dernier poffeffeur dud. office, décédé le 13. Septembre 1663, & frère utérin dud. Laurent de Chaponay, lequel fut receu à la Chambre des comptes, fur la finance, le 10. Juin 1665, & inftallé au Bureau le mercredy 12. Aouft 1665. On le nommait Chaponay de Veniffieu ; il avait époufé Marie-Anne de Silvecane, décédée en Mars 1733, fille de Conftant de Silvecane, Prévot des Marchands en 1669 & 1670 ; elle avait une fœur qui était abbeffe de Chazaux, laquelle mourut dans le même temps. Il réfigna fon office à Antoine Salladin, cy-après, p. 160, qui y fut reçu en 1687 ; partant il l'avait exercé environ vingt-deux ans, & obtint lettre d'honneur du 3. Aouft 1687. Il a laiffé poftérité, favoir : de Chaponay de Véniffieu, marié à la demoifelle Boëffe, fille de Chriftophe Boëffe, Tréforier de France, dont des enfans, & Elisabeth de Chaponay. femme du s^r Pierre de Maffo de la Ferrière, séneschal & commandant pour le Roy dans la province de Lionnois, dont auffi des enfans.

LXXXII

GASPARD DE THÉLIS

Inſtallé le 9 Septembre 1667

D'or à 3 faſces de gueules.

GASPARD DE THÉLIS fut pourvu de ſon office de Tréſorier de France par lettres du 4. Décembre 1666, ſur la nomination de dame Marie Piquet, veuve, tutrice & curatrice des enfans mineurs de Jaques de Thélis, ſon père, cy-devant, p. 77, dernier poſſeſſeur dud. office & décédé le 23. Février 1666; fut receu à la Chambre des comptes le 17. Juin 1667, & inſtallé le vendredy 9. Septembre 1667. Fut préſident au bureau de la Charité en 1676. Il prenait la qualité de baron de Chamboſt, ſeigʳ de Chaſtel. Il avait épouſé Claudine Girard; il décéda le 11. Février 1708, & a laiſſé poſtérité établie en Forès. Marc Paniſſod, cy-après, p. 206, ſuccéda à ſon office en 1708, ſur la réſignation de lad. Claudine Girard, veuve & tutrice des enfans dud. Gaſpard de Thélis, qui exercea ſa charge environ quarante à quarante & une années.

Prédéceſſeur, p. 79
Succeſſeur, p. 181

Création
d'Avril 1627

L X X X I I I

JEAN-BAPTISTE BORGHESE

ADVOCAT DU ROY

Inſtallé le 19 Octobre 1667

Bandé d'or & de gueules de 6 pièces, au chef d'azur,
chargé d'un lion paſſant d'or.

JEAN-BAPTISTE BORGHÈSE ou BOURGEOIS, pourvu de l'office de conseiller avocat du Roy, par lettres du 7. Aouſt 1661, ſur la nomination & préſentation de demoiſelle Jeanne Dufourt, veuve d'Antoine Bourgeois, ſon père, cy-devant p. 79, dernier poſſeſſeur dud. office ; receu à la chambre après avoir rendu ſa loy, le 20. Juin 1667, après avoir obtenu lettres de ſurannation qui étaient du 25. May 1667. Il fut inſtallé au Bureau, le 19. ou 20. Octobre 1667, ſous le nom de Jean-Baptiſte Borghèſe, écuyer ; fut préſident au bureau de la Charité en 1678, & décéda le 9. ou 10. Novembre 1692, ſur la paroiſſe Saint-Paul à Lyon ; d'autres mettent ſon décès au 19. Décembre 1692. Sa veuve, Marguerite Meſſier, s'eſt remariée au ſr de Saint-Prieſt de Fontanez ; elle eſt ſœur de la femme de M. Baſtero, ancien conſeiller à la cour des Monnayes, & échevin en 1698 & 1699, & de feue la femme de M. Rogier, auſſi conſeiller. Après le décès de ſon mari, elle réſigna ſon office à Jean-Marie Bourbon, cy-après p. 181, qui y fut receu en 1694 ; partant il avait exercé ſa charge environ vingt-cinq ans, dont il était pourvu depuis trente & un ans. Il a laiffé un fils, le sʳ Borghèse ou Bourguéfi qui (en 1739), n'eft pas encore marié. Sa mère, Marguerite Meffier, qui s'était remariée au sʳ de Fontanez, eft décédée fur la fin de Janvier 1739, & a laiffé de ce fecond mariage, un fils, le sʳ de Saint-Prieft-Fontanès, & des filles religieufes. Marguerite Meffier avait encore une fœur qui avait été mariée au sʳ Jacques Colabeaud, marchand drapier, puis échevin en 1696 & 1697, qui fit banqueroute.

Création
de Janvier 1581

Prédéceſſeur, p. 66
Succeſſeur, p. 191

LXXXIV

JEAN CHARRIER

Inſtallé le 2 Juillet 1670

D'aʒur à la roue d'or.

JEAN CHARRIER, sr de Soleymieux en Forès, pourvu de ſon office par lettres du 3. May 1670, ſur la réſignation de Jean Charrier la Rochette, ſon père, dernier titulaire dud. office, cy-devant p. 66, fut receu à la chambre après avoir rendu ſa loy, le 7. Juin 1670, & inſtallé le mercredy 2. Juillet 1670; fut préſident à la Charité en 1671, 1672 & 1673. Il vendit ſa charge, en 1701 à Alexandre Michon de Pierreclau, cy-après p. 191, dont la mère était ſa parente. Jean Charrier décéda, le 10. Aouſt 1718, & fut enterré à Saint-Paul; il n'a laiſſé qu'une fille qui fut mariée au sr L'Escalloppier, conſeiller au parlement de Paris, puis maître des Requêtes & Intendant de Provence. M. de Soleymieux a exercé ſa charge environ trente & un ans; il était homme vif et réſolu, fort ſujet à la goutte, dont il mourut âgé de 73 à 74 ans.

Création
de Février 1696

Prédéceſſeur, p. 98
Succeſſeur, p. 223

LXXXV

Laurent PIANELLO

Inſtallé le 2 Juillet 1670

Coupé de gueules & de ſable, à la ſaſce écotée d'or (qui est de Pianello); écartelé de France, au chef d'or, chargé d'un lion naiſſant de gueules, armé & lampaſſé d'azur.

Ce ſont les armes de la terre de la Valette près Saint-Etienne en Forés, appartenante à M. Pianello, qui obtint par arrêt du Conſeil du 24 Juillet 1699, le privilège de les joindre aux ſiennes; ce fut M. Lambert d'Herbigny, lors Intendant à Lyon, ami de M. de La Valette, qui luy procura cet arrêt.

Laurent PIANELLO-BESSET DE LA VALETTE, né en Avril 1644, pourvu de ſon office par lettres du 3. May 1670, ſur la réſignation de Baptiſte Pianello, ſon père, dernier poſſeſſeur dud. office, fut receu à la Chambre après avoir rendu ſa loy, le 7. Juin 1670, & inſtallé le 2 Juillet 1670, le même jour, que le sr de Soleymieu, quoyqu'après luy ; fut par deux différentes fois préſident à la Charité, Prévôt des marchands en 1687 & 1688, commiſſaire pour le Bureau au département des Tailles, ponts & chauſſées, & ſubdélégué de l'Intendant. Il vendit ſa charge, en 1715, à Jean Lacroix, cy-après p. 223, après avoir obtenu lettres d'honneur, par lesquelles n'ayant pu avoir l'entrée, ni la voix délibérative au Bureau, la compagnie, par délibération particulière, la luy accorda, après le doyen. Il avait épouſé Laure Maſcranny, née le 16. Février 1651, ſœur de Marie, femme de Louis

Gayot, Tréforier de France, dont il a eu un fils, confeiller à la cour des Monnayes. Laurent Pianello de la Valette décéda à Lyon, le 9. Octobre 1718, & fut enterré aux Minimes. Quelque temps avant fa mort, il avait eu lettres de la Chancellerie qui ont changé fon nom de Pianello en celuy de Planelly, qui eſt une famille du Royaume de Naples, dont il prétendait être defcendu. Il était curieux en généalogie, en blazon & en hiſtoire, & a laiſſé à fon fils une bibliothèque très propre & très bien choiſie, quoyque, par luy-même, il ne fût pas extrêmement habile homme. Il mourut de la pierre, fans s'être voulu faire tailler ; il a laiſſé du bien conſidérablement pour un officier ; fon fils, qui eſt unique & qui n'a qu'une fœur qui ne fe marie pas, augmente de beaucoup ce bien-là ; il eſt encore plus grand ménager que fon père. J'ay fait cet article de M. de la Valette un peu long, parce que j'avais des liaifons particulières avec luy, & qu'il m'a fourni bien des mémoires pour la compofition de ce recueil.

Création
d'Avril 1627

Prédéceſſeur, p. 83
Succeſſeur, p. 165

LXXXVI

JEAN BAPTISTE MICHON

PROCUREUR DU ROY

Inſtallé le 5 Janvier 1671

D'aʒur à 3 beſans d'or, 2 & 1, au loʒange du même péri en cœur.

JEAN BAPTISTE MICHON, ſeig^r de Pierreclau (il prenait auſſi la qualité de ſeig^r de Buſſie & de Buſſière, qui ſont petits fiefs dépendans de Pierreclau, terre en Mâconnais à deux lieues de Mâcon), pourvu de l'office de Procureur du Roy, par lettres du 4. Juin 1670, ſur la réſignation d'Aimé Charrier, dernier titulaire, cy-devant p. 83 (dont il avait épouſé la fille, Gabrielle Charrier), aux gages & droits de 2.840 livres 10 ſols, pour deux quartiers de 5497. Receu à la Chambre ſur la loy, le 5. Septembre 1670, & inſtallé le lundy 5. Janvier 1671. Il réſigna ſon office à André Philibert, cy-après p. 165, qui y fut receu en 1690 ; ainſi il avait exercé ſa charge environ vingt ans. Il décéda dans ſa terre de Pierreclau, en Mâconnais, vers le mois d'Aouſt 1717 ; il a laiſſé entre autres enfans, un fils, Antoine-Alexandre, Tréſorier de France, en 1701, cy-après p. 191. Cette famille eſt originaire de Röanne. Jean Baptiſte Michon, Procureur du Roy, avait eu lettres d'honneur ou de vétérance en 1690 ; il a laiſſé un ſecond fils, nommé Aymé Gabriel, qui a eu la charge de Tréſorier de France d'Antoine Alexandre, ſon frère (voyés cy-après p. 244).

*Création
de Juillet 1577*

*Prédécesseur, p. 102
Successeur, p. 177*

LXXXVII

Louis DE MADIÈRE

Installé le 16 Novembre 1672

*De gueules à 3 besans d'or, 2 & 1, au chef d'azur,
chargé de 3 triangles d'argent, soutenu d'or.*

Ces armes font parlantes à caufe des 3 pains de fucre
lequel vient des Iles de Madère.

Louis DE MADIÈRE, pourvu de fon office par lettres du 14. Juillet 1672, fur la réfignation de Denis Bernico, dernier titulaire; receu à la Chambre, le 3. Septembre 1672, & inftallé le Mercredy 16. Novembre 1672. Il était fils de Claude de Madière, échevin en 1664 & 1665, qui était marchand de soye, affocié de Pierre Boiffe, & dont la famille fubfifte aujourd'hui; il mourut riche de 6 à 700 mille livres. Les lettres de provifions donnent à Louis de Madière la qualité d'écuyer. Louis de Madière avait époufé la demoifelle Pichon, dont il eut un fils & une fille, qui fut mariée au sr de Chavane; le fils fut héritier du sr Pichon, maître des comptes à Paris & fon oncle maternel, à condition d'en prendre le nom & les armes; il eft aujourd'hui (1732) vivant, revêtu de la charge de maître des comptes, de feu fon oncle; il eft marié & a des enfans. Louis de Madière, fon père, voulut continuer de commercer, après avoir acheté fa charge de Tréforier de France, mais il fut, dit-on, trompé par fes affociés, perdit 400 mille livres de biens qu'il avait, & mourut infolvable. Son père, Claude de Madière, avait époufé en fecondes nopces la demoifelle Stouppe, dont entre autres enfans il eut le sr de Madière de Milly, qui a époufé Catherine Colomby, ma coufine germaine, dont des enfans. Antoine Peronet de Molines a fuccédé, en 1693, à Louis de Madière, qui obtint lettres d'honneur ou de vétérance du 30.Aouft 1694.

Prédécesseur, p. 95
Successeur, p. 188

LXXXVIII

Louis DESCHAMPS

Inftallé le 9 Janvier 1673

*D'azur à 3 bourdons de pélerin d'or, rangés en pal,
chargés d'une coquille de gueules.*

Louis DESCHAMPS, né à Villefranche, en fevrier 1634, fils d'autre Louis, lieutenant à l'Election de Beaujollois, pourvu de fon office fur la réfignation ou démiffion de Urbain Particelli, fils de Michel Particelle, qui avait été pourvu dud. office, mais qui n'y avait pas été receu (voyez cy-devant p. 95), & par lettres de provifions du 9. Novembre 1672. Receu à la Chambre le 24.Novembre 1672, inftallé le lundy 4.Janvier 1673 ; fut préfident au bureau de la Charité en 1683, 1684, 1685, & mourut à Lyon, d'apoplexie, le 4. Septembre 1698, âgé d'environ 65 ans. Son fils Nicolas luy fuccéda en fon office auquel il fut receu en 1699. Louis Defchamps avait époufé, par contract du 27. Janvier 1673, Jeanne Dugas, qui décéda à Villefranche dans un couvent, le 8. May 1734, fœur de Louis Dugas, Prévot des Marchands en 1696, 1697, 1698 & 1699 ; il était originaire de Beaujollois, près d'Ance, où il avait le fief de Meffimieu. Cette famille, en partie, avait eu des fermes du Duc de Savoye, & y avait gagné du bien. Louis Defchamps avait luy-même tenu des fermes du Duc de Savoye, conjoinctement avec le sr Defchamps, fon coufin, lequel a fait la branche des Defchamps, marquis de Chaumont, qui s'établit à Chambéry. Le père dud. Louis Defchamps était marchand toilier à Villefranche de Beaujollois ; il s'appelait auffi Louis Defchamps, & acquit enfuite l'office de lieutenant particulier en l'Election de Villefranche aud. Beaujollois. Louis Defchamps, Tréforier de France, avait époufé en premières noces la demoifelle Rogier, dont il n'eut qu'une fille, mariée au sr Bellet de Tavernaux.

Création
de Janvier 1586

Prédéceſſeur, p. 103
Succeſſeur, p. 187

LXXXIX

CHRISTOPHE BOESSE

Inſtallé le 24 Mars 1673

D'or à l'arbre arraché de ſinople, au chef de gueules, chargé de 3 beſans d'or.

Il y avait quelques différences aux armes que portait Pierre Boiſſe, père de Chriſtophe ; aujourd'hui les enfans de Chriſtophe Boëſſe ont encore adjouté aux armoiries cy-deſſus & ont mis l'arbre terraſſé, au lieu que le père le portait arraché, comme il eſt ici marqué.

CHRISTOPHE BOISSE ou BOESSE, fils de Pierre Boiſſe, marchand de ſoye & aſſocié avec le sr de Madière, puis échevin à Lyon en 1668 & 1669 ; pourvu de ſon office, le 9.Novembre 1672, ſur la réſignation de Barthélemy Gueſton, cy-devant, p. 103 ; receu à la chambre ſur la finance, le 24. Novembre 1672, inſtallé au Bureau, le 24. Mars 1673. A épouſé Catherine Pécoil, fille de Mathieu, conſeiller au préſidial, puis échevin en 1695 et 1696, dont il a laiſſé des enfans. Eſt décédé à Lyon, en Janvier 1713, âgé de 72 à 75 ans. Chriſtophe Boëſſe, Tréſorier de France, ſignait dans le commencement Boiſſe par un *i*, comme ſon père, mais dans la ſuite, il a toujours ſigné Boëſſe, ainſi que ſes enfans le font aujourd'hui. M. Boëſſe avait aſſez d'eſprit & beaucoup de feu, il s'était attaché à l'architecture, où il s'entendait aſſez bien. Ses lettres de proviſions lui donnaient la qualité d'écuyer.

Jacques Borde, cy-après, p. 187, a ſuccédé à Chriſtophe Boëſſe, dans l'office duquel il fut receu en 1697. Ainſi Boëſſe l'exercea environ vingt-quatre ans.

Création
de Juin 1586

Prédécesseur, p. 112
Successeur, p. 180

X C

JEAN DE BROSSES

Installé le 26 Avril 1673

D'argent au cerf montant de gueules.

Jᴇᴀɴ DE BROSSES ou DES BROSSES, pourvu de son office par lettres du 26. Janvier 1673, sur la résignation de Jean Charrier la Barge, dont il avait épousé la fille, Geneviève Charrier, laquelle est décédée le 19. Juillet 1718. Fut reçu à la chambre, le 20. Mars 1673 & installé, le Mercredy, 26. Avril 1673. La famille des Deſbroſſes est originaire de Beaujeu en Beaujollois. Jean des Broſſes, Tréſorier de France, qui depuis, ſignait de Broſſes, obtint lettres de réhabilitation & en tant que de beſoin de confirmation de nobleſſe du 17. Aouſt 1687, enregiſtrées en 1689 au Bureau. Il décéda le 1ᵉʳ Décembre 1693, il a laiſſé poſtérité.

Gaſpard Godefroy, cy-après, p. 180, luy ſuccéda dans ſa charge ſur la nomination & préſentation de Geneviève Charrier, ſa veuve, & en qualité de tutrice ou curatrice de ſes enfans, & il y fut reçu en 1694; en ſorte que Jean des Broſſes l'avait exercée environ vingt à vingt & un ans.

Création
d'Avril 1627

Prédéceſſeur, p. 88
Succeſſeur, p. 156

XCI

Camille LOUBAT-CARLES

Inſtallé le 29 May 1673

*Ecartelé : aux 1er et 4e d'azur aux 3 bandes d'argent, celle du milieu chargée
de 3 molettes de gueules* (qui eſt de Loubat); *aux 2e et 3e, d'or au lion
d'azur, tenant en ſes pattes de devant une croix au pied allongé de
gueules* (qui eſt de Carles).

Camille LOUBAT-CARLES fut pourvu de ſon office de Tréſorier de
France, par lettres du 23. Février 1673, vacant aux parties caſuelles par le
décès de Barthélemy Loubat-Carles, ſon père, cy-devant, p. 88, faute de
payement de l'annuel, lequel office il leva moyennant la ſomme de
15.000 livres, y compris les 2 ſols pour livre, en qualité de fils & unique
héritier dud. feu Barthélemy, ſon père, ſon frère ayant renoncé à la ſucceſſion.
Il fut receu à la chambre des comptes ſur là loy, le 20. Mars 1673, & inſtallé le
lundy 29. May 1673. Après avoir vendu ſa charge de Tréſorier de France à
Iſaac Molin, cy-après, p. 156, qui y fut receu en 1682, il fut avocat &
Procureur général de la ville de Lyon pendant 4 ou 5 années, & après s'être
deffait de cette charge ou commiſſion, il mourut quelques années enſuite à
Paris, le 6. Janvier 1706, âgé de 66 ans. Il avait épouſé la demoiſelle de
Regnaud de Glareins, dont des enfans. Le cadet de cette famille s'eſt établi
au païs du Mans, où il a laiſſé des enfans et petits-enfans ; l'aiſné, établi
à Lyon, eſt prieur de Saint-Coſme & chevalier de Saint-Lazare, après avoir
porté longtemps l'habit eccléſiaſtique.

Création
d'Avril 1627

Prédécesseur, p. 108
Successeur, p. 212

XCII

BARTHÉLEMY PONSAINPIERRE

Installé le 7 Juin 1673

*D'azur à 2 colonnes d'ordre toscan, avec leur pied d'estal
& leur chapiteau d'argent.*

BARTHÉLEMY PONSAINPIERRE ou DE PONT SAINT PIERRE, né
en Septembre 1653, pourvu par lettres de provisions du 16.Mars 1673, de
l'office de François Bérauld, cy-devant, p. 108, vacant aux parties casuelles
par le décès dud. Bérauld, faute de payement de l'annuel, lequel office led.
de Pont Saint Pierre leva moyennant la somme de 20.000 livres ; fut receu à la
chambre des comptes sur la loy, le 10.May 1673, & installé le mercredy,
7.Juin 1673. Il fut président au bureau de la Charité en 1686, 1687 & 1688,
syndic de la compagnie & ensuite président suivant son ancienneté. Il vendit
son office à Louis Rivet, cy-après, p. 212, qui y fut receu en 1710 ; ainsi il
exercea sa charge pendant environ trente-sept ans. Il était fils de Dominique de
Pontsainpierre, échevin en 1661 et 1662. Ses lettres de provisions luy
donnaient la qualité d'écuyer & d'avocat au parlement ; il a épousé une
demoiselle Gueston & a été héritier de Lambert de Ponsainpierre, Prévot des
Marchands en 1683 & 1684, qui était son oncle, dont il a le fief & château du
Perron, près d'Oulins, & Saint-Genis en Lionnois. Quelque temps avant que
de se démettre de sa charge, il perdait la veüe & l'ouye. Son fils aisné,

s^r Duperon, eſt conſeiller à la cour des Monnoies, & le cadet eſt officier, capitaine au régiment Lionnois.

Cette famille eſt originaire d'Italie, auprès de Florence, d'un endroit nommé Ponſanpierri, dont ils ont pris le nom; le leur était auparavant Andretti. Il y eut trois frères de cette famille qui s'établirent à Lyon, ſavoir : Lambert, Jean Baptiſte & Dominique. Barthélemy de Pont Saint Pierre a obtenu lettres d'honneur du 29. Décembre 1709, enregiſtrées en 1711. M. de Ponſainpierre, dans les commencemens qu'il fut officier, ſignait *de Ponſainpierre* & dans la ſuite *Ponſainpierre ;* il eſt décédé à Lyon, le 9. May 1731, dans ſa 78e année, & ſa veuſve, la dame Guesſton, le 13. Janvier 1738.

XCIII

CLAUDE BARANCY
Inſtallé le 20 Avril 1674

D'aʒur à 7 beſans d'or, 3, 3 & 1, au chef d'or.

CLAUDE BARANCY fut pourvu de ſon office ſur la réſignation de Guillaume de Sarde, cy-devant, p. 114, sʳ de Saint-Véran, & ce, par lettres de proviſions du 8.Mars 1674 ; receu à la chambre, le 19.Mars 1674, & inſtallé au Bureau, le vendredy, 20. Avril 1674 ; il décéda le 12. Janvier 1679. Roger Barancy, ſon héritier, paya dans les ſix mois du décès, le huitième denier aux parties caſuelles pour la charge de Tréſorier de France, à laquelle n'ayant voulu ſe faire recevoir, il en fit ſa démiſſion au profit de Jean Martinière, cy-après, p. 154, qui y fut inſtallé en 1680.

Claude Barancy avait été, à Lyon, dans les partis ou affaires de fermes du Roy & auprès des Intendans; il laiſſa, entre autres, un fils qu'on nommait M. de Sandars, parce qu'il avait le château & fief de Sandars, près de Limonnets en Lionnois, lequel mourut en Novembre 1722, & laiſſa deux fils de la demoiſelle Soleymard, ſa femme. A l'égard de Roger Barancy, il était greffier titulaire du Bureau des finances en 1683. Les regiſtres du Bureau, depuis 1683 juſqu'en 1686 inclus, ſont très mal tenus parce que ce Roger Barancy n'avait levé la charge de greffier que pour en tirer les gages, & il la faiſait exercer par des commis, à peu de frais, leſquels ſe mettaient peu en peine de remplir leurs regiſtres & les tenir en bon état. Mais la compagnie acheta cette charge de greffier fous le nom de Claude Fificat qui commença de l'exercer en 1687, & depuis, le Bureau a continué d'en avoir la propriété & de la faire exercer fous le nom de différens particuliers qui prêtent leur nom. Claude Barancy a exercé fa charge de Tréforier de France environ fix ans; il y a déjà plufieurs années que cette famille de Barancy, étant peu accommodée des biens de fortune, n'eft prefque plus connue dans la province.

*Création
de May 1635*

Prédéceſſeur, p. 119
Succeſſeur, p. 169

XCIV

CHARLES GROLLIER

Inſtallé le 7 Juin 1675

*D'azur à 3 beſans d'or, rangés en faſce abaiſſée & ſommés d'autant
d'étoiles d'argent rangées de même.*

CHARLES GROLLIER DE SERVIÈRES fut pourvu de ſon office ſur la
réſignation de Théodore Savaron, cy-devant, p. 119, par lettres de proviſions du
29.Mars 1675 ; receu à la chambre, le 6. May 1675 & inſtallé le vendredy,
7.Juin 1675 ; fut préſident à la Charité en 1689, 1690. Charles Grollier, ſeigr,
baron de Servières, était fils de Nicolas Grollier, qu'on nommait ordinairement
M. de Servières & qui avait ce cabinet curieux en ouvrages de mathématique &
de mécanique, connu dans Lyon, décédé en 1686, âgé de 93 ans (il était né en
1593), & petit-fils d'Antoine Grollier, Tréſorier de France cy-devant, p. 33.
Il vendit ſa charge à Louis Bourbon, cy-après, p. 169, qui y fut receu en 1692 ;
ainſi il exercea cet office environ dix-sept années & décéda à Lyon, le 23. Janvier 1726, âgé de 84 ans ou environ. Il avait épouſé 1º la demoiſelle Lejuge, d'où
poſtérité, & 2º la demoiſelle de... dont il n'eut point d'enfants ; il a laiſſé de ſon
premier mariage, entre autres, le sr Grollier de Servières, ancien Lieutenant-
Colonel d'Infanterie & commiſſaire général des troupes en Dauphiné, lequel a
épouſé la demoiſelle de Chevriers Saint Mauris, dont deux fils, l'aiſné deſquels
eſt aujourd'hui (1730) marié à la demoiſelle Colbert de Villacerf (dont le père eſt
premier maître d'hôtel de la Reine), lequel ſe fait appeler Marquis de Grollier,
& le cadet eſt receu chevalier de Malthe. Charles Grollier ſignait *Grolier* & non
Grollier.

XCV

Claude CORTEILLE

Inſtallé le 3 Juin 1676

D'aʒur à la bande ondée d'or, chargée de 3 tourteaux de ſable.

Claude CORTEILLE DE VAURENARD fut pourvu de ſon office ſur la réſignation de Laurent de la Veühe, cy-devant, p. 99, par lettres du 27. Février 1676. Receu à la chambre ſur la loy, le 13. May 1676, & inſtallé le mercredy, 3. Juin 1676 ; ſes proviſions lui donnent la qualité d'écuyer. Il avait épouſé Françoiſe Chapuis, fille de Chapuis, ſeigr de la Fay, de Courgenon & de Vaudragon ; il décéda & fut enterré à Saint-Michel, à Lyon, le 2. Mars 1687. Sa veuve, tant en ſon nom que comme tutrice & curatrice de ſes enfans, nomma à ſon office Jean Vacheron, cy-après, p. 163, qui y fut receu en 1687 ; ainſi il poſſéda ſon office environ onze années. Claude Corteille laiſſa deux fils & deux filles ; l'aîné, dont l'eſprit eſt un peu aliéné, n'eſt pas marié & ſe tient dans les païs étrangers ; le ſecond a épouſé la ſœur de Jean Baptiſte Cuſſet, qui a été échevin, dont des enfans ; les deux filles ont auſſi été mariées & ont eu poſtérité. La veuve Corteille ſe remaria au sr Jeannin du Ronzeau, dont elle n'a point eu d'enfans ; elle eſt morte en Juillet 1733 & a fait héritier ſon fils aîné qui eſt en Italie, en penſion en quelque monaſtère, c'eſt je crois, à Rome.

*Création
de May 1635*

*Prédécesseur, p. 109
Successeur, p. 190*

XCVI

JEAN FRANÇOIS PHILIBERT

ADVOCAT DU ROY

Inftallé le 9 Septembre 1676

*D'azur au chevron d'or, au chef d'or chargé de 3 feuilles de perfil
(d'autres difent de figuier) de finople.*

JEAN FRANÇOIS PHILIBERT fut pourvu de fon office d'avocat du Roy après le décès de Pierre Philibert, fon oncle & dernier poffeffeur d'iceluy fur la préfentation et nomination de la veuve & héritière teftamentaire dud. Pierre Philibert, par lettres de provifions du 16.Juillet 1676. Fut receu à la chambre des comptes fur la loy, le 12.Aouft 1676, & inftallé au bureau le mercredy, 9. Septembre 1676; fes lettres le qualifient avocat au parlement. Jean-François Philibert était coufin germain d'André Philibert, procureur du Roy, cy-après, p. 165, & coufin iffu de germain d'autre Jean-François Philibert, Tréforier de France, cy-après, p. 199. Il avait époufé Pernette Rondet, laquelle, fondée de fa procuration, réfigna fon office à Léonard Michon, qui y fut receu en 1700. Ainfi Jean-François Philibert exercea fa charge environ vingt-quatre ans, mais, comme il avait entièrement dérangé fes affaires par fa mauvaife conduite & que M. le Chancelier avait eu des mémoires contre luy, il ne put obtenir des lettres d'honneur. Il décéda au mois de Mars 1727 & a laiffé une fille. Sa femme, Pernette Rondet eft décédée en Janvier 1733.

Création
de Janvier 1586

Prédécesseur, p. 100
Successeur, p. 193

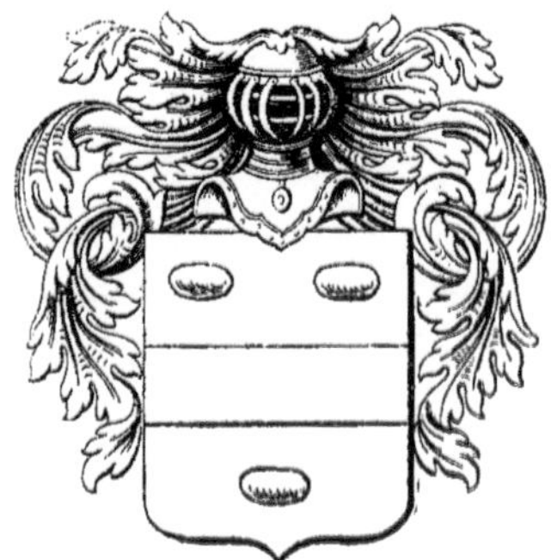

XCVII

PIERRE DUON

Installé le 16 Janvier 1679

De gueules à la fasce d'or, accompagnée de 3 cailloux d'argent, 2 & 1.

PIERRE DUON, seigr de Roches (terre en Forès, près de Saint-Chaumont qui a été vendue ensuite au sr Jean Perrin de Vieuxbourg, ancien échevin), pourvu de son office par lettres de provisions du 24. Novembre 1678, sur la nomination du tuteur des enfans mineurs de feu Camille de Merle, dernier possesseur d'iceluy au profit de François de Merle, lequel ne s'y étant voulu faire recevoir, s'en démit au profit dud. Duon, qui y fut receu à la chambre sur la loy, le 14. Décembre 1678, & installé le lundy, 16. Janvier 1679, en faisant sa soumission que nonobstant la qualité de présldent qui était inférée dans ses lettres, il consentait, néanmoins, n'y parvenir qu'à son rang. Il avait épousé Magdelaine Chapuis de la Fay; il vendit & résigna sa charge au sr Piarron, qui y fut receu en 1702. Ainsi il exercea son office environ vingt-deux à vingt-trois ans; il est décédé à sa terre de Roches. Duon était de Saint-Estienne en Forez, il était boîteux, & avait négocié en quincaillerie. Sa fille a été mariée au marquis de Satillieu, de Vivarès, qui en a des enfans. Sa femme, Magdelaine Chapuis est décédée en 1737 ou 1738. J'ai sceu, depuis, que le sr Duon avait encore une fille qui a été mariée à un gentilhomme de Forès, nommé le sr d'Apinac, dont des enfans.

XCVIII

JACQUES DE LA FRASSE

Inftallé le 21 Juillet 1679

*D'or au chevron de gueules, au lion iffant du même en pointe;
au chef de gueules, chargé de 3 étoiles d'or.*

JACQUES DE LAFRASSE, fils du sr de la Fraffe & de la demoifelle Pécoil, fœur de Claude Pécoil, qui a été prévot des marchands en 1685 & 1686, fut pourvu de fon office de Tréforier de France fur la réfignation de Pierre de Suduyraud, dernier poffeffeur dud^t office par lettres de provifions du 15. May 1679. Receu à la Chambre fur la loy le 7. Juin 1679 & inftallé le vendredy 21. Juillet 1679 ; il décéda à Lyon le 26 Juillet 1692, ayant exercé fa charge environ 13 années, & n'a laiffé poftérité n'ayant pas été marié. Il foutint un grand procès contre le sr Camille Carles, advocat & procureur général de la ville, de la fille duquel ayant abufé, elle accoucha d'une fille ; on le pourfuivit pour l'époufer, il y réfifta fortement & fe tira de cette affaire moyennant une 20ne de mille livres ou 10 mille écus ; cette mère & cette fille font toutes deux mortes religieufes à Lyon, à Sainte-Elifabeth. Son père était marchand épicier à la place de Saint-Pierre, à Lyon, & affocié avec un frère qui mourut fans être marié & dont il fut héritier.

Claude de la Fraffe, cy-après, p. 174, frère de Jacques, luy a fuccédé en 1692, en qualité de fon héritier. Jacques de la Fraffe avait acheté fa charge de Françoife de Couleur, veuve de Léonard Palerne, en 1678, laquelle charge était exercée par Pierre Suduyraud.

Création
de Mars 1626

Prédéceffeur, p. 147
Succeffeur, p. 209

XCIX

JEAN MARTINIÈRE

Inftallé le 27 Mars 1680

Vairé d'argent & d'azur de 4 traits, à l'écuffon de gueules,
chargé d'un trèfle d'or, péri en cœur.

JEAN MARTINIÈRE &, depuis, nommé de la Martinière, était originaire de Saint-Chaumont en Forès & négociait en foie; il était né le 26. Aouft 1646; fut pourvu de l'office de Tréforier de France fur la démiffion de Roger Barancy, héritier de Claude Barancy, cy-devant, p. 147, dernier titulaire d'iceluy & ce, par lettres du 15. Février 1680, fut receu à la Chambre des comptes fur la finance le 28. Février 1680 & inftallé au bureau le mercredy 27. Mars 1680; il a été findic de la compagnie, mais n'a point fervi au bureau de la Charité. Il vendit fa charge à Jean Verdan, cy-après, p. 209, qui y fut receu en 1710; en forte qu'il l'exercea environ 30 années; il avait époufé Marie Dufaifant, fille du fr Dufaifant, fameux avocat à Lyon, dont il a eu une fille, mariée au fr de Roftaing, gentilhomme de Forès & de bonne maifon, & un fils qui, au grand chagrin de fes père & mère, même après la mort d'un frère aifné, prit le party de l'églife & s'eft fait preftre; il eft actuellement chanoine de Saint-Nizier de cette ville, a beaucoup de piété & beaucoup de bien. Son père mourut quelques années après avoir vendu fa charge.

C

ESTIENNE COCHARDET

Inſtallé le 10 Mars 1681

D'aʒur au coq d'or, cretté, becqué & membré de gueules.

ETIENNE COCHARDET pourvu, par lettres du 2. Janvier 1681, de l'office de Tréſorier de France, vacant par le décès de Pierre Cochardet, ſon frère, cy-devant, p. 123, après l'avoir levé aux parties caſuelles, tant en qualité d'héritier ſubſtitué à sond. frère, que pour la conſervation des droits de la veuve ou de ſes enfans & la paya 24.000 livres & les 2 sols pour livre, qui a de gages ſur l'état du Roy 2225 livres. Receu à la Chambre des comptes ſur la finance le 20. Janvier 1681 & inſtallé le 10. Mars 1681 ; il réſigna ſon office, en 1704, à Jean François Philibert & décéda, quelques années après, dans ſa terre de Chizeuil en Charollois, où il ſe tenait ordinairement, laiſſant de ſa femme, Françoiſe Renard, qu'il avait épouſée par inclination & qui était d'une famille peu connue, un fils qui, de ſa femme, a aujourd'hui (1730) pluſieurs enfans. Etienne Cochardet était fils d'autre Etienne Cochardet, marchand drapier à Lyon, près de St-Nizier, puis échevin en 1654 & 1655. Sa ſœur (*id eſt* du Tréſorier), avait épouſé Nicolas Proſt, conſeiller à la Sénéchauſſée & préſidial & échevin en 1665 & 1666, dont le fils, Alexandre, & le petit-fils, Etienne Proſt de Grange Blanche, ont été ſucceſſivement avocat & procureur général de la ville. Etienne Cochardet, Tréſorier de France, décéda, dans ſa 63e année, en carême 1710.

*Création
d'Avril 1627*

Prédéceffeur, p. 144
Succeffeur, p. 179

C I

Isaac MOLIN

Inftallé le 3o Septembre 1682

D'or au lion rampant de gueules.

Isaac MOLIN, fils de Jean Molin, marchand originaire de Saint Etienne
en Forès, décéda en lad. ville le 5. Septembre 1693, âgé d'environ 38 ans,
fans avoir été marié ; fut pourvu de fon office le 3.Septembre 1682, receu à la
Chambre des comptes fur la finance le 10. dud. mois & inftallé au Bureau le
dernier dud. mois 1682, au lieu & place de Camille Loubat-Carles, cy-devant,
p. 144, qui luy avait réfigné fon office par acte paffé à Paris le 14.Aouft 1682.
Par fon teftament il légua fa charge à la maifon de la Charité de lad.
ville de Saint-Etienne, qui fut vendue au sr Richard, cy-après p. 179. Molin
eut un différent avec le sr de Vilette, lieutenant particulier au baillage de
Forès, dans l'églife de Saint-Etienne dud. Forès, au mois de Juin 1688, au
fujet de la préfeance, pour raifon de quoy, par arrêt du Confeil du 18 du même
mois, Molin fut interdit de fa charge pour un mois & de Vilette pour deux,
& lettre de cachet adreffée à M. Camille de Neufville, archevêque de Lyon
pour obliger, fous peine de défobéiffance, led. sr de Vilette d'aller chés led.
sr Molin, luy faire des excufes de fon emportement & qu'une autre fois il
ne luy difputera pas la place d'honneur dans les lieux où ils fe trouveront
enfemble ; ce qui fut exécuté à Neufville le 12.Aouft 1688. Molin était aifé,
il aimait fort la chaffe &, par cet endroit, M. l'archevêque de Lyon, qui l'aimait
fort auffi, affectionnait led. Molin & luy rendit fervice dans l'affaire cy-deffus.

Création
de Juillet 1577

Prédécesseur, p. 128
Successeur, p. 176

CII

THÉODORE DAVID

Inftallé le 25 Juin 1685

D'azur à la harpe d'or.

THÉODORE DAVID, sr de Foncraine (petit fief à la porte de Villefranche
en Beaujollois) fut pourvu de fon office de Tréforier de France, par lettres du
20.May 1685, furla réfignation d'Etienne de Couleur, cy-devant p.128, dernier
titulaire. Fut receu à la Chambre des comptes fur la finance le 2.Juin 1685 &
inftallé le 25.Juin fuivant. Il décéda, le 15.Aouft 1692, étant préfident au
bureau de la Charité. Sa veuve, Françoife Perrette, vendit, en qualité de
tutrice, la charge à Jean Gayot d'Efcoffieu, cy-après p.176, qui y fut receu fur fa
nomination en 1693. Théodore David, qui était originaire de Beaujolais, n'a
laiffé que des filles, favoir : d'un premier lit avec la demoifelle Hugalis, la
demoifelle David de Foncraine, mariée au sr Croppet, seigr d'Irigny, & du
fecond lit, avec lad. demoifelle Françoife Perrette, la demoifelle David
Foncraine, mariée au sr Pierre Broffier, seigr de la Rouillière &ca, en Lionnois
& de Saint-Jullien fur Biboft. Françoife Perrette, veuve de Théodore David
de Foncraine, fe remaria au sr Benoît Cachet de Montezan, qui fut Prévot
des marchands en 1704, 1705 & années fuivantes, dont elle n'eut qu'une
fille, qui fut religieufe.

CIII

PIERRE CHANA

Inftallé le 4 Janvier 1686

*D'argent au chevron de finople, accompagné de 3 rofes de gueules ;
au chef d'azur, chargé de 3 étoiles d'or.*

PIERRE CHANA, sr du Coing (fief fitué en Lionnois près de Charly), advocat au Parlement, fut pourvu de fon office de Tréforier de France fur la nomination de la veuve de Jean Mercier, cy-devant, p. 117 dernier poffeffeur & titulaire dud. office, & ce, par lettres du 5. Juillet 1685, dont les gages employés dans les états du Roy font de 2330 livres seulement. La Compagnie avait formé oppofition au titre & au fceau de fa charge, pour l'empêcher d'y être receu, fur le fondement que c'était un homme de peu de mérite et de baffe extraction ; fon père, alors encore vivant, ayant été maître maçon & enfuite entrepreneur de bâtimens, à laquelle profeffion il avait gagné du bien affés confidérablement ; mais elle fut déboutée de fon oppofition & Chana ayant été receu à la Chambre des comptes fur la loy le 17. Septembre 1685, fut inftallé au Bureau le 11. Janvier 1686, fous des conditions & des réferves particulières contre luy & l'exercice de fa charge dans les fonctions d'icelle. Il avait époufé la demoiselle Perrin qu'il enleva en quelque façon de chez fes père & mère qui, dans la fuite, la défhéritèrent. Ducoin diffipa prefque tout fon bien par fa mauvaife conduite & fut obligé de vendre fa charge à François Michallet cy-après, p. 2o3, qui y fut receu en 17o5, en forte que Chana l'avait exercée environ 2o ans. Il mourut, quelques années après dans fa maifon du Coin ; il était né le 14. Février 1654. Il a laiffé plufieurs enfans peu accomodés des biens de fortune, favoir : un fils & trois filles. Il avait obtenu des lettres de vétérance.

C I V

ANTOINE SALLADIN

Inftallé le 7 Mars 1687

*D'argent à la bande d'azur, chargée de 3 croiffans montans d'or
& accompagnée de 2 cafques (ou falades) pofés en profil de fable.*

ANTOINE SALLADIN, seigʳ du Frefne et de la Vaure, né à Lyon, le
24. Novembre 1657, fils de François Salladin qui fut échevin de lad. ville en
1682 & 1683, & de Suzanne Carra ; pourvu de fon office fur la réfignation de
Laurent de Chaponay, cy-devant p. 131 ; il en fut pourvu le 13. Décembre 1686 ;
reçu à la Chambre fur la finance le 18. Janvier 1687, inftallé au bureau le
7. Mars 1687. Il avait époufé Marie Gaultier, fille de Gafpard, receveur de la
ville & de Louife Michon ; elle eft décédée à Lyon le 15. Février 1738. Il
mourut en fa terre de Lavaure le 29. Janvier 1717 ; a laiffé un fils & deux filles ;
l'une mariée au sʳ Bouilloud la Roche, confeiller à Lyon, l'autre religieufe.
La famille de Salladin eft originaire de Aramon en Provence ou Languedoc.
Gafpard-François Salladin, en qualité d'héritier d'Antoine, fon père, luy a
fuccédé dans fa charge & y a été reçu en 1717 ; partant Antoine Salladin l'avait
exercée environ 30 ans.

C V

MATHIEU GAYOT

Inſtallé le 23 Juin 1687

*D'or à la bande d'azur, chargée de 3 étoiles d'or, & accompagnée
de 2 trèfles de ſinople.*

MATHIEU GAYOT, seigʳ de la Bufflère & autres lieux, né à Lyon, le dernier Octobre 1655, fils de Louis Gayot & de Marie Maſcranny, décédée en 1718, ſuccéda à ſon père, cy-devant, p. 115, dans ſon office, dont il fut pourvu le 27.Janvier 1687; receu à la Chambre ſur la loy, le 27.Février 1687, inſtallé au Bureau, le 23.Juin 1687. Il a eu, après M. de la Valette, ſon oncle par alliance du côté maternel, la commiſſion des tailles & des ponts & chauſſées de la Généralité, avec la ſubdélégation de MM. les Intendans. Il a épouſé une demoiselle Claudine Perrin, fille du sʳ Perrin, qui avait été receveur de la ville, dont pluſieurs enfans. La famille des Gayot eſt originaire de Saint-Chaumont & a commencé par négocier en ſoye & en quinquaillerie. Mathieu Gayot a été préſident à la Charité, en 1692, 1693, 1694, 1710 et 1711, ſindic & enſuite préſident ; a réſigné ſon office, le 20.Avril 1734, à Claude Ruffier, cy-après, p. 259, partant, il l'a exercé pendant plus de 47 ans & a obtenu lettres d'honneur, avec quelques marques de diſtinction, en datte du 13. Juillet 1734, enregiſtrées au Bureau, le 3. Septembre aud. an. Il eſt décédé à Lyon, le 3. Aouſt 1736, enterré à l'Hôtel-Dieu; a laiſſé ſix enfans mâles & des petits fils de feu ſon fils aîné; les enfans qui reſtent, dont l'aîné eſt chevalier du Guet, ne ſont pas mariés; celui-cy a été nommé héritier.

*Création
de May 1635*

Prédéceſſeur, p. 126
Succeſſeur, p. 182

CVI

JOSEPH DU SOLEIL

Inſtallé le 25 Juin 1687

*D'aʒur au ſoleil d'or en pointe, à la trangle du même, ſurmontée
de 3 croiſſans montans d'argent.*

JOSEPH DU SOLEIL, sʳ de Pierre-Bénite (fief en Lionnois ſur le Rhoſne),
né à Lyon, le 27.Novembre 1662, pourvu de ſon office ſur la réſignation de
Georges Gallon, cy-devant, p. 126, dernier poſſeſſeur d'iceluy, par lettres du
25.Avril 1687, reçeu à la Chambre ſur la finance, le 14.May 1687 & inſtallé le
mercredy 25.Juin 1687; il décéda, le 1.May 1694. Anne Gayot, ſa veufve, fit
vendre la charge, qui fut adjugée, par ſentence de la Sénefchauſſée, à Jean de
Brunenc, cy-après, p. 182, qui y fut reçu en 1696. Joſeph du Soleil a laiſſé
poſtérité, entre autres enfans, une fille mariée à Jean Baptiſte Conſtant,
Proçureur du Roy. Les gages de cette charge de Tréforier de France, qui ·
étaient à ſa création de 3500 livres, furent enſuite réduits, comme ceux de
ſemblable charge, à 2330 livres. Après que Joſeph du Soleil fut décédé, ſon
père, encore vivant, qui négociait, acheta une charge de ſecrétaire du Roy pour
tranſmettre la nobleſſe à ſa famille. Outre la fille que Joſeph du Soleil
laiſſa après ſon décès, il y a encore un fils qui, aujourd'huy (1730), n'eſt pas
marié.

*Création
de Juillet 1577*

*Prédéceſſeur, p. 150
Succeſſeur, p. 208*

CVII

Jean VACHERON

Inſtallé le 7 Juillet 1687

*D'argent au lion paſſant de gueules, au chef d'azur,
chargé de 3 flammes d'argent.*

Dans l'Armorial de la Ville, les émaux ou couleurs ſont différens,
mais les pièces ſont semblables à celles-cy.

Jean VACHERON, né à Lyon, paroiſſe de Saint-Nizier, le 9. Avril 1659,
fils de Benoît Vacheron & de dame Claudine Berthon, & petit-fils de Jean
Vacheron, échevin, en 1665 et 1666 ; fut pourvu de ſon office de Tréſorier de
France par lettres du 12. Juin 1687, ſur la réſignation de Françoiſe Chapuis,
veuve de Claude Corteille de Vaurenard, dernier poſſeſſeur d'iceluy, tant en
ſon nom que comme tutrice et curatrice de ſes enfans. Fut receu à la Chambre
des comptes ſur la finance, le 18. Juin 1687 & inſtallé au Bureau le 7. Juillet
1687. Il avait épouſé en premières noces, par inclination, une fille de Saint
Chaumont en Lionnois, dont les enfans & petits enfans étant morts, il ſe
maria en ſecondes noces avec la demoiselle Mabiez de Malleval, de Villefranche
en Beaujollois, de laquelle il a laiſſé un fils à ſon déceds arrivé en Aouſt
1728. Sa veuve s'eſt remariée au nommé Soleymard, de Lyon. En
1708, ſes affaires étant dérangées, il vendit ſon office à Jean Philibert du
Port, cy-après, p. 208, qui y fut receu en 1709. Vacheron était d'une aſſez jolie
figure, mais il avait peu de génie & moins encore de conduite, auſſi bien que
ſa famille. Il n'y avait que quatre ou cinq années environ, qu'il était marié en
ſecondes noces, lorſqu'il mourut ; il avait exercé ſa charge environ 22 ans. Jean
Vacheron eſt décédé dans ſon domaine, à Saint-Laurent ſur Thézé en
Lionnois, le 3. Aouſt 1728.

CVIII

ANTOINE DE LA PRAYE

Installé le 19 Décembre 1687

*D'argent au chevron d'azur, accompagné de 2 roses de gueules en chef
& d'une étoile du même en pointe.*

ANTOINE DE LA PRAYE, né à Lyon, le 8. Février 1649, fut pourvu de son office sur la résignation de Jean Mazuyer, sr de la Tourrette, cy-devant, p. 121, par lettres du 8. Aoust 1687, receu à la Chambre sur la finance, le 20. Aoust 1687 & installé au Bureau le 19. Décembre 1687, Il décéda le 21. Janvier 1696, après avoir fait son testament, par lequel il instituait son héritier Jean de la Praye, son cousin germain, cy-après, p. 186, qui fut receu en sa charge, en juillet 1696. Antoine de la Praye avait négocié plusieurs années en Espagne, où il avait gagné du bien raisonnablement. Il est mort sans avoir été marié & sans postérité. Il avait été président à la Charité en 1694.

Prédéceſſeur, p. 138
Succeſſeur, p. 216

Création
d'Avril 1627

C I X

ANDRÉ PHILIBERT

PROCUREUR DU ROY

Inſtallé le 27 Septembre 1690

D'azur au chevron d'or, au chef d'or, chargé de 3 feuilles de perſil de ſinople.

L'Armorial conſulaire de Lyon fait les feuilles de figuier.

ANDRÉ PHILIBERT, né à Lyon, le 25. Octobre 1661, fils de Jean-François Philibert, échevin en 1671 & 1672 ; il était advocat au parlement et fut pourvu de l'office de Procureur du Roy au Bureau, ſur la réſignation de Jean Baptiſte Michon de Pierreclau, cy-devant, p. 138, par lettres de proviſions du 10. Aouſt 1690, reçeu à la Chambre ſur la loy, le 30. Aouſt 1690, & inſtallé au Bureau le 27 Septembre 1690 ; fut préſident au bureau de la Charité en 1701 & 1702 & mourut de fièvre maligne, à Lyon, le 15 décembre 1709, & enterré à Saint-Paul, ſa paroiſſe. Il avait épouſé Marie Alexandre Garbuzat dont il n'eut point d'enfans ; par ſon teſtament, il l'inſtitua en partie héritière, & la chargeait de pluſieurs legs en faveur des pauvres des hôpitaux & ſous d'autres conditions onéreuſes qui la déterminèrent à répudier la ſucceſſion de ſon mari pour s'en tenir à ſes biens dotaux qui étaient conſidérables ; en ſorte que la ſœur dud. sr Philibert, qui était mariée au sr Rondet, ſe porta héritière de droit de ſon frère & s'accomoda avec les hôpitaux. La veuve Philibert s'eſt, depuis remariée au sr de Bonnel, conſeiller à la Cour des monnoyes de cette ville dont elle n'a point eu d'enfans. On appelait Philibert, le Procureur du Roy, Philibert la Balaffre, parce qu'il avait la moitié du vifage écrafée par une chute ou bleffure & même maltraitée par le feu ; il était fort attaché à fa charge & plus encore à fes intérêts particuliers. Ses héritiers vendirent fa charge au sr Jean Baptifte Conftant, cy-après, p.216, qui y fut reçeu en 1712. La famille des Philibert eft originaire de Saint Chaumont & négociait en foye. André Philibert, Procureur du Roy, était proche parent des autres Philibert qui ont été officiers dans le Bureau.

*Création
de Juillet 1577*

Prédécesseur, p. 110
Successeur, p. 217

C X

JEAN GENEVEY

Inſtallé le 1er Juin 1691

D'azur aux trois chevrons d'or.

Jean GENEVEY, avocat en parlement, né à Lyon, paroiſſe Saint Pierre Saint Saturnin, le 5. Juin 1663, fils de Gaſpard Genevey, marchand, demeurant à la place du Plâtre, qui était capitaine de ce quartier, puis échevin en 1686 & 1687, et de la dlle le Juge veuve du sr Yon, fut pourvu de ſon office de Tréſorier de France, ſur la nomination et réſignation des héritiers de feu Pierre Guillard, cy-devant, p. 110, par lettres du 9. Avril 1691, receu à la Chambre des comptes ſur la loy, le 8. May 1691 & inſtallé au bureau le 1. Juin 1691 ; fut préſident au bureau de la Charité en 1699 et 1700. Vers l'année 1712, il eut une ſuceſſion aſſés conſidérable de la part du sr le Juge, ſon oncle & fermier général des fermes du Roy, ce qui le porta à acheter, par décret, une terre conſidérable & très bien titrée, en Auvergne ; mais, ayant à faire aux anciens ſeigneurs qui étaient gens de grande maiſon et fort accrédités dans le pays, il n'en put jamais prendre poſſeſſion réelle, & fut obligé de quitter la partie. Cela l'engagea à acheter une autre terre qui fut celle de Puſignan avec ſes dépendances, ſituée en Dauphiné, qui appartenait à la maiſon de Camus d'Arginy ; il avait vendu, quelque temps auparavant, ſa charge de Tréſorier de France, à Philippe Bourlier, cy-après, p. 217, qui y fut receu en 1712 ; ainſi, il exerça ſa charge environ 21 ans. Il avait épouſé Catherine Fiſcher, fille d'Antoine Fiſcher, échevin en 1711 & 1712, dont il a laiffé, entre autres enfans, un fils qui eft dans la maifon du Roy, qui fe fait appeller le Marquis de Pufignan, & deux filles qui ne fout pas mariées. Jean Genevey mourut d'hydropifie, en septembre ou octobre 1716, & fut enterré aux Grands Carmes, où fa famille avait un vas. Genevey était un homme d'affés bonne mine; il avait le ton de voix haut et faifait l'homme de condition & de conféquence plus qu'il ne l'était réellement, car fon père était le premier de fa race en cette ville. Jean Genevey obtint des lettres d'honneur ou de vétérance, mais fon père ayant acquis la nobleffe par l'échevinage, il n'avait pas befoin de ces lettres pour jouir de la nobleffe perfonnelle, mais feulement de quelques autres privilèges. Le fils de Jean Genevey, Tréforier de France, a vendu, en 1732, fa terre de Pufignan, qui avait été déjà, cy-devant, démembrée, à M. Pierre Gaultier, fecrétaire du Roy, ancien échevin, la fomme de 181.000 livres, y compris pour 16.000 livres de meubles.

Prédéceſſeur, p. 149
Succeſſeur, p. 184

*Création
de May 1635*

CXI

Louis BOURBON

Inftallé le 5 Mars 1692

*De gueules à la faſce d'argent, accompagnée de 2 roſes d'or en chef & d'une
tige de cardon (ou tournesol), feuillée de 2 feuilles du même, en pointe.*

Louis BOURBON, sʳ de Martelet (domaine fitué près de Villefranche en
Beaujollois), avocat en parlement, né à Villefranche, le 3.Avril 1655, fut
pourvu de l'office de Tréforier de France fur la réfignation de Charles Grollier,
dernier titulaire, cy-devant, p. 149, par lettres du 28 novembre 1691 ; receu à
la Chambre des Comptes sur la loy, le 18.Janvier 1692 et inftallé au Bureau,
le mercredy 5.Mars 1692 ; il décéda l'année fuivante 1693, le 17. Octobre.
Comme il avait laiffé un fils très jeune à qui on voulut conferver la charge, le
tuteur nomma d'abord aud. office Hugues Seguin, lequel en fit enfuite sa
démiſſion au profit d'Hugues Guillet, cy-après, p. 184, qui s'y fit recevoir en
1696, ne faifant que prêter son nom pour l'héritier de Louis Bourbon, à qui il
s'engagea de remettre la charge lorfqu'il ferait en état de l'exercer. Hugues
Guillet l'a poffédée jusqu'en 1729, que le fils de Louis Bourbon, ayant mal
conduit fes affaires, foit par luy-même & par un mariage d'inclination, &
encore par la mauvaife adminiftration de fes tuteurs, il a été obligé de remettre
cette charge, qui luy appartenait, à Jofeph Leclerc, cy-après, p.242, qui la prit
en payement pour partie de fa dette, ou pour ce qui pouvait luy être & dû, s'y

fit recevoir en lad. année 1729. Cette charge n'a fur l'état du Roy préfentement que 2.225 livres de gages. Louis Bourbon père, Tréforier de France, avait époufé la demoifelle Godefroy, fœur de Gafpard Godefroy, Tréforier de France, cy-après, p.180, en 1694. Louis Bourbon, fils du Tréforier de France, a époufé la fille du sr Guillaume, dit de Romanan, de Saint Trivier en Dombes. Ce Guillaume a époufé la fœur du sr Turrin de Bélair, qui avait été tuteur de Louis Bourbon fils.

CXII

JEAN DURRET

PREMIER PRÉSIDENT

Inſtallé le 16 Avril 1692

Faſcé d'argent & de ſinople, de 6 pièces, à la bande d'or brochant ſur le tout.

Ces armes ſont fauſſes, en ce qu'il y a métail ſur métail; on peut dire auſſi qu'elles ſont priſes de la profeſſion de son père qui, comme tireur d'or, travaillait ſur les lingots d'or & d'argent, à quoi reſſemblent les faſces & la bande deſd. armoiries.

P AR EDIT du mois de Mars 1691, le Roy, entre autres choſes, créa dans chaque bureau des finances du Royaume, en titre d'office formé, un office de premier Préſident (la qualité de Conſeiller du Roy n'eſt point énoncée dans l'Edit de création de ces offices de premiers Préſidens), pour être rempli de perſonnes capables, âgées de 25 ans accomplis, graduez ou non graduez, qui ſeraient receus & inſtallés dans les bureaux, préſideraient à toutes les aſſemblées publiques & particulières de la compagnie, prendraient & recueilleraient les voix des opinans, feraient toutes les fonctions & jouiraient des mêmes honneurs & prérogatives attribués aux premiers préſidens établis dans les différens tribunaux du Royaume. La finance de ces charges était différente, ſelon la qualité & la faculté du bureau des finances où elles devaient être levées. Celle du Bureau des finances de Lyon fut fixée par le Roolle à la ſomme de 100.000 livres, aux gages de 4.000 livres par an, pour deux quartiers de 8.000 livres, ainſi que porte la quittance de finance (on ne paya pas le 2 sols pour livre), à raiſon de 4 pour

100 de la finance, de 3 minots de fel de franc falé, mefure de Paris, qui font 6 minots, par arrêt du Conseil du 23. Mars 1694 qui les règle à 6 minots, mefure des gabelles de Lionnois; & pour jouir au furplus, par les pourvus de ces offices, de tous les autres droits, privilèges, prérogatives, &ca, attribués aux Tréforiers de France. La compagnie, à qui la création de femblable charge devait être fort préjudiciable, fe flatta d'abord qu'il ne fe préfenterait pas des fujets pour l'acheter & qu'en ce cas là, elle pourrait la lever à bon compte pour la réunir enfuite au corps du bureau, ou bien que ceux de la Compagnie qui luy étaient le plus agréables pourraient l'avoir à bon marché. On prétend même que M. Laurent Pianello de la Valette, que le Bureau voulait engager de prendre cette charge, comme un officier qui était au gré de la Compagnie, aurait pu l'avoir pour 60.000 livres, mais, pendant ce temps-là, M. Durret ayant fait fes foumiffions pour la fomme de 100.000 livres & payé lad. fomme de 100.000 livres par quittance du 12. Juillet 1691, les provifions luy en furent délivrées. Il fe préfenta enfuite au Bureau pour s'y faire inftaller, conformément à la difpofition de fes lettres de provifions par lefquelles il était tacitement difpenfé de fe faire recevoir à la Chambre des comptes; mais fur ce qu'il apprit que les officiers de la compagnie fe difpofaient à luy faire fubir un examen & à le preffer si fort qu'ils auraient lieu de le refufer, il préfenta requête au Confeil qui, par arreft du 12. Janvier 1692, rendu fur fad. requête, le renvoya par devant MM. des Requêtes de l'Hôtel pour fubir l'examen & être enfuite inftallé au Bureau; ce que M. Durret ayant exécuté & ayant été trouvé capable par ordonnance des Requêtes de l'Hôtel du Roy du 23. Février 1692, il fe préfenta de nouveau au Bureau des finances où il fut enfin inftallé, *multis invitis ac contradicentibus*. M. Durret fut inftallé par la Compagnie pour obéir aux ordres de S. M., ainfi que portent fes lettres d'attache, après avoir prêté ferment d'obferver les règlemens de la compagnie fur les fonctions & exercices de fes charges dont lecture luy fut faite, fans toutes fois qu'il pût participer au fceau & 2 fols pour livre, & à la charge qu'il entrera dans les obligations pour les emprunts & dettes que la compagnie a faits, au fujet de quoy led. sr Durret, par acte du 23. Avril 1692, protefta contre les clauses, charges & conditions inférées en fes lettres d'attache, & les Tréforiers de France firent toutes proteftations contraires aux siennes. Il n'eft point fait mention de l'inftallation de M. Durret fur le plumitif, mais feulement de la préfentation de fa requête qui eft du 9. Avril 1692 & de fa première féance qui fut le 18. desd. mois & an; ce défaut de mention n'a pas été fait fans quelque raifon, mais il eft certain qu'il fut inftallé au bureau le 16. Avril 1692. Cependant, quelque temps après, la Chambre des comptes ayant mis des fouffrances fur fes gages, faute par luy de s'y être fait recevoir & d'y avoir fait enregiftrer fes lettres, les receveurs refufant de le payer, il fut obligé de retourner à Paris pour s'y faire recevoir &, en cette occafion, on luy donna une place plus diftinguée que celle qu'on a accoutumé de donner aux Tréforiers de France, lorsqu'ils y font receus. M. Durret fut receu & inftallé

à la Chambre des comptes, fans fubir examen, le 19. Septembre 1696 & prit féance en une place de diftinction réglée par arrêt de lad. Chambre dud. jour 19. Septembre 1696 (voyés fur cela l'article du s^r Bathéon de Vertrieu, cy-après, p. 262). Lad. Chambre le reçut fans approbation du deffaut d'adreffe de fes lettres de provifions à la Chambre.

M. Durret prétendit, après son inftallation, avoir, par rapport à fa qualité de premier préfident, quelques prérogatives ou privilèges particuliers au Bureau des finances, comme, par exemple, fon logement dans l'hôtel dud. bureau & tel que l'avait avant luy le s^r Guillard, en qualité de l'ancien préfident de la compagnie; mais on ne le luy accorda pas, non plus que fes préfences qu'il voulait avoir fans être affujetti au nombre des piqûres que chaque officier doit avoir pour avoir part aux épices, ny quelques autres petites diftinctions ou prérogatives, telle que de nommer luy feul aux rapports des affaires ou procès extraordinaires du Bureau; au furplus il a joui à peu près des diftinctions que l'on donne aux chefs de compagnies.

Jean DURRET, seig^r de Grigny (terre & château fitués en Lionnois fur le Rhosne), advocat en parlement, né à Lyon le 8. Septembre 1666, fils de Pierre Durret, originaire de Chazelles en Forès, maître tireur d'or de lad. ville, décédé fecrétaire du Roy de la Grande Chancellerie, mort riche de 8 à 900.000 livres de biens gagnés à fa profeffion de tireur d'or, & de la demoifelle La Grollée; fut pourvu de l'office de premier préfident par lettres du 16. Juillet 1691, ayant eu lettres de difpenfe pour quelques mois qui luy manquaient de 25 ans accomplis; reçu aux Requêtes de l'Hôtel pour fa capacité, le 23. Février 1692, & inftallé au Bureau le mercredy 16. Avril aud. an 1692, préfident au bureau de la Charité en 1712 et 1713. Il a époufé la demoifelle Elizabeth Richer, fille aifnée de Jean Baptifte Richer, échevin en 1699 et 1700, dont deux filles, l'aifnée mariée au s^r Giraud de Montbellet, confeiller à la Cour des monnoyes, la cadette au s^r Charrier de la Roche, fils aifné du s^r Charrier, préfident, lieutenant particulier à lad. Cour des monnoyes, féneschauffée & préfidial de cette ville. Par contract du 7. Juillet 1733, M. Durret a vendu fa charge de premier préfident au s^r Léonard Bathéon de Vertrieu, confeiller à la Cour des monnoyes, pour fon fils aîné, Jean Bathéon de Vertrieu, qui l'exercera quand il fera majeur, ou qu'il pourra en être pourvu par difpenfe, n'étant âgé préfentement que de 19 ans &, d'icy à ce temps-là, led. s^r Durret exercera fa charge & continuera d'en retirer les gages & émolumens & en fupportera toutes les charges. Lad. vente faite moyennant la fomme de 100.000 livres que M. de Vertrieu, le père, s'eft obligé de payer à M. Durret à la réception de fon fils en lad. charge; &, en outre, la fomme de 3.000 livres pour eftrennes, qui a été actuellement payée par led. s^r de Vertrieu aud. s^r Durret.

Le s^r Jean Durret, premier préfident, eft décédé, en fon château de Grigny, le 15. Juin 1735, & a été enterré à Lyon, à Saint-Martin d'Ainai, fa paroiffe, le 17 dud. mois.

Création
de Juillet 1577

Prédécesseur, p. 153
Successeur, p. 220

CXIII

CLAUDE DE LA FRASSE

Installé le 14 Novembre 1692

D'or au chevron de gueules, accompagné en pointe d'un lion issant du même ; au chef de gueules, chargé de 3 étoiles d'or.

CLAUDE DE LA FRASSE, fils du sr de la Frasse, marchand épicier à la place de Saint-Pierre & de la demoiselle Pécoil, sœur de Claude Pécoil, qui a été prévôt des marchands, né à Lyon, paroisse Saint-Pierre, le 11. Aoust 1653, pourvu de son office par lettres du 11. Septembre 1692, en qualité d'héritier de Jaques de la Frasse, son frère cy-devant p. 153, dernier titulaire d'iceluy, & par son testament du 17. Juillet 1692, fut receu à la Chambre des comptes, sur la finance, le 18. Octobre 1692 & installé le vendredy 14. Novembre 1692, a été président au bureau de la Charité en 1703 & 1704, sindic de la compagnie & résigna son office, qui a de gages sur l'état du Roy, 2.873 livres 10 sols, à Marc-Antoine Colombet, qui y fut receu en 1713, après l'avoir exercé environ 21 ans & a eu lettres de vétérance. Il avait épousé en premières noces la demoiselle Ravachol dont il luy reste un fils qu'on nomme M. de Seynas, conseiller à la Cour des monnoyes, & marié à la fille de M. Camille Perrichon, aujourd'hui (1730) prévôt des marchands, dont plusieurs enfans ; en secondes nopces Claude de la Frasse, Trésorier de France, a épousé la demoiselle de Belly, veuve de feu sr Jourdan de St-Lagier, Tréforier de France à Aix, père du Procureur général, dont il n'a point eu d'enfans ; la demoifelle de Belly eft décédée le 30. Juin 1730. M. de la Fraffe, le père, eft fort riche & a toujours été un homme d'une grande douceur, aimé & eftimé de toute la ville. La demoifelle Ravachol, première femme de Claude, qui était originaire de Saint-Chaumont, était riche auffi. Le sʳ de la Fraffe, le père, acheta une charge de fecrétaire du Roy de la Grande Chancellerie qu'il poffêda une quinzaine de mois, dans laquelle il mourut ; il l'avait payée 72.000 livres ; fon fils, Claude de la Fraffe, m'a dit qu'il la revendit 73.000, après fa mort.

Création
de Juillet 1577

Prédéceffeur, p. 157
Succeffeur, p. 222

CXIV

Jean GAYOT

Inftallé le 26 Juin 1693

D'or femé de trèfles de finople.

Jean GAYOT, seigr d'Efcoffieu, né à Notre-Dame de Pontcharat près de Saint-Chaumont, le 10. Janvier 1644, fut pourvu de fon office fur la nomination de la veuve & tutrice des enfans de Théodore David de Foncraine, cy-devant, p. 157, par lettres de provisions du 16. May 1693, receu à la Chambre des comptes, fur la finance, le 1. Juin 1693 & inftallé au Bureau le 26. dud. mois. Le sr Gayot d'Efcoffieu avait exercé le commerce de foye à Lyon & à Saint-Chaumont, avant que d'être officier ; il avait époufé une demoifelle Louife Croppet de Variffan des Vernaux, sœur du sr Croppet de Variffan, confeiller clerc au préfidial de Lyon & chamarrier de Saint-Paul, dont il n'a point eu d'enfans. Efcoffieu eft une petite terre auprès de Saint-Jean de Toulas. Gayot d'Efcoffieu eft de la famille des Gayot, établie à Lyon, qui eft originaire de Saint-Chaumont. Il eft décédé, à Lyon, vers le 12. Décembre 1723, sans avoir jamais eu d'enfans. Il était Tréforier vétéran quand il vendit fa charge au sr Fayard qu'on verra cy-après, p. 222. Il a laiffé fa veufve qui doit jouir des privilèges des veuves de vétéran & a fait héritiers les srs Darefte, ses neveux. Il eft mort riche d'environ 200.000 livres de biens.

<table>
<tr><td>Création
de Juillet 1577</td><td></td><td>Prédécesseur, p. 139
Successeur, p. 196</td></tr>
</table>

CXV

ANTOINE PÉRONNET

Inſtallé le 21 Août 1693

*D'aʒur à la faſce ondée d'argent, accompagnée en chef d'un aigle iſſant d'or
& d'une bande d'or, chargée de 3 étoiles de gueules, en pointe.*

ANTOINE PÉRONNET, dit de Molines (il prit le nom de de Molines, en Eſpagne, lequel il garda depuis toute ſa vie), né à Lyon, paroiſſe Saint-Nizier, le 21. Septembre 1649, pourvu de ſon office ſur la réſignation de Louis de Madière, par lettres du 12. Juillet 1693, receu à la Chambre, ſur la finance, le 20 Juillet 1693 & inſtallé le vendredy 21. Aouſt 1693. Il mourut d'apoplexie, à Lyon, le 29. May 1703 ; ſa charge fut vendue, ſur trois publications, à François de Ponſainpierre, cy-après, p. 196, qui y fut receu en 1703.

Le sr de Molines était un garçon de fortune : ſon père, dit-on, était sellier au fauxbourg de la Guillotière ; il fut d'abord enfant de chœur aux Célestins. M. Gaspard Gaultier, receveur de la ville, le prit enſuite chez luy comme garçon de comptoir ; quelques années après il alla à Madrid, en Espagne, où, ayant négocié longtemps & gagné une cinquantaine de mille écus, il revint à Lyon, où il acheta ſa charge de Tréſorier de France. Il mourut sans être marié & laiſſa pour ſes héritiers, *ab inteſtat,* une fœur mariée à un nommé Durdilly, & des neveux du nom de Bœuf, pour deux portions, qui furent chaqu'une d'environ 80.000 livres ; ce bien-là n'a pas proſpéré. De Molines

était d'une baſſe extraction, mais il s'était fait des amis. Feu la reine d'Eſpagne, fille de Philippe, duc d'Orléans, frère de Louis XIV, luy avait accordé
ſa protection. L'ordre des Chartreux, à qui il avait rendu des services, étant
en Eſpagne, le conſidérait beaucoup &, enfin, dans la compagnie des Tréſoriers de France il s'était fait quelques protecteurs qui applanirent les
difficultés qu'on luy aurait pu faire à ſa réception. Il faiſait luy-même aſſés
bien le chocolate & en faiſait des préſens pour s'attirer des amis.

Création
d'Avril 1627

Prédécesseur, p. 156
Successeur, p. 215

CXVI

François RICHARD

Installé le 2 Avril 1694.

D'or à 2 lions rampans affrontés de gueules, au chef d'azur, chargé d'un croissant montant d'or, accosté de 2 étoiles aussi d'or.

François RICHARD, né à Lyon le 20. Octobre 1658, fut pourvu de son office le 20. Février 1694, receu à la Chambre des Comptes, sur la finance, le 8. Mars suivant & installé au Bureau le 2. Avril de lad. année 1694, au lieu & place de défunct Isaac Molin, cy-devant, p. 156, des légataires duquel, à scavoir, les administrateurs de la maison de la Charité de Saint-Estienne en Forès, il acquit sond. office qu'il a, depuis, résigné, en 1710, à Bénigne André Legendre, cy-après, p. 215. Le sr Richard était marchand en détail d'étoffes de soye & négociait à Lyon avec le sr Dupuis, son associé, avant que d'être Trésorier de France; il a été ensuite agent, en France, de la reine douairière de Pologne, épouse de Sobiesky. Il a vendu son office, avant que d'avoir acquis la vétérance, pour éviter de payer la finance qu'il fallait payer pour le rachapt de l'annuel que Legendre, son successeur, paya à son acquit. M. Richard n'a point pris d'alliance; il est galant homme & homme de bien, vit au reste noblement.

Création
de Juin 1586

Prédécesseur, p. *143*
Successeur, p. *192*

CXVII

GASPARD GODEFROY

Installé le 28 Juin 1694

De gueules à trois bandes d'argent

GASPARD GODEFROY, né à Lyon, paroisse Sainte-Croix, le 13. May 1669, fut pourvu de son office de Tréforier de France, fur la nomination & préfentation de la veuve de Jean des Broffes, dernier titulaire d'iceluy, cy-devant, p. 143, & par lettres du 24. May 1694. Receu à la Chambre, fur la finance, le 28. May 1694 & inftallé le lundy 28. Juin 1694. Ayant fort dérangé fes affaires, fa charge fut décrétée et adjugée à Jérôme Vialis, cy-après, p. 192, qui y fut receu en 1702. Ainfy Godefroy n'exercea fa charge qu'environ fept à huit années, car elle fut adjugée à Vialis dès le 6. Septembre 1701. Godefroy avait époufé la nièce de Blanc, le joueur, nommée Gelas, fille d'un boulanger, qui a eu une quarantaine de mille francs de biens; il en a eu des enfans, mais le dérangement s'étant mis dans cette famille par la conduite du père et de la mère, ces enfans font peu connus ; la mère est même féparée, depuis longtemps, d'avec leur père, lequel est aujourd'huy (1730) obligé d'exercer une commiffion ou employ dans quelques bureaux des fermes, icy à Lyon, qui luy donne le moyen de fubfifter ; le père de Godefroy avait fait le commerce de soye & laiffé à fon fils un bien raifonnable qu'il diffipa bientôt. Il eft décédé à Lyon, fur la paroiffe Saint-Pierre, à la Grand'Côte, près l'inftitution de l'Oratoire, vers le commencement de 1733 ou à la fin de 1732; a laiffé fa veufve & deux filles non mariées dont l'une infirme & imbécile, l'autre *degit vitam fere meretriciam.*

Création
d'Avril 1627

Prédéceſſeur, p. 133
Succeſſeur, p. 224

CXVIII

JEAN-MARIE BOURBON

AVOCAT DU ROY

Inſtallé le 6 Octobre 1694

D'aʒur à la faſce d'or, chargée de 3 aiglons de ſable, accompagnée de 3 étoiles d'argent en chef, & en pointe d'un croiſſant montant du même, ſurmonté d'une croiſette d'or.

JEAN-MARIE BOURBON, né à Lyon le 22.Aouſt 1669, fut pourvu de ſon office d'avocat du Roy ſur la réſignation de la veuve de Jean Baptiſte Borghèſe, dernier titulaire d'iceluy, cy-devant, p. 133, & ſur la démiſſion du sʳ de Regnauld que lad. veuve avait nommé, & ce, par lettres du 26.juin 1694. Receu à la Chambre, ſur la finance, le 28.May 1694 & inſtallé au Bureau le mercredy 6.Octobre 1694 ; il réſigna ſon office à Guy Drappier, cy-après, p. 224, qui y fut receu en 1716, après avoir obtenu des lettres d'honneur ou de vétérance. Il était fils d'un commiſſaire enquêteur & avait épouſé la demoiselle Panthot, fille de médecin ou de chirurgien, dont il n'a eu qu'une fille, mariée au sʳ Audras, de Trévoux, officier dans le Parlement de Dombes, dont des enfans. Bourbon avait été peu aſſidu au Bureau ; ſa principale occupation était le jeu, où il a eu pluſieurs hauts & bas, mais d'où il s'eſt tiré à la fin avec quelque avantage. Il ſe tient depuis longtemps à la campagne dans la maiſon ſituée à Fontaines, où il vit noblement, ayant pris même l'épée après s'être défait de ſa charge ; il a demeuré longtemps à Paris, et c'est là principalement où il a fait quelque fortune au jeu. Décédé le 9.Novembre 1739 dans ſa maiſon de Fontaines, en Franc Lionnois.

CXIX

JEAN BRUNENC

Inftallé le 18 Avril 1696

D'azur à la tour d'argent maffonnée de fable & accolée de 2 lions rampans d'or ; au chef du même.

Jean BRUNENC ou de BRUNENC (il fignait toujours de Brunenc), né à Lyon le 25.Juillet 1656, fut pourvu de fon office de Tréforier de France fur la réfignation & présentation de Anne Gayot, veuve de Jofeph du Soleil, dernier titulaire décédé, cy-devant, p. 162, ou plutôt lad. charge lui fut adjugée à la pourfuite de lad. veuve, laquelle la fit vendre, fur des publications, à la Sénefchauffée de cette ville, pour partie de fes droits dotaux, & ce, par lettres de provisions du 2.Septembre 1695. Fut reçeu à la Chambre, fur la finance le 12. Septembre 1695, & inftallé le mercredy 18. Avril 1696. Ayant extrèmement dérangé fes affaires, furtout par la dépenfe mal réglée qu'il faifait, fes créanciers firent décréter fa charge ; elle fut adjugée à Thomas de Boze, cy-après, p. 198, qui y fut reçeu en 1704. Le père de Jean de Brunenc était étranger, du côté de Suiffe ou d'Allemagne ; il négociait dans cette ville & faifait une figure très bonne pour un négociant. Son fils fuivit fes erremens, mais, comme apparemment, le père ne lui avait pas laiffé tout le bien que luy même pouvait penfer, il ne put pas fe foutenir longtemps dans la dépenfe qu'il faifait. Il a laiffé entre autres enfans, un fils qui, depuis affés longtemps, a quelque employ ou commiffion dans des bureaux de gens d'affaires; il n'est point connu dans le pays et cette famille n'y subfifte plus depuis la déroute du père. Jean de Brunenc a exercé fa charge environ fept à huit années; il était de famille huguenotte, & fit même abjuration pour pouvoir pofféder fon office; je crois que fon père s'appelait Aldbert Brunenc, faisant profeffion de la Religion prétendue réformée.

Création
de May 1635

Prédéceſſeur, p. 169
Succeſſeur, p. 242

C XX

Hugues GUILLET

Inſtallé le 22 Juin 1696

De gueules au chevron d'argent, accompagné en pointe d'un lion rampant
d'or ; au chef du même.

Dans l'Armorial de la Ville, Annibal Guillet porte le chevron d'or.

Hugues GUILLET, né le 28 Janvier 1657, était procureur du Roy à l'Election de Lyon, fut pourvu de ſon office ſur la nomination des tuteurs des enfans de Louis Bourbon, cy-devant, p. 169, par lettres du 24. Mars 1696, receu à la Chambre, ſur la loy, le 9. Avril 1696, quoyqu'il eût ſubi examen auparavant pour ſa charge de procureur du Roy, fut inſtallé au bureau le 22. Juin 1696. La charge appartient aux héritiers de Louis Bourbon & Guillet n'eſt qu'un prête-nom pour conferver la charge au fils de feu Bourbon, & cependant il jouit des priviléges de la charge dont il a payé ſeulement quelques frais de proviſions & d'inſtallation ; elle a de gages ſur l'état du Roy 2.225 livres. Guillet, depuis ſon inſtallation, a preſque toujours demeuré à Paris, & n'a pas paru au Bureau ; il ne manque pas d'eſprit & eſt aſſés entendu dans les affaires ; il remit la charge de procureur du Roy à l'Election au ſr Annibal Guillet, ſon couſin, qui a été échevin en 1708 & 1709, & il avait été élu avant que d'être procureur du Roy à l'Election ; il a gardé la charge de Tréſorier de France juſqu'en 1729, de laquelle ayant donné ſa démiſſion ou réſignation au fils de feu Louis Bourbon, qui en était propriétaire, celuy-ci la vendit à Joſeph le Clerc, cy-après, p. 242, qui s'y fit recevoir en lad. année 1729; en ſorte que Guillet a exercé cette charge pendant environ trente-trois ans, mais il a toujours demeuré à Paris &, cependant, a obtenu des lettres de vétérance du 15. Mars 1730, enregiſtrées au Bureau le 5. May suivant. Il a épouſé la demoiſelle de Choüin, de Bourg en Breſſe, avec laquelle il a habité pendant une dizaine d'années, & s'en ſépara enſuite de gré à gré; il en a eu, entre autres, un fils qui eſt preſtre de l'Oratoire, une fille mariée au sr de Salemard de Reſſis de Montfort, habituée à Vienne, & une religieuſe à Lyon. Guillet ne prit la charge de Tréſorier de France que pour pouvoir épouſer la demoiſelle de Choüin, fille de condition, qui ne l'aurait pas voulu autrement; il en a eu fort peu de biens; il eſt toujours domicilié à Paris. Il y eſt décédé ſur la fin du mois d'Aouſt ou au commencement de Septembre 1738.

Création
d'Avril 1627

Prédécesseur, p. 164
Successeur, p. 226

C X X I

JEAN DE LA PRAYE

Installé le 4 Juillet 1696

*D'argent au chevron d'azur, accompagné de 2 roses de gueules en chef
& d'une étoile du même en pointe.*

JEAN DE LA PRAYE, Lieutenant-colonel commandant le régiment de cavalerie de Biffy, né à Lyon le 7. Avril 1654, fut pourvu de son office par lettres du 10. May 1696, comme légataire ou héritier d'Antoine de la Praye, cy-devant, p. 164, son cousin-germain, par son testament du 7. Janvier 1696; fut receu à la Chambre des Comptes, sur la finance, le 22. May 1696 et installé le 4. Juillet suivant. Il avait épousé la demoiselle Marie Bay de Curis, fille du sr Bay, secrétaire du Roy, auparavant marchand drapier, dont il n'a laissé qu'une fille unique, mariée au sr de Baglion, comte de la Salle. Il est décédé à Lyon le 17. Janvier 1716. Comme il était dans le service presque toujours à l'armée, il ne parut guères au Bureau des finances, & la Compagnie, en considération de son service, arrêta que, quoyqu'il n'eût pas part dans les épices, il n'entrerait point dans les frais communs ni les charges de lad. Compagnie. La famille de la Praye a négocié à Lyon & faisait son principal commerce en Espagne pour les toiles. La dame Marie Bay, sa veufve, est décédée à Lyon le 6. Juillet 1734.

<table><tr><td>

*Création
de Janvier 1586*

</td><td>

</td><td>

*Prédéceſſeur, p. 142
Succeſſeur, p. 194*

</td></tr></table>

CXXII

JAQUES BORDE

Inſtallé le 2 Septembre 1697

*D'argent à la bande d'azur, accompagnée de 2 têtes de lion arrachées
de gueules, celle en pointe ſoutenue d'un croiſſant du même.*

JAQUES BORDE, fils du sr Borde, libraire à Lyon, & de la demoiſelle
Pichon, eſt né à Lyon le 21. ou 23. octobre 1668 ; pourvu de ſon office le
22. Février 1697, ſur la réſignation de Chriſtophle Boeſſe, cy-devant, p. 142,
dont il acheta la charge. Receu à la Chambre, ſur la finance, le 22. May 1697,
inſtallé au Bureau le 2. Septembre 1697. Il a épouſé Geneviève Taillandier
dont il a laiſſé trois fils, dont un eſt prêtre & curé de Francheville; il eſt décédé
à Lyon, paroiſſe Saint-Nizier, le 23. May 1711. Mon frère, Balthazard
Michon, cy-après, p. 236, a épouſé ſa veuve vers le commencement de
l'année 1715.
Borde était un homme d'un caractère bizarre & de peu de conduite;
il eſt mort auſſi inſolvable, & a peu paru au Bureau lorſqu'il était officier.
Borde était d'une ancienne famille de libraires établis à Lyon & aſſociés avec
les ſieurs Arnaud. Lambert Rovière, cy-après, p. 194, a ſuccédé à Jaques
Borde, en 1703. Partant Borde n'a exercé ſa charge qu'environ cinq ou
ſix ans ; il n'en avait pas payé le prix au sr Boeſſe, qui la revendit au
sr Rovière.

Prédéceſſeur, p. 141
Succeſſeur, p. 246

CXXIII

NICOLAS DESCHAMPS

Inſtallé le 10 Avril 1699

D'aʒur à 3 bourdons de pèlerin d'or, mis en pal & chargés chacun
d'une coquille de gueules.

NICOLAS DESCHAMPS, seigʳ de Meſſimieux, advocat en parlement, fils
de Louis, Tréforier de France, cy-devant, p. 141, & de Jeanne Dugas, ſœur de
Louis Dugas, prévoſt des marchands en 1696, &ca, né à Lyon, paroiſſe Saint-
Pierre Saint Saturnin, le 29. Juin 1675. Fut pourvu de ſon office ſur la
préſentation & réſignation de ſa mère, veuve dud. Louis Defchamps, dernier
titulaire de l'office, par lettres du 5. Février 1699 ; eut difpenfe d'âge pour le
temps qui luy manquait de 25 ans accomplis et pour n'avoir voix, néanmoins,
qu'à ce temps-là, ainſi qu'on l'ordonne en ſemblable cas. Reçeu à la Chambre
des Comptes, ſur la loy, le 21. Février 1699 et inſtallé au Bureau le 10.
Avril 1699. A époufé, par contraĉt du 5. Février 1702, la demoifelle Marie
Claire Baſſet, ſœur de Madame de Curis & de Madame Dugas, feconde femme
de Laurent Dugas, prévoſt des marchands en 1724, dont pluſieurs enfans.
Nicolas Defchamps a été préfident au bureau de la Charité, en 1708 & 1709 ;
a vendu ſa terre de Meſſimieux au sʳ Trollier, dit *le Doge*, ſon proche parent.
En 1725 ou 1726, il vendit auſſi ſa charge de Tréforier de France au
sʳ Defçomtes, la ſomme de 45.000 livres et 100 piſtoles d'eſtrennes, mais y

ayant eu des difficultés pour le payement, le sr Defchamps a continué d'exercer fa charge ; depuis, led. sr Defcomtes revendit cette charge à 3 ou 4.000 livres de perte au sr Dumareft, cy-après, p. 246, qui y fut receu en 1730. Partant Defchamps a exercé fa charge environ 31 ans, & a obtenu lettres d'honneur du 17.Septembre 1730, enregiftrées au bureau le 15.Décembre suivant. Il eft décédé en fon fief de Coigny, près de Villefranche, le 28. Février 1743.

Création
de May 1635

Prédéceſſeur, p. 151
Succeſſeur, p. 276

CXXIV

LÉONARD MICHON

AVOCAT DU ROY

Inſtallé le 3 Décembre 1700

D'aʒur à la faſce d'or, accompagnée de 2 molettes d'éperon d'argent en chef &
d'une main dextre appaumée du même en pointe ; écartelé d'argent au
ſautoir engrêlé de ſinople, cantonné de 4 tourteaux de gueules, au chef
d'aʒur chargé d'une tête de lion arrachée d'or (qui eſt de Bathéon, ſa mère).

LÉONARD MICHON, fils d'Annibal, receveur de la ville de Lyon, & de
Bonne Bathéon, né à Lyon, le 26. Mars 1675, fut pourvu de ſa charge d'Avocat
du Roy, ſur la réſignation de Jean François Philibert, cy-devant, p. 151, par
lettres du 18. Juillet 1700, il fut receu à la Chambre des comptes, ſur la loy, le
27. Aouſt 1700 & inſtallé au Bureau, le 3. Décembre 1700. Cet office a de
gages ſur l'état du Roy, 1.452 livres, 10 sols. A épouſé, en 1707, Marie Anne
Romière, fille de Jacques & de Jeanne Bathéon, fut fait échevin de Lyon,
pour les années 1721 et 1722, ſut député à Paris, en 1713, pour le procès que
la compagnie avait contre les officiers du baillage de Montbriſon au ſujet de
la charge de Lieutenant général, juge domanial de Forès, du sr de Pouderoux
décédé ; fut préſident au bureau de la Charité, en 1714 & 1715. « Décédé le 11.
Février 1746, à Lyon, après avoir exercé ſa charge 46 ans, avec tout l'applau-
diſſement poſſible. Il a compoſé pluſieurs mémoires qui la concernent, dont
celuy-cy en eſt un. Trop heureux ſi je pouvais marcher ſur ſes traces ! » (*Note*
de son fils Balthaʒard Michon).

Création
de Janvier 1581

Prédéceſſeur, p. 135
Succeſſeur, p. 244

C X X V

ANTOINE-ALEXANDRE MICHON
Inftallé le 9 Décembre 1701

D'azur à 3 befans d'or, 2 & 1, au lozange du même péri en cœur.

Les Michon de Pierreclau ont pris les mêmes armes des sᵣₛ Michon la Paliſſe dont ils ne font pas, je crois, parens ; Michon la Paliſſe portent en cœur une fleur de lys d'or, à laquelle les Pierreclau ont fubſtitué le lozange.

ANTOINE-ALEXANDRE MICHON, seigᵣ de Pierreclau (il prenait la qualité de comte de Berzé, terre en Mâconnais, adjacente à celle de Pierreclau), fils de Jean Baptiſte Michon qui avait été procureur du Roy au Bureau, et de dame Gabrielle Charrier, né le 9. Aouſt 1674, pourvu de fon office de Tréforier de France, fur la réfignation de Jean Charrier de Soleymieu, dernier titulaire, cy-devant, p. 135, par lettres de proviſions du 17. Avril 1701 ; receu à la Chambre, fur la finance, le 9. Juin 1701 et inſtallé au Bureau le 9. Décembre fuivant, au lieu & place dud. sᵣ de Soleymieu dont il achetta la charge 47.000 livres & 4 ou 500 livres d'étrennes, qui a de gages fixes fur l'état du Roy 2.798 livres 10 fols. Pierreclau a époufé une fille du sᵣ Broſſier, marchand de foye de cette ville, puis fecrétaire du Roy, décédée à Paris, en Avril 1730, & dont il n'a point eu d'enfant ; il avait été dans le fervice avant que d'être Tréforier de France. Il fe tient toujours en campagne & paraît peu au Bureau. Ces Meſſieurs Michon de Pierreclau font originaires de Roanne ou de Beaujollois. Aymé Gabriel Michon de Cenves, cy-après, p. 244, a fuccédé, en 1730, à Antoine Alexandre, son frère, dans led. office de Tréforier général de France qu'il a exercé plus de 29 ans ; il a obtenu lettres d'honneur des 2. Juin 1730 et 13. Juin 1734, qui font enregiſtrées au Bureau, en Aouſt 1734. Il eſt décédé à Lyon, fur la paroiſſe d'Ainai, le 19. Septembre 1736 & n'a point eu d'enfans.

Création
de Juin 1586

Prédécesseur, p. 180
Successeur, p. 219

CXXVI

JÉROME VIALIS

Inftallé le 21 Avril 1702

D'azur à 3 trèfles au pied coupé d'argent, 2 & 1, au chef d'or.

JÉROME VIALIS, frère de Corneille Vialis, échevin de Lyon en 1695 & 1696, né le 1. Octobre 1657, pourvu de fon office qui fut décrété fur Gafpard Godefroy, dernier titulaire, cy-devant, p.180, par lettres de provifions du 19. Février 1702. Receu à la Chambre, fur la finance, le 11.Mars 1702 et inftallé au bureau le 21. Avril 1702. La charge luy fut adjugée moyennant 34.150 livres, fans compter les frais du décret et quelques piftoles d'eftrennes à la femme de Godefroy. Vialis a époufé une fille de Jean Baptifte de la Roue, échevin en 1700 & 1701, dont il n'a point laiffé d'enfans ; il eft décédé le 20. Décembre 1712. Il avait fait le commerce de foye avant que d'être officier ; fes affaires tournèrent mal fur la fin, ce qui le fit mourir de chagrin. La famille Vialis eft originaire de Vienne en Dauphiné. Vialis était un bel homme, affez honorable, mais de peu d'efprit. Benoift Victor Hubert Saint-Didier lui a fuccédé, voyés cy-après, p. 219.

*Création
de Janvier 1586*

Prédécesseur p. 152

Successeur, p. 205

C X X V I I

Humbert **PIARRON**

Installé le 26 Avril 1702

*De gueules à 3 pals d'or, chargés en chef d'un loʒange de fable ;
au chef d'aʒur, chargé de 3 befans d'or.*

Humbert PIARRON, seigᵣ de Chamouflet en Forès, originaire du païs
de Dombes, où il naquit le 22. Octobre 1656, pourvu de son office par letres
du 11.Mars 1702, au lieu & place de Pierre Duon, cy-devant, p. 152, dont il
acheta la charge 37.000 livres. Receu à la Chambre, fur la finance, le
21. Mars 1702 & au Bureau le 26.Avril fuivant. Piarron eft un homme de
fortune, qui avait eu icy un employ à la Monnoye, où, dans le temps des
réformes des efpèces, il fit, dit-on, un gros profit ou, pour mieux dire, fa
fortune ; il avait été auffi affineur avant que d'être officier. Il vendit fon office
de Tréforier de France, en 1707, à Fleury Crupiffon, cy-après, p. 205, & s'alla
établir à Paris, où il a acheté pour luy une charge de Maître des comptes, & à
fon fils, une de Confeiller au Parlement. Piarron fe dit parent de MMᵣˢ Cachet
de Montefan, qui difent qu'ils ne font que bâtards de leur famille ; la famille
des uns & des autres vient d'Adam & de fes defcendans laboureurs. Les
Cachet font décraffés depuis plus de temps que Piarron, qu'on a vu croître
comme un champignon ; c'eft un homme qui ne manque pas d'efprit & fon
fils, Confeiller au Parlement, a été parfaitement bien élevé & a de l'efprit.

Création
de Janvier 1586

Prédéceſſeur, p. 187
Succeſſeur, p. 240

CXXVIII

LAMBERT ROVIÈRE

Inſtallé le 13 Juin 1703

D'aʒur à la colombe (ou pigeon) d'argent, becquée & membrée de gueules, efforant sur une rivière d'argent ; au chef d'or, chargé de 3 étoiles de gueules.

Telles étaient les armes de ſon grand père, ainſi qu'on les voit ſur des tapiſſeries & des ornemens d'autel de Saint-Nizier, ſa paroiſſe, à qui il a fait ce don.

LAMBERT ROVIÈRE, avocat au Parlement, fils de Laurent de Rovière, écuyer, & de Catherine de Ponſainpierre, né à Lyon, le 20. Octobre 1679, pourvu de ſon office, le 5. Mai 1703, ſur la réſignation de Jaques Borde, cy-devant, p. 187, dont il acheta la charge. Fut receu à la Chambre des Comptes, ſur la loy le 25. May 1703, & inſtallé au Bureau le 13. Juin 1703, ayant obtenu diſpenſes d'âge, avec faculté d'opiner & diſpenſe de parenté, à cause de Barthélemy de Ponſainpierre, ſon oncle maternel. Rovière a épouſé une fille unique de Mme la veuve Durand, Andrée Durand, dont le père n'avait pas bien fait ſes affaires ; il en a eu un bien raiſonnable. Son père était fils d'Euſtache Rovière, natif de Lodève en Languedoc, lequel vint s'établir à Lyon & y fit le commerce de draperie; il fut échevin en 1632 et 1633 & mourut ayant gagné beaucoup de biens. Cet Euſtache Rovière, échevin, eut un fils nommé aussi Euſtache, Tréſorier de France, qu'on peut voir cy-devant, p. 101.

Rovière a été le premier, depuis longtemps, qui fut inftallé au Bureau, fans y
faire information de vie & de mœurs, à cause de l'arrêt que la Chambre des
Comptes rendit à fa réception. J'ay dans mes recueils le difpofitif dud. arrêt.
Marc Antoine Trollier, cy-après, p. 240, a fuccédé à Rovière qui a eu lettres
de vétérance ou d'honneur qui ont été enregiftrées au Bureau le 30. Janvier 1728 ; il a été préfident à la Charité en 1716 et 1717, findic puis doyen de
la compagnie ; fes lettres d'honneur le nomment de Rovière.

CXXIX

FRANÇOIS DE PONSAINPIERRE

Inftallé le 12 Septembre 1703

D'azur à 2 colonnes d'ordre tofcan d'argent

(Les Ponfainpierre font originaires de Tofcane)

FRANÇOIS DE PONSAINPIERRE fe nomme François-Jofeph-Gaëtan-Antoine-Gaspard, il eft né à Luques, en Italie, le 17. Novembre 1671 & a pris des lettres de naturalité pour pouvoir pofféder fon office ; il eft fils de Jean Baptifte, lequel avait deux frères établis à Lyon, favoir : Dominique, qui fut échevin en 1661 & 1662, & Lambert, échevin en 1675 & Prévoft des marchands en 1683 & 1684 (Voyés cy-devant, p. 145, à l'article de Barthélemy de Ponfainpierre, ce qui eft dit de la famille. Ponfainpierre). François a fuccédé en fon office à Antoine Perronnet de Molines, cy-devant, p. 177, des héritiers duquel & fous trois publications, il acheta la charge 35.030 livres, en fut pourvu le 12. Aouft 1703, receu à la Chambre fur la finance, le 23 dud. mois, quoyqu'il fût avocat en Parlement, & inftallé au bureau le 12. Septembre 1703. Il a époufé une demoifelle Gafpariny, nièce de la femme de Lambert de Ponfainpierre, prévoft des marchands, dont des enfans. M. de Ponsainpierre s'étant toujours mêlé de trafic et de banque, porté par l'appas du gain, fut à Paris, en 1719 & 1720, dans le temps du Miffiffipy, mais il y a été malheureux, en forte que, ne pouvant fatisfaire fes créanciers, il s'eft abfenté du Bureau depuis ce temps-là ; cela eft fâcheux, il eft galant homme : l'envie de devenir riche l'a perdu. Depuis, il a, dit-on, fatisfait tous fes créanciers, & il eft revenu au Bureau en 1731 ; mais, peu après, au mois d'Aouſt de lad. année, quelques officiers de la Compagnie ayant prétendu qu'il s'était accommodé avec partie de ſes créanciers à perte de finance, l'affaire miſe en délibération, led. sʳ de Ponſain-pierre a été invité de s'abſenter du Bureau, lorſqu'il ſe trouverait le plus ancien à préſider, & arreſté qu'il ne préſiderait pas auſſi à aucune aſſemblée publique &, néanmoins, qu'on luy accorderait ſes épices tant abſent que préſent, ce qu'il a accepté &, sur ce, n'a été fait aucune délibération par écrit, pour luy faire plaiſir & à ſa famille ; il a vendu & réſigné ſon office à Pierre Henry Agniel, qui y a été inſtallé en 1732.

C X X X

Thomas DE BOZE

Installé le 23 Janvier 1704

D'or au chevron dentellé de gueules, accompagné de 3 merlettes de fable, 2 & 1.

Thomas DE BOZE, originaire de Languedoc ou de Vivarets, né le 9. Aouft 1648, pourvu de fon office par lettres du 25. Novembre 1703, lequel il acquit des créanciers du sr Jean de Brunenc, cy-devant, p. 182, moyennant la fomme de 37. 500 livres, fut receu à la Chambre des Comptes fur la finance, le 5. Décembre 1703, & inftallé au Bureau le 23. Janvier 1704. M. de Boze avait époufé la demoifelle Françoise Chauffat & avait négocié fous fon nom en étoffes de foye or & argent jufqu'à ce qu'il fut reçu Tréforier de France &, depuis, fous le nom d'autruy. Il eft décédé à Lyon le 20. Novembre 1720, fans avoir jamais eu d'enfans ; il finiflait fa première année de préfidence au bureau de la Charité ; il eft mort riche, dit-on, de 3 ou 400 mille livres dont les trois quarts en billets de banque ; il était bon homme, pieux & fort réglé dans fes affaires. Le sr de Boze était un des findics de la Compagnie quand il décéda.

Création
de May 1635

Prédéceffeur, p. 155
Succeffeur, p. 256

CXXXI

JEAN FRANÇOIS PHILIBERT

Inftallé le 21 Janvier 1705

*D'azur au chevron d'or, au chef du même, chargé de 3 feuilles de perfil
(ou de figuier) de finople.*

JEAN FRANÇOIS PHILIBERT, né à Lyon, paroiffe Saint Paul, le
12. Février 1679, fils de Melchior Philibert, marchand banquier de cette
ville et de la demoifelle Jeanne Rondet, fut pourvu de fon office le 14. Décembre 1704, fur la réfignation d'Eftienne Cochardet, cy-devant p. 155, dont
il acheta l'office 35. 500 livres & 10 louis d'or d'eftrennes, qui a de gages fur
l'état du Roy 2. 225 livres, fut receu à la Chambre des Comptes fur la finance,
le 22. Décembre 1704, & inftallé au Bureau le 21. Janvier 1705. Il a époufé la
demoifelle Catherine Sabot, fille du sr Sabot, confeiller à la Sénefchauffée &
préfidial de Lyon, dont des enfans. La famille de Philibert eft originaire de
Saint Chaumont ; celuy-ci eft neveu & coufin des srs Pierre Philibert & Jean
François Philibert, cy-devant pp. 109 & 151, avocats du Roy, & d'André Philibert,
procureur du Roy au bureau, cy-devant, p. 165. Son père, Melchior Philibert,
homme d'efprit & négociant fort eftimé icy & dans les pays étrangers, n'a
jamais voulu être échevin, fon fils lui a acquis des lettres de nobleffe à fon
infcu. Jean-François Philibert, quoyque Tréforier de France, a toujours
négocié ou fous fon nom ou fous celuy d'autruy &, préfentement (en 1723) fous
le nom de fon père &, pour cette raifon, il n'a guère paru au Bureau que les

premières années qu'il a été en charge. Il eſt galant homme, a de l'eſprit, mais particulier, même fantaſque ; il a demeuré quelques mois religieux à Septfonts, ordre de la Trappe ; il a été préſident au bureau de la Charité en 1721 & 1722 ; décédé à Lyon le 22. ou 24. Aouſt 1725 ; a laiſſé pluſieurs enfans. Selon ſes diſpoſitions teſtamentaires, il aurait paſſé pour être mort extrêmement riche, mais, ſes affaires débrouillées, ſa veuve aura de la peine à trouver ſes droits. Léonard Claude Gaultier a ſuccédé à Jean François Philibert en 1733, & Philibert, qui eſt décédé dans ſa charge, l'a exercée ou occuppée pendant environ vingt années & plus. Catherine Sabot, ſa veufve, eſt décédée à Lyon, ſur la paroiſſe d'Ainai, le 27. Juin 1739, chez une femme qui avait été ſon domeſtique en qualité de femme de chambre, qui la recueillit chez elle & l'aſſiſta dans ſa maladie & ſes beſoins ; elle s'était retirée depuis quelques années à Saint-Chaumont, d'où elle vint mourir icy à Lyon.

*Création
d'Août 1621*

Prédécesseur, p. 130
Successeur, p. 251

CXXXII

JAQUES TERRASSE

Installé le 22 Avril 1705

*D'azur à la bande d'argent, furmontée d'un lion paffant d'or;
au chef de gueules, chargé de 3 étoiles d'or.*

JAQUES TERRASSE, seigr d'Ivours, fils de Floris Terraffe, marchand à Saint-Chamond & de Simonde Pérrin, eft né à Saint-Chamond le 14. ou 15. Juin 1665; fut pourvu de fon office par lettres du 7. Mars 1705, fur la nomination de François Mafcranny, sr de Paroy, frère & légataire univerfel de Louis Mafcranny, précédent titulaire dud. office, lequel décéda, le 1. Novembre 1704, dans fa terre de Villers fous Saint Leu, près Paris, âgé de 73 ans; il acheta l'office 43.000 livres & 4 ou 500 livres d'eftrennes, qui a de gages fur l'état du Roy 2.798 livres, 10 fols; fut receu à la Chambre, fur la finance, le 16. Mars 1705 & inftallé au bureau le 22. Avril fuivant. A époufé, en 1702, la demoifelle Marguerite Trollier, dont des enfans; elle eft fille du feu sr Trollier & de la demoifelle Defchamps, qui décéda en mars 1732, âgée de 85 ans. Il était, comme il eft encore à préfent, commiffaire aux revues & logement des gens de guerres à Saint-Chamond, lequel office il avait fans doute pris pour être exempt de la taille & du logement des gens de guerres; il négociait, avant que d'être Tréforier de France, foit à Lyon où il s'était venu établir, soit à Saint-Chaumont. Comme fon père Terraffe était riche, il a quelque peu donné dans le Miffiffipy, où il n'a pas augmenté fa fortune; il a été

un des ſindics de la compagnie, enſuite Préſident par rang d'ancienneté ; préſident au bureau de la Charité en 1723 & 1724 ; il y avait été recteur en qualité
de négociant en 1702 & 1703 ; échevin de Lyon pour 1726 & 1727. Au mois
d'Aouſt 1727, il vendit ſa charge au sr Claude Berthaud, voyer de la ville, la
ſomme de 48.000 livres, quoyque le contract fut de 50. Ce contract était ſous
des conditions qui, n'ayant pas pu avoir lieu, le sr Terraſſe a gardé ſa charge.
Jaques Terraſſe a remis & réſigné ſon office de Tréſorier de France à Pierre
Terraſſe, ſon fils aîné, qui y a été inſtallé en 1732 (Voyez cy-après, p. 251). Il a
obtenu lettres d'honneur ou vétérance, après plus de vingt-ſept années de
ſervice, en date du 18. Juin 1732, enregiſtrées au Bureau le 16. Juillet 1732.
Jaques Terraſſe eſt décédé à Lyon, ſur la paroiſſe d'Ainai, le jeudi,
5. Avril 1736.

*Création
de May 1635*

*Prédéceſſeur, p. 158
Succeſſeur, p. 247*

CXXXIII

FRANÇOIS MICHALLET

Inſtallé le 30 Décembre 1705

Tranché de ſable & d'or, au lion rampant de l'un en l'autre.

Ces armes ſont toutes neuves, comme beaucoup d'autres.

FRANÇOIS MICHALLET eſt né à Lyon le 5. Janvier 1680 ; il était fils de Hilaire Michallet, marchand drapier au coin de la place Saint-Nizier, rue des Trois-Carreaux, bourgeois de cette ville, qui fut recteur au bureau de la Charité en 1681 & 1682 ; il fut pourvu de ſon office de Tréſorier de France le 27. Octobre 1705, Reçeu à la Chambre des Comptes, ſur la loy, le 23. Novembre 1705 & inſtallé au bureau le 30. Décembre aud. an, au lieu & place du sr Pierre Chana du Coin, cy-devant p. 158, dont il acheta la charge 35.500 livres & 30 louis d'or d'eſtrennes, laquelle charge a de gages ſur l'Etat du Roy, 2.330 livres. Michallet, le père, n'était pas né à Lyon (il était de Savigni en Lionnois) ; il s'y établit jeune & fit le commerce de marchand drapier ; il ſe maria vieux garçon & n'eut d'enfant que François Michallet ; il quitta le commerce quelques années avant ſa mort & décéda agé de plus de 80 ans. Son fils a épouſé une fille du sr Carret, marchand drapier à l'Herberie, dont le principal commerce était néanmoins de couvertures de laine pour les lits ; il a trois garçons & deux filles. Michallet eſt galant homme & garçon d'eſprit ; ſa famille eſt peu connue dans la ville ; il a été fait ſindic de la compagnie en 1721 ou 1722, préfident au bureau de la Charité en 1725. Sa femme eft morte le 7. Avril 1726. Il a réfigné fon office à Etienne Clapeyron, cy-après, p.247, qui y fut receu en 1731 ; partant il l'a exercé plus de vingt-cinq années et a obtenu lettres d'honneur du 28. Janvier 1731, enregiftrées au bureau le 9. Avril 1731 ; le mauvais état de fes affaires l'ont obligé de vendre fa charge qui était entièrement engagée, et fes autres bien, qui confiftent en peu de chofes, font à préfent (1733) en décret ; originairement il n'était pas riche & voulait se soutenir comme les autres. François Michallet eft décédé dans fa maifon de campagne, paroiffe de Grézieu la Varenne, le 21. Octobre 1737, fes affaires étant en fort mauvais état.

CXXXIV

JEAN-FLEURY CRUPISSON

Inftallé le 22 Février 1708

*D'or au chevron d'azur, accompagné de 2 étoiles de gueules en chef
& d'un croiffant montant du même en pointe.*

JEAN-FLEURY CRUPISSON, né à Lyon le 16. Aouft 1679, fils de Jean
Crupiffon, natif de Saint-Chaumont en Lionnois, moulinier de foye, puis
marchand à Lyon, qu'on appelait par dérifion « *Jean qui n'a pas difna* »,
parce que c'était un grand ménager, & de la demoifelle Varachat. Fut pourvu
de fon office de Tréforier de France le 8. Janvier 1708, auquel il fut receu à la
Chambre des Comptes sur la loy, le 27. Janvier 1708, & inftallé au Bureau le
22. Février fuivant, au lieu & place du sr Humbert Piarron, cy-devant, p. 193,
dont il acheta la charge. (Voyez cy-après, p. 223, à l'article de Jean
Lacroix, ce qu'il fe paffa au fujet de la vente qu'il fit de fa charge). Crupiffon a
époufé la demoifelle Mongirod, nièce du sr Jaques Terraffe, Tréforier de
France, native de Saint-Chaumont. Après avoir vendu fa charge, en 1720, au
sr Refrégé, la fomme de 102.000 livres en billets de banque, il a obtenu des
lettres de vétérance, le 18. May 1722, après douze années & quelques mois
de fervice, qui ont été enregiftrées au Bureau le 3. Juin 1722 ; ces lettres ont
été obtenues par faveur & à prix d'argent dans un temps de minorité.

Création
d'Avril 1627

Prédéceſſeur, p. 132
Succeſſeur, p. 241

CXXXV

Marc PANISSOD

Inſtallé le 3 Octobre 1708

D'argent bordé de gueules, au cerf rampant de ſable, à la faſce brochante, échiquetée d'argent & de gueules de 3 traits, tiercée en cœur d'azur à 3 épis d'or, iſſant d'une motte de terre du même.

Ces armes ont été données à Jean Paniſſod, un des ancêtres de Marc, Tréſorier de France, lequel était qualifié *pharmacopola aulicus*, & ce par lettres patentes de l'empereur Rodolphe II, données à Vienne le 18 juin 1578. Ce Jean Paniſſod était natif de Genève : leſd. armes ont été concédées à Jean Paniſſod & à ſes deſcendans.

Marc PANISSOD, fils de Henry Paniſſod & de Elizabeth Piétrequin, né à Gez, au païs de Gex, le 17. Avril 1667, pourvu de ſon office ſur la réſignation de Claudine Girard, veuve de Gaſpard de Thélis & tutrice de leurs enfans, par lettres patentes du 1. Juillet 1708. Receu à la Chambre ſur la finance, le 16. ſuivant & inſtallé au bureau, le 3. Octobre 1708, au lieu & place dud. Gaspard de Thélis, cy-devant, p. 132, de l'héritière duquel il avait acheté la charge. Paniſſod a été receveur au grenier à ſel de Mont-briſon & intéreſſé dans différentes fermes du Roy. Il a épouſé une femme qui n'eſt pas connue en ce païs, d'avec qui il eſt ſéparé volontairement depuis longtemps, dont il n'a point d'enfant, & morte à Lyon le 15 Aouſt 1736. C'eſt un homme qui a l'eſprit fin & délié, & qui entend aſſez bien les affaires.

Préfident au bureau de la Charité pour les années 1728 & 1729, *multis diſſentientibus*. A réſigné ſon office, en 1729, à Gilbert Rouſſet, cy-après, p.241, & a obtenu lettres de vétérance du 3. Juin 1729, enregiſtrées au bureau le 1.Juillet 1729; il continue le ſervice à la Charité juſqu'à la fin de 1729 pour accomplir ſes deux années. Les lettres d'honneur ou de vétérance ne donnent plus, depuis longtemps, l'entrée, ſéance, ni voix délibérative au Bureau, mais bien rang & ſéance aux aſſemblées & cérémonies publiques du jour de la réception de l'officier. Les lettres d'honneur ou de vétérance accordées à Marc Paniſſod, Tréſorier de France, luy donnent mal à propos la faculté de ſe dire et qualifier Conſeiller du Roy, préſident, Tréſorier de France ; il n'a pas été préſident au Bureau avant que d'en ſortir, mais la compagnie, ſans aucun examen, ordonna purement et ſimplement l'enregiſtrement de ſes lettres, contre mon ſentiment & la teneur de mes concluſions par écrit. Paniſſod eſt décédé à Lyon le 25. Aouſt 1737, n'a point laiſſé d'enfant, a fait la maiſon de la Charité ſon héritière univerſelle ; il eſt mort riche, dit-on, d'environ un million de biens.

Création
de Juillet 1577

Prédéceſſeur, p. 163
Succeſſeur, p. 277

CXXXVI

JEAN-PHILIBERT DUPORT

Inſtallé le 13 Mars 1709

Coupé, palé & contrepalé d'argent & d'azur de 6 pièces.

JEAN-PHILIBERT DUPORT, fils de Jean Duport, marchand d'étoffes de soye & de la demoiſelle Eliſabeth Fournier, né le 29. Novembre 1676, pourvu de ſon office ſur la réſignation de Jean Vacheron, dernier titulairè, cy-devant, page 163, dont il a acheté la charge ; ſes proviſions ſont du 22. Décembre 1708. Receu à la Chambre des comptes ſur la finance, le 5. Février 1709 & au Bureau le 13. Mars suivant. Il a épouſé une fille du sr Jean Aniſſon, écuyer, directeur de l'Imprimerie royale, dont il n'a eu qu'une fille, morte ſans être mariée en 1719. Jean-Philibert Duport a été luy-même marchand d'étoffes de soye en détail au coin du Petit Change de cette ville, avant que d'être Tréſorier de France ; ſindic de la compagnie en 1726, préſident au bureau de la Charité en 1730 & 1731. Sa femme eſt décédée à Paris, vers le commencement de Mai 1740, ſans enfant dud. Duport, à qui elle a verbalement donné ou laiſſé le revenu de ſa dot, qui était de 50.000 livres, & une penſion viagère de 17 à 1800 livres. L'abbé Aniſſon, ſon frère, eſt ſon héritier de droit.

Création
de Février 1626

Prédécesseur, p. 154
Successeur, p. 264

CXXXVII

Jean VERDAN

Inftallé le 19 Mars 1710

D'azur à la tour d'or, crénelée de 3 pièces & 2 demy-pièces, maſſonnée de ſable, & plantée ſur un rocher de 3 pointes auſſi d'or.

Jean VERDAN, fils d'Antoine Verdan, maître apotiquaire de cette ville, qui était auſſi fils d'apotiquaire, eſt né à Lyon le 21. Décembre 1676, & exerçait la profeſſion de marchand drapier en cette ville, avant que d'acheter ſa charge de Tréforier de France, dont il fut pourvu le 29. Décembre 1709. Receu à la Chambre des comptes ſur la finance, le 15. Janvier 1710 & inftallé au Bureau en fond. office le 19. Mars 1710, au lieu & place de M. de la Martinière, ou Martinière, cy-devant, p. 154, duquel il acheta la charge 38.000 livres, qui a de gages ſur l'Etat du Roy 2.248 livres 10 ſols. Le père de Verdan était homme d'eſprit & habile dans ſon métier, mais fantasque & capricieux; il avait abandonné ſon fils & ne le voulait pas quaſi reconnaître, de manière que celuy-cy fut obligé de ſe mettre même en ſervice à Avignon, pendant quelque temps. Son père avait une quarantaine de mille écus de bien & n'avait d'enfans que celuy-cy & une fille; étant tombé malade, il mourut en peu de jours, ſans ſe reconnaître, entre les bras même de mon père, dont il était l'apotiquaire & le voiſin, & pour qui il avait de l'amitié; comme il mourut ſubitement, quoyque d'ailleurs indiſpoſé, il ne put pas ſigner ſon teftament, par lequel il déshéritait ſon fils & inftituait héritière fa fille, de manière que les deux enfans partagèrent également fa fucceffion, dont ils retirèrent chacun environ 5o ou 6o.ooo livres ; la fille a été mariée à M. Falconnet, médecin, fils de Noel Falconnet, auffi médecin de feu M. l'archevêque Camille & à préfent l'un et l'autre médecins à la Cour. Verdan, le fils, a époufé, lorfqu'il acheta fa charge de Tréforier de France, Gabrielle Vande, fille de Jean François Vande, fecrétaire du Roy en la grande Chancellerie & affineur à Lyon, & dont les fœurs font mariées, l'une à M. Bouilloud de Fétan, confeiller, une autre à M. Goullard de Curaize, auffi confeiller au fiège et Cour des monnoyes de cette ville, & une troifième, dite Marie, mariée à Etienne Joseph Mazenod, chevalier d'honneur au Bureau. Après la mort de Louis XIV, les affaires du commerce étant fort dérangées, & Verdan ayant continué de faire un commerce de banque & autres marchandises, fe trouva tout d'un coup fort embarraffé & fut obligé de manquer à fes créanciers. La Compagnie, pour fon honneur, rendit une ordonnance, le 16.Octobre 1715, fur le réquifitoire du Procureur du Roy, par laquelle il fut fait défenfes à Verdan de fe trouver en aucunes affemblées générales ni particulières de la compagnie, tant au dedans qu'au dehors du Bureau, & ordonné que fes armoiries feront otées de l'armorial des officiers de lad. compagnie; l'ordonnance luy fut fignifiée le... dud. mois d'Octobre 1715. M. le Préfident Durret a retiré par devers luy la minute de lad. ordonnance pour faire, fans doute, plaifir à Verdan, ou plutôt à la famille de fa femme, quoyqu'il ait été dans cette faillite, & qu'il eût été auffi le principal auteur de cette ordonnance ; elle a été, depuis, rétablie & remife aux petites archives du Bureau.

Jean Verdan obtint des lettres de réhabilitation, le 25. Mars 1723, adreffées au Bureau ; avant que de procéder à l'enregiftrement d'icelles, il fut ordonné, par ordonnance du 26. Avril 1723, que led. sr Verdan juftifierait des payemens faits à fes créanciers, & qu'il ferait tenu de les faire affirmer fur la nature & qualité defd. payemens. Verdan, au lieu d'exécuter l'ordonnance, follicita un arrêt en forme de juffion, du 19. Juin 1723, qui ordonna aux Tréforiers de France de paffer outre à l'enregiftrement des lettres de réhabilitation dud. sr Verdan, fous peine de défobéiffance & de tous dépens, dommages & intérêts ; le Bureau, pour obéir à l'arrêt, ordonna l'enregiftrement defd. lettres pour être exécutées felon leur forme & teneur, fans approbation de l'expofé contenu en icelles, & fauf à faire fes remonstrances touchant l'inexécution de lad. ordonnance du 26. Avril 1723, fuivant l'ordonnance du 2. Aouft 1723 ; mais, le même jour, la Compagnie fit un règlement particulier par lequel le sr Verdan: 1o ne préfiderait point ; 2o qu'il ne ferait point rapporteur ; 3o qu'il ne ferait chargé d'aucune commiffion du bureau ; 4o privé des accueils & visites des confrères ; 5o mention fera faite, au bas de fes armoiries, de fes lettres de réhabilitation & arrêt de juffion ; finalement ne fera point préfident à la Charité, & ne fera aucunes quêtes pour les pauvres. Toute cette procédure eft dans les petites archives du Bureau.

Il vendit fon office, la fomme de 40.500 livres, à André Jofeph Fenouillet,
cy-après, qui y a été receu en 1736.

Led. sr Verdan a obtenu lettres de vétérance qui ont été enregiftrées
au Bureau, après l'inftallation du sr Fenouillet, fon fucceffeur, en 1736 ; la
Compagnie lui avait fait dire que s'il s'abfentait volontairement des affemblées
publiques ou particulières, elle ne lui refuferait pas un certificat de fervice
pour parvenir à l'obtention de lettres de vétérance, ce qui a été exécuté
de part & d'autre.

Création
d'Avril 1627

Prédéceffeur, p. 145
Succeffeur, p. 269

CXXXVIII

Louis RIVET

Inftallé le 9 Juillet 1710

D'azur à une rivière courante en bande d'argent.

Louis RIVET, fils d'Abraham Rivet, marchand de mercerie, rue Tupin, en cette ville, luy-même marchand avant que d'acheter fa charge, eft né à Lyon le 28. Juin 1672 ; fut pourvu de fon office de Tréforier de France le 29. Décembre 1709, receu à la Chambre des comptes fur la finance, le 4. Juin 1710, & inftallé au Bureau le 9. Juillet 1710, au lieu & place de M. Barthélemy Ponsainpierre, cy-devant, dont il a acheté la charge. Il a époufé la fille de feu M. d'André de Fromente, dont le père a été échevin en 1658 & 1659. M. Rivet eft un homme de bon efprit & fort galant homme ; fa charge a de gages fur l'état du Roy 2.248 livres 10 sols. Il a été fait findic de la Compagnie en 1721 ; il avait été recteur au bureau de la Charité en 1707 & 1708, & nommé préfident aud. bureau pour les années 1732 & 1733, après le sr Duport. Il eft décédé à Lyon, le 21. Avril 1741, n'a laiffé que deux filles: l'aînée mariée au sr de Gangnières de Saint-Laurent, dont des enfans; l'autre, en Septembre 1741, au sr de Ruols, confeiller à la Cour des Monnoyes. La veufve héritière de Rivet, a vendu la charge de Tréforier de France la fomme de 46.500 livres au sr Fleury Bordeaux, cy-après p. 269.

CXXXIX

LOUIS PARISOT

Inftallé le 27 Août 1710

D'argent à 3 fafces ondées d'azur, au chef d'azur, chargé d'une étoile d'or.

P AR ÉDIT du mois de Novembre 1707, le Roy créa deux offices de Confeillers du Roy, auditeurs rapporteurs généraux des comptes de la fourniture des étapes & Tréforiers de France en chaque Bureau des finances du Royaume &, par édit du mois de Novembre 1709, ces deux offices furent réunis au corps des Bureaux des finances avec faculté de vendre & défunir; & les fonctions & droits y attribués y furent auffi réunis pour en jouir par les Tréforiers de France, ainfi qu'il eft porté par led. Édit; mais, comme dans cette Généralité, Meffieurs les Gouverneurs fe font attribués, depuis longtemps, le droit de connaître des comptes des étapes, au préjudice des Tréforiers de France qui en connaiffaient anciennement, ainfi que tous les Bureaux des finances des autres généralités du Royaume en connaiffent encore à préfent, & que l'Edit de création de ces deux offices donnait atteinte au privilège de MM^{rs} de Villeroy, gouverneurs de ces provinces, ils firent rendre une déclaration du Roy du 23.Janvier 1710, par laquelle Sa Majefté diftraiét & défunit defd. deux offices, le titre & la qualité d'auditeurs & rapporteurs généraux des comptes des étapes, & supprima le droit des deux deniers pour livre attribués à ceux de la Généralité de Lyon ; &, enfin, par autre Edit du mois de Juillet fuivant, le Roy réunit encore de nouveau ces deux offices au Bureau des finances de Lyon, fous le titre feulement de Confeillers du Roy, Tréforiers généraux de France aud. Bureau, & fixa la finance de ces deux offices à la fomme de 70.000 livres pour jouir des gages au denier 15, avec faculté, néanmoins, de pouvoir vendre & défunir. La Compagnie, qui était déjà fort chargée de taxes & qui avait payé des finances confidérables, fe crut heureufe de pouvoir trouver quelqu'un pour lever une ou deux de ces charges & les payer au traitant à fon acquit. Il fe préfenta le sr Parifot à qui elle en vendit une par contract du 18. Juillet 1710, receu Fortier & fon confrère, notaires à Paris, moyennant la fomme de 44.000 livres que led. Parifot paya à l'acquit du Bureau au traitant avec lequel il avait quelque autre intérèt à démêler, en forte qu'il y eut entre eux des compenfations & des papiers donnés, ce qui avait obligé le sr Parifot à prendre cette charge qui, d'ailleurs, ne luy aurait point convenue.

Louis **PARISOT**, fils de Nicolas Parifot, marchand de fer de Champagne, né & baptifé en l'églife de St-Martin de la Noue, faubourg de St-Dizier, diocèfe de Chalons en Champagne, le 25. Février 1670, fut pourvu de fon office de Tréforier de France le 20. Juillet 1710, receu à la Chambre des comptes, fur la finance, le 13. Aouft fuivant & inftallé au Bureau en fond. office le 27 dud. mois & an pour avoir rang aud. bureau, felon l'ordre de fa réception ; fes gages ont été réduits au denier 25, à commencer au 1. Janvier 1717 &, pour ce, à la fomme de 1.760 livres ; il jouit de tous les autres privilèges des Tréforiers de France du Bureau.

Parifot eft d'une famille tout à fait inconnue en ce païs-cy : il eft continuellement réfidant à Valence, où il fait les fonctions de fon office de Contrôleur aux Gabelles de Dauphiné. Il y a auffi fa famille qui eft affez nombreufe, & n'a paru que peu de fois au Bureau. Le sr François-Philippe Richeri luy a fuccédé en fon office, en 1733, après l'avoir exercé environ 23 ans, pour raifon de quoy il a obtenu lettres d'honneur ou de vétérance, enregiftrées au Bureau le 12. Janvier 1733.

Création
d'Avril 1627

Prédécesseur, p. 179
Successeur, p. 236

CXL

BÉNIGNE ANDRÉ LEGENDRE

Inftallé le 15 Décembre 1710

*D'azur au chevron d'argent, accompagné en chef de 2 étoiles d'or
& d'une levrette d'argent en pointe.*

BÉNIGNE ANDRÉ LEGENDRE, fils de Bénigne Legendre, décédé fecrétaire du Roy en la Grande Chancellerie, qui avait été dans plufieurs fermes à Lyon, né le 2. Février 1687, pourvu de fon office le 12. Octobre 1710 avec difpenfe d'âge, n'ayant pas encore 25 ans. Receu à la Chambre des comptes, fur la finance, le 17. Octobre 1710, inftallé au Bureau le 15. Décembre 1710, à la place de M. Richard, cy-devant, p. 179, dont il a acheté la charge 40.000 livres et 500 livres d'eftrennes, fur quoy led. sr Richard a payé 4.560 livres pour le rachapt de l'annuel; la charge a de gages fixes fur l'état du Roy 2.248 livres 10 sols. Il a époufé, à Paris, une fille d'une officière de la maifon de M. le duc d'Orléans, régent; elle eft chargée des atours de Mlle de Valois, & fille de la nourrice de cette princeffe. Il a, outre cela, la charge de fecrétaire du Roy de feu fon père &, par fon mariage, a eu la protection de M. le Régent. Il s'eft fait recevoir en l'office de fecrétaire du Roy, quoyque Tréforier de France; depuis, il a été Fermier général & enfuite gentilhomme ordinaire chez le Roy. A vendu fon office à Balthazard Michon, mon frère, en may 1723, par contract reçu Guyot, notaire à Lyon, au prix de 41.000 livres, quoyque le contract porte 42.

CXLI

JEAN BAPTISTE CONSTANT

PROCUREUR DU ROY

Inſtallé le 13 May 1712

D'aʒur au fautoir ondé d'or, chargé en cœur d'un cube ou quarré de ſable.

JEAN BAPTISTE CONSTANT, avocat au Parlement, fils d'Antoine Constant, marchand drapier, puis échevin de la ville en 1697 & 1698, & de Anne Molien, né à Lyon le 24. Février 1685 ; pourvu de ſon office de Procureur du Roy, le 12. Mars 1712, receu à la Chambre, ſur la loy, le 20. Avril ſuivant, inſtallé au Bureau le vendredy 13. May 1712, à la place du sʳ André Philibert, cy-devant, p. 165, des héritiers duquel le père Conſtant a acheté la charge 55.500 livres et 250 livres d'eſtrennes pour les regiſtres, livres et papiers du défunct, sur quoy le rachapt de l'annuel a été payé, par led. sʳ Conſtant, la ſomme de 4.800 livres ou 4.566. Il a épouſé, le 18. Juillet 1719, la demoiſelle Reine du Soleil, fille de feu sʳ Joſeph du Soleil, Tréſorier de France, cy-devant, p. 162, & de feue Anne Gayot ; cette demoiſelle s'eſt conſtitué environ 80.000 livres en dot. Conſtant, procureur du Roy, a été préſident au bureau de la Charité, en 1726 & 1727 ; il eſt décédé, à Lyon, dans ſa maiſon, paroiſſe Saint-Paul, le 29. Octobre 1734, & a laissé poſtérité.

Prédéceſſeur, p. 167
Succeſſeur, p. 248

Création
de Juillet 1577

CXLII

PHILIPPE BOURLIER

Inſtallé le 7 Septembre 1712

*D'argent au chevron de gueules, accompagné en pointe d'un chien épagneul
de ſable ; au chef d'azur, chargé d'un soleil d'or.*

Depuis qu'il est échevin, il a ôté le chien de ses armoiries.

PHILIPPE BOURLIER, fils de Charles Bourlier, marchand mercier &
quincailler dans la rue Mercière à Lyon, qui décéda étant recteur à la Charité,
en 1676, & de demoiſelle Borde, a été marchand drapier avant qu'il fût
officier; eſt né à Lyon, le 4 ou 5 mars 1668. Pourvu de ſon office le
1.Aouſt 1712, receu à la Chambre, ſur la finance, le 20.Aouſt 1712, inſtallé au
bureau le 7.Septembre 1712, à la place de M. Genevey, cy-devant, p. 167, dont
il a acheté la charge 40.000 livres et 1.000 livres d'eſtrennes, ſur quoy le rachapt
de l'annuel a été payé par led. ſr, lequel office a de gages fixes 2.248 livres
10 ſols. Il a épouſé Marie Anne Meſſier, fille de feu Jacques Meſſier, échevin
en 1684 & 1685 & de Jeanne Merle. Bourlier eſt d'une aſſez honnête famille de
la ville; il a été nommé échevin pour les années 1719 & 1720; il avait été
Tréſorier des deniers de la Charité, en 1709 et 1710. Il a réſigné ſon office à
Pierre Philippe Bourlier, ſon fils aîné, cy-après, p. 248, qui y a été receu en
1731; partant le père a exercé le ſien 19 ans, & a obtenu lettres d'honneur
portant diſpenſe d'un an de ſervice, du 10.Aouſt 1731, enregiſtrées au Bureau
le 3.Septembre 1731. Ces lettres & la diſpenſe ſont fondées ſur les ſervices

qu'il a rendus au public, tant en l'exercice de fa charge que pendant fon échevinage par rapport à la contagion de ces années-là. Cela eft bien tiré, mais, par
le moyen d'un fecrétaire du Roy accrédité, qui dreffe les lettres, on y fait
mettre tout ce qu'on veut; elles donnent rang au sr Bourlier dans toutes les
cérémonies publiques du jour de fa réception; cela ne doit cependant s'entendre
qu'après le doyen & les offices de dignité qui ne quittent jamais leur place.
Ces mêmes lettres luy donnent la qualité de préfident, quoyqu'il ne fût pas
encore parvenu à la préfidence; cette qualité lui ferait, d'ailleurs, affés inutile.

Création
de Juin 1586

Prédéceffeur, p. 192
Succeffeur, p. 271

CXLIII

BENOIST VICTOR HUBERT

Inftallé le 16 Juin 1713

*D'azur au chevron d'or, accompagné en chef de 2 roses
& en pointe d'un croissant montant, du même.*

Son père portait les rofes et le croiffant d'argent, d'après l'Armorial de la Ville.

BENOIST-VICTOR HUBERT DE ST-DIDIER, avocat au Parlement, fils de
sr Jean Hubert, marchand de soye à Lyon, puis échevin de la ville en 1705 &
1706, & de Marguerite Duport, né à Lyon le 15. Septembre 1689, pourvu de
fon office le 8. Avril 1713, receu à la Chambre, fur la loy, le 6. May fuivant,
inftallé au Bureau le 16. Juin aud. an 1713, à la place de feu M. Vialis,
cy-devant, p. 192, des héritiers duquel le père Hubert a acheté la charge
46.000 livres, qui a de gages fixes fur l'état du Roy, 2.498 livres 10 fols.
Hubert, le Tréforier, a époufé, le 6. Février 1719, Mlle Aniffon, fille de feu
sr Jacques Aniffon, marchand libraire & échevin en 1711 & 1712; on a conftitué
à la fille 55.000 livres comptant, & 15.000 livres après la mort de fa mère,
moyennant quoy elle a renoncé à fes droits; Hubert, le père, a donné à fon
fils, en faveur de ce mariage, 100.000 livres, partie en fa charge, en maifons &
en autres effets, &, de plus, fa terre de St-Didier après luy & fa femme. Il a été
nommé un des deux findics de la compagnie en 1731, & préfident au bureau de
la Charité, en 1734 et 1735; a remis fon office à Jean Baptifte Hubert, fon fils,
en 1742, & a obtenu lettres d'honneur du 1. Février 1743, enregiftrées au
Bureau le 22 desd. mois & an ; elles font femblables à celles de Salladin
Dufrefne.

*Création
de Juillet 1577*

Prédéceſſeur, p. 174
Succeſſeur, p. 239

CXLIV

MARC ANTOINE COLOMBET

Inſtallé le 15 Septembre 1713

*D'azur au chevron d'or, accompagné en pointe d'une colombe d'argent,
portant au bec un rameau d'or; au chef couſu de gueules, chargé de
3 trèfles d'or.*

MARC ANTOINE COLOMBET, fils de François Colombet, marchand
d'étoffes de ſoye, & de Françoise Barbier, luy-même négociant avant qu'il fût
officier, eſt né à Lyon, le 11 Septembre 1678 ; fut pourvu de ſon office de Tréſorier de France le 27. Aouſt 1713, receu à la Chambre des comptes ſur la finance,
le 2. Septembre ſuivant, a été receu & inſtallé au Bureau le 15. dud. mois de Septembre 1713, au lieu & place de M. de la Fraſſe, cy-devant, p. 174, dont il a acheté
la charge 50.000 livres, qui a de gages fixes ſur l'état du Roy, 2.873 livres 10 ſols.
Il a épouſé Jeanne Vérot, fille du ſr Vérot, dont les ſœurs ſont mariées, l'une, au
ſr Léonard Borne, ancien échevin ; l'autre au ſr Jean Baptiſte Cuſſet, marchand
de ſoye, puis échevin, qui fit enſuite de mauvaiſes affaires. Colombet ayant
mal fait les ſiennes ſous le nom du ſr Crozat, ſon aſſocié, s'eſt abſenté de la
Compagnie depuis la fin de l'année 1715. Quelques perſonnes ayant fait
eſpérer à Colombet de luy faire avoir des lettres d'honneur ou de vétérance, il
vendit ſa charge au ſr Quinſon, cy-après, p. 239, & la Compagnie, pour être
tout à fait débarraſſée de luy, luy accorda un certificat de ſervice par le moyen
duquel & à la recommandation d'une perſonne de conſidération, il a obtenu

des lettres de vétérance après treize années & onze mois de fervice, lesquelles ont été enregiſtrées au Bureau le 29.Décembre 1727 ; les lettres ſont du 2. Aouſt précédent. Colombet mourut de mort ſubite, dans ſa maiſon de campagne, à Oullins, le 16.Juillet 1735 ; il a laiſſé deux filles, dont l'une mariée au sr Garnier, avocat. La demoiſelle Jeanne Vérot, femme du sr Colombet, eſt décédée le 14.Octobre 1743.

Création
de Juillet 1577

Prédéceffeur, p. 176
Succeffeur, p. 234

CXLV

Gaspard FAYARD

Inftallé le 20 Mars 1715

D'or au chefne (ou fayard) arraché de finople, adoffé à dextre d'un croiffant
montant d'azur, & à feneftre d'une étoile du même.

D'autres de la même famille portent depuis peu le champ d'argent & le croiffant
& l'étoile de gueules ; cy-devant ils portaient de même, & l'arbre était terraffé.

Gaspard FAYARD, fils de Jean Fayard, marchand drapier, enfuite
banquier, & de Anne Arnault, né à Lyon, le 23.Janvier 1693, pourvu de fon
office, avec difpenfe d'âge, n'ayant encore 25 ans, le 6 Février 1715, reçu à la
Chambre fur la finance, le 26 dud. mois, inftallé au Bureau, le Mercredy, 20.
du mois de Mars 1715, à la place de M. Gayot d'Efcoffieux, cy-devant, p. 176,
dont il a acheté la charge 43.000 livres, qui a de gages fur l'état du Roy
2.248 livres 10 fols. Eft décédé à Lyon, fans être marié, le 20 Octobre 1716,
enterré à Saint-Antoine. La famille des Fayard eft affez ancienne à Lyon &
a toujours négocié en draperie ; en 1619, il y avait un Antoine Fayard qui
était marchand drapier, demeurant place de la Vielle Boucherie, natif de
Lyon, âgé de 34 ans.

CXLVI

JEAN LACROIX

Inftallé le 26 Juillet 1715

D'azur à la croix tréflée d'or, cantonnée de 4 têtes de lion auffi d'or, arrachées & affrontées.

JEAN LA CROIX, OU DE LA CROIX, fils de Léonard La Croix, banquier à Lyon, & de Françoife Bergiron, luy-même banquier négociant, avant qu'il fût officier, né à Lyon, le 23. Juillet 1675, pourvu de fon office le 19. Juin 1715, receu à la chambre fur la finance, le 6. Juillet 1715, installé au Bureau, le vendredy, 26. Juillet 1715, à la place de M. Pianello de la Valette, cy-devant p. 136, dont il a acheté la charge 45.000 livres, dont il paya 44.000 livres, & le sr Crupiffon 1.000 livres, parce que M. Crupiffon avait vendu fa charge à M. La Croix, à qui il fit, quelques jours après, fignifier un acte de regret ou de révoquation. M. de la Valette profita de cette confoncture pour vendre fa charge au sr La Croix & le sr Crupiffon, pour éviter un procès avec La Croix, paya en fon acquit aud. sr de la Valette cette fomme de 1.000 livres en luy faifant remettre fa charge, car La Croix n'avait acheté la charge de Crupiffon que 44.000 livres ; l'office que La Croix tient de M. de la Valette a de gages fur l'état du Roy 2.248 livres 10 fols. La Croix a époufé Marie Pafquier, fille du sr Pafquier, & fœur de Pafquier, capitaine des ports, & d'une autre Pafquier, mariée au sr Genthon, receveur des tailles à Saint-Etienne. Décédé à Lyon, le 29. Janvier 1730, perclus de tout fon corps depuis une douzaine d'années ; il a laiffé trois garçons & deux filles ; l'aîné eft confeiller, le fecond chanoine à Saint-Juft.

Création
d'Avril 1627

Prédécesseur, p. 181
Successeur, p. 273

CXLVII

Guy DRAPPIER

AVOCAT DU ROY

Installé le 27 Avril 1716

De gueules à une épée & une plume d'argent passées en sautoir & chargées en cœur d'un écusson d'azur, chargé d'un oiseau d'or, nommé vulgairement drappier ; le tout surmonté d'un lambel d'argent.

Guy DRAPPIER, fils d'honorable homme Jean Drappier & de dame Marie le Roy, originaire de Beauvais, en Picardie, où il est né le 25 Avril 1661, établi à Lyon depuis plusieurs années, où il exerceait un négoce d'étoffes de Picardie, fut pourvu de son office d'Avocat du Roy le 23. Aoust 1715, receu à la chambre sur la finance (quoyque gradué à Valence, immatriculé au parlement de Paris), le 6. Septembre aud. an, installé au Bureau le 27. Avril suivant 1716, au lieu de Jean Marie Bourbon, cy-devant p. 181, dont il a acheté l'office 32.700 livres, lequel a de gages 1.496 livres. Le Bureau forma opposition à l'expédition de ses provisions, dont il fut débouté par arrest du Conseil du 5. Aoust 1715, condamné en 200 livres de dommages & intérêts & aux dépens liquidés à 18 ou 1.900 livres, dont led. Drappier, pour parvenir à son installation, donna son désistement et fit une cession au Bureau, non obstant son droit de bienvenue qu'on luy fit, outre cela, payer & qui ne passa point en compensation. Il fut installé d'une manière fort désagréable, sans aucune cérémonie ni honnêteté de la part de la compagnie ; le peu d'aptitude qu'on avait connu à cet homme-là, jointe à fon âge déjà avancé, à fon incapacité, à fa famille obfcure dans la ville & à la profeffion qu'il y avait exercée, avaient donné lieu au Bureau de s'oppofer à fa réception. *E' un' matto, un' pazzo, prætereàque pertinax.*

Guy Drappier avait époufé, en premières noces, Anne Péliffier, dont il n'a qu'un fils. Il s'eft remarié & a époufé, en Février 1721, une jeune demoifelle, nommée Catherine de Proüingues (elle figne de Prohenques), fille de condition honnête, fans aucun bien. Ce fecond mariage eft une nouvelle preuve de fa folie & de fa mauvaife conduite, car il a un fils marié qui a des enfans. Guy Drappier eft mort à Paris, de mort fubite, le 16 juillet 1729, fur les degrés de la Sainte Chapelle du Palais, à la pourfuite de fes procès, & a laiffé deux garçons de fa dernière femme.

*Création
d'Avril 1627*

*Prédéceſſeur, p. 186
Succeſſeur, p. 267*

CXLVIII

FRANÇOIS DE MAYOL

Inſtallé le 9 Septembre 1716

D'or à ſix pommes de pin de ſinople, 3, 2 & 1.

FRANÇOIS DE MAYOL a été inſtallé au Bureau le mercredy 9. Septembre 1716, au matin (par convocation extraordinaire, attendu qu'on n'entre au Bureau, après la fête de Notre-Dame de Septembre, que de relevée), en ſon office de Tréſorier de France, au lieu & place de M. Jean de la Praye, cy-devant p. 186, des héritiers duquel il a acquis la charge pour le prix de 36.000 livres, ſans aucune eſtrenne ; il avait été pourvu d'icelle le 21.Juillet aud. an 1716, & receu à la chambre des comptes, ſur la finance, le 5.Aouſt ſuivant. Il eſt né au Bourg Argental, le 5.Janvier 1682, eſt fils de M. Joſeph de Mayol, Lieutenant général civil & criminel au baillage de Forès, ſiège royal dud. Bourg Argental & de demoiſelle Marthe de Cuſſon. Il a épouſé une demoiſelle Poural, propre nièce de M. Jaques Terraſſe, Tréſorier de France, dont des enfans. Le sr de Mayol a donné aux pauvres de la Charité 2.000 livres pour s'exempter du ſervice deſd. pauvres au bureau de la Charité, & ce pour les années 1736 & 1737, & le sr Balthazard Michon, quoique hors de ſon rang, s'offrit de ſervir pour lui au refus de ſes anciens. Led. François de Mayol a obtenu lettres d'honneur ou de vétérance le 10. Aouſt 1737, enregiſtrées au Bureau le 30. ſuivant ; il n'a guères jamais paru au Bureau & a preſque toujours demeuré chés lui, au Bourg Argental. Il a réſigné & vendu ſon office à Jean Pierre Marie Blanchet, ſon neveu, cy-après p. 267, qui y a été inſtallé le 23. Aouſt 1737.

Création
de Janvier 1581

Prédéceſſeur, p. 160
Succeſſeur, p. 268

CXLIX

GASPARD FRANÇOIS SALLADIN

Inſtallé le 9 Juillet 1717

*D'argent à la bande d'azur, chargée de 3 croiſſans montans d'or,
accompagné de 2 caſques (ou heaumes) poſés en profil de ſable.*

GASPARD FRANÇOIS SALLADIN DU FRESNE, écuyer, avocat au parlement, fils d'Antoine Salladin du Fresne, cy-devant, p. 160, & de Marie Gaultier, a été inſtallé au Bureau le vendredy, 9.Juillet 1717, en l'office de Tréſorier de France, au lieu & place de ſon père, duquel office il a été pourvu le 16 mars de lad. année 1717, & reçeu en la chambre des comptes, ſur la loy, le 10.Juin aud. an ; il est né à Lyon le 25.Janvier 1692.

Les lettres d'attache dud. ſr Gaſpard François Salladin ſont datées du 12.Juillet 1717, mais c'eſt une faute de clerc, ayant réellement prêté ſerment & été inſtallé au Bureau le 9. dudit mois ; cela vient de ce que leſd. lettres ne furent ſignées que le 12., trois jours après ſon inſtallation, qui était le premier jour du Bureau ſuivant. Comme fils de maître, il n'a payé que la moitié des droits de bienvenue, à ſon inſtallation au Bureau. Sa charge a de gages ſur l'état du Roy 2.948 livres, 10 ſols ; elle avait été achetée, par ſon père, de Laurent de Chaponay, la ſomme de 43.000 livres ſeulement. Il a épouſé le 19. May 1718, la demoiſelle Léonore Balme, fille du ſr Pierre Balme, qui a été marchand épicier en gros & en détail, & de demoiſelle Léonore Marion ; il n'a qu'une fille mariée au ſr Chapuis de Clarimbert de Chazelles en Forez. Le sʳ Soubry, cy-après, p. 268, a fuccédé aud. Gaſpard François Salladin en 1741 ; partant celui-ci a exercé ſa charge 23 ans & quelques mois. Led. sʳ Dufreſne a obtenu lettres d'honneur & de vétérance du 12.Juillet 1741, enregiſtrées au Bureau le 29.Novembre aud. an, par leſquelles entre autres choſes, il luy eſt permis d'aſſiſter & prendre place au Bureau & en la chambre du domaine, tant aux audiences qu'en la chambre du Conſeil, & en toutes aſſemblées ordinaires & extraordinaires, & d'y avoir rang & ſéance du jour & date de ſa réception, avec voix délibérative aux jugemens des affaires des Domaines du Roy ſeulement, ſans prendre part aux épices, &ca, ce qui n'avait pas été accordé, depuis longues années, aux vétérans, & toutes fois aud. Dufresne, ſans l'avoir même demandé.

C L

ESTIENNE JOSEPH MAZENOD

CHEVALIER D'HONNEUR

Inſtallé le 16 Décembre 1720

*D'aʒur à 3 molettes d'or, 2 & 1, au chef couſu de gueules,
chargé de 3 bandes d'argent.*

Ces molettes étaient, au commencement, des étoiles qui ont été changées
dans la ſuite en molettes, comme pièces plus nobles dans les armoiries.

P AR EDIT du mois de Juillet 1702, le Roy créa, dans chaque Bureau des
finances du Royaume un office de Chevalier d'honneur &, par arreſt du
Conſeil du 27. Février 1703, cet office fut réuni au Bureau des finances
de Lyon (les lettres patentes de réunion sont du 31. Aouſt 1703), avec
faculté de le déſunir & d'en diſpoſer au profit de telle perſonne de la
qualité requiſe que bon luy ſemblerait, en payant, par la compagnie,
la ſomme de 32.000 livres et les 2 ſols pour livre, pour jouir de 1.600
livres de gages & de 4 minots de francſallé, &ca (la quittance de finance
eſt du 3. Aouſt 1703). La Compagnie ayant gardé cet office pendant pluſieurs
années, ſe détermina de le vendre, y trouvant un intérêt conſidérable &
pouvant, par là, s'acquitter d'autant envers ses créanciers. Le sr Mazenod
ſe préſenta pour l'acheter, & le prix en fut réglé à 64.000 livres qui furent

payés en billets de banque dont la Compagnie paya auſſitôt une partie de ſes créanciers. Les droits de bienvenue & réception, fixés ſuivant l'uſage à 2.100 livres, furent auſſi payés en papier; la ſéance dud. Mazenod au Bureau fut réglée, pour luy & ſes ſucceſſeurs aud. office, après le doyen ou celuy qui le repréſenterait; il fut auſſi convenu qu'il n'aurait aucune part dans les épices & revenant bons de la compagnie, mais ſeulement voix délibérative dans les affaires civiles, ſans pouvoir jamais rapporter &, en conſéquence, qu'il n'entrerait point dans les frais communs, charges & engagemens de la Compagnie; le tout porté par le contraƈt de vente paſſé par les commiſſaires du Bureau par devant Delhorme & ſon confrère, notaires à Lyon, le 17.Septembre 1720, ratifié par la Compagnie le lendemain 18. dud. mois.

Estienne Joseph MAZENOD, écuyer, sᵣ de Pavezin ou Paveyzin & autres lieux, eſt né à Lyon le 26. Février 1680 ; il était fils de Charles Joſeph Mazenod, écuyer, Conſeiller du Roy en la Séneſchauſſée & ſiège préſidial de Lyon, & de Jeanne de Tournon (mariée le 18. Juin 1671, fille de noble Charles de Tournon, conſeiller du Roy en l'élection de Forès, & d'Antoinette Terraſſon) & petit-fils de Marc Antoine Mazenod, échevin de lad. ville en 1659 & 1660, qui avait épouſé Etiennette Berton. Il a été pourvu de ſon office de chevalier d'honneur par lettres de proviſions du 28.Novembre 1720 ; a prêté le ſerment qu'il devait au Roy à cauſe de ſond. office, à Lyon, entre les mains du sᵣ Poulletier, Intendant, le 7.Décembre aud. an 1720, en vertu de la ſubdélégation de M. le Chancelier ; a été diſpenſé d'être receu à la Chambre des Comptes à Paris, conſormément à la diſpoſition des Edits & arrêts concernant la création de ſon office. La Chambre des Comptes n'ayant pas voulu, depuis, allouer le payement des gages du sᵣ Mazenod, il fut obligé d'aller à Paris, s'y faire recevoir. Il fut inſtallé au Bureau le 16.Décembre 1720, après y avoir préalablement fait information de vie & mœurs & non preuve de capacité, contre la règle ordinaire & le ſentiment des auteurs, parce qu'on allégua que cela s'était pratiqué, cy-devant, dans quelques tribunaux, à l'égard des chevaliers d'honneur qu'on y avait receus. Led. sᵣ Mazenod prit ſéance après le doyen & fut receu en habit noir, l'épée au côté, le manteau court, le rabat de point & le plumet à ſon chapeau, qui eſt l'habit des cheva-liers d'honneur ; ſon habit de cérémonie devrait être de velours noir avec le manteau de même étoffe, il s'eſt contenté de prendre le manteau de ſatin noir, comme eſt la robe des Tréſoriers de France au Bureau. Le sᵣ Mazenod, pour parvenir à l'obtention de ſes lettres de proviſions, fit preuve de ſa nobleſſe par devant deux commissaires nommés de la Compagnie, laquelle, ſur leur procès-verbal, communiqué au Procureur du Roy, luy délivra ſon certificat de preuve mentionné en ſeſd. proviſions & attaché ſous le contreſcel de ſes pièces. Les gages de l'office de chevalier d'honneur, qui étaient de 1.600 livres, ont été réduits, ſur le pied du denier 25, à 1.280, à commencer du 1ᵉʳ.Janvier 1717, en vertu de l'Edit de Janvier 1716; outre cela, led. sᵣ Mazenod doit jouir de quatre minots de francſallé & de 50 livres qui doivent être payés par la ville de Lyon pour fes exemptions d'entrées de vin en qualité d'officier du Bureau, pour raifon de quoy il jouit auffi des autres honneurs & privilèges des Tréforiers de France. Le sr Mazenod, comme officier de nouvelle création, a été obligé d'obtenir un arreft du Confeil pour être payé annuellement de la fomme de 5o livres par la communauté de la ville de Lyon, pour fes exemptions d'entrées de vin ; l'arreft eft du 21. Juillet 1721, enregiftré au Bureau le 6.May 1722.

La famille de Mazenod eft originaire de Forès près Saint Eftienne & Saint Chamond ; celuy-cy a époufé la demoifelle Marie Vande, fille du sr Vande, fecrétaire du Roy, cy-devant affineur à Lyon, & il eft décédé en fa terre de Saint Marcellin en Forès, le 3o. Novembre 1731, laiffant de fon mariage trois fils & une fille ; il eft mort d'un flux hépatique dont il était incommodé depuis longtemps.

Voicy les qualités qu'il prenait : « Messire Etienne Jofeph de Mazenod de « Paveyzin, écuyer seigr de Boiffet Saint Georges, Hauteville, Monfuc, Chatelus « & la Roche, & autres places, Chevalier d'honneur au Bureau des finances de « la Généralité de Lyon » (Quoyque Mazenod prît le nom de Paveyzin, il avait vendu cette terre, depuis quelques années, aux Chartreux de Sainte-Croix, mais avec la condition d'en pouvoir retenir & porter le nom). Nonobftant toutes ces qualités, il n'eft pas mort riche, fon principal bien dépendant de de la dot de fa femme, qui peut avoir eu 80 & tant de mille livres de biens, fur quoy l'augment & autres droits & conventions matrimoniales luy font de plus dus fur la fucceffion de fon mari ; auffi, après fa mort, a t elle répudié fon hoirie pour s'en tenir à fes droits. Jean François Mazenod, fon fils aifné, cy-après, p. 253, luy a fuccédé, en 1733, dans fon office que le père a exercé environ douze années.

C L I

PIERRE PAUL BERNARDIN DE PRÉVIDÉ MASSARA

Inftallé le 30 Décembre 1720

Parti d'azur à la maffe d'armes d'or, parti d'argent à l'aigle de fable.

Ces armes font parlantes à caufe de la maffe; le parti de l'aigle repréfente
fans doute les armes de fa mère.

PAR EDIT du mois de Décembre 1698, Sa Majefté réunit les fonctions des
offices de procureurs du Roy près des Intendans des provinces créés par
autre Edit de Janvier 1697 au corps des Tréforiers de France, de même que la
garde des minutes & l'expédition des ordonnances defd. sr* Intendans dont
jouiflaient auparavant les greffiers des bureaux des finances; &, par le même
Edit de Décembre 1698, Sa Majefté créa, en chaque bureau des finances du
Royaume, un office de Tréforier de France aux mêmes honneurs, droits,
privilèges & prérogatives que les autres Tréforiers de France. Par Édit du
mois de Novembre 1700, le Roy, en fupprimant les offices de Procureurs du
Roy près des Intendans des provinces créés par l'Edit de Janvier 1697, réunit
l'office de Tréforier de France, créé par l'Edit de Décembre 1698, au corps
des Tréforiers de France, avec faculté de le défunir & le vendre à telle
perfonne & pour tel prix qu'ils le jugeraient à propos. Par quittance du
11.Janvier 1702, les officiers du Bureau des finances de Lyon payèrent au
garde du Tréfor Royal la fomme de 36.000 livres & les 2 fols pour livre, pour
l'union à leur corps de l'office de Tréforier de France, cy-deffus marqué,
pour jouir de 1.800 livres pour deux quartiers de 3.600 livres de gages
attribués aud. office dont fera laiflé fonds dans les états des finances &

domaines de la Généralité. Lefd. gages de 1.800 livres ont été réduis au denier 25 &, pour ce, à 1.440 livres, à commencer du 1.Janvier 1717, en exécution de l'Edit de Janvier 1716. La Compagnie, pour le bien de fes affaires & s'acquitter d'autant envers fes créanciers, jugea à propos de vendre led. office; le sr Maffara fe préfenta pour l'acheter & le Bureau nomma deux commiffaires pour luy en paffer contract de vente, qui fut receu par Delhorme & fon confrère, notaires à Lyon, le 13.Septembre 1720, moyennant le prix de 67.500 livres qui fut payé en billets de banque. Led. contrat fut ratifié par la Compagnie le 16. Septembre suivant & fit fa préfentation, ou plutôt fa nomination, au profit dud. Maffara, led. jour, 16.Septembre, pour être pourvu aud. office, qui fut receue par Delhorme, notaire à Lyon.

Pierre Paul Bernardin DE PRÉVIDÉ MASSARA, eft né à Lyon le 7. Juillet 1690 ; il eft fils de sr Vincent de Prévidé Maffara, marchand banquier & de demoiselle Mariane de la Forest. Led. Pierre Paul Bernardin de Prévidé Maffara, avocat au parlement, a été pourvu de fon office par lettres du 10. Octobre 1720. Receu à la Chambre des comptes, fur la loy, le 11. Décembre 1720. Ses lettres de provifions portent qu'il jouira de 1.440 livres de gages feulement, fuivant la réduction au denier 25 mentionnée cy-devant; led. sr Maffara a été inftallé au Bureau le 30.Décembre 1720 ; il a payé en argent les 2.100 livres pour fon droit d'inftallation & a rang parmi les officiers de la Compagnie du jour de fon inftallation, pour jouir des mêmes honneurs, droits, privilèges, épices, émolumens & même du franc falé quoyque l'Edit de création ny fes provifions ne faffent pas mention particulière du franc salé & que la Compagnie n'en ait pas joui, cy-devant, lorfque l'office était réuni au corps. Maffara, comme officier de nouvelle création, a été obligé d'avoir un arreft du Confeil pour être payé par la ville de 50 livres pour fes exemptions d'entrées de vin, de même que le sr de Mazenod (Voyés fon article, cy-devant, p. 231), l'arreft eft commun pour ces deux officiers. Il paye la même capitation que les autres Tréforiers de France, mais il a fait diminuer le droit annuel. Vincent de Prévidé Maffara père de Pierre Paul Bernardin, Tréforier de France, était natif de Vigevano, petite ville du Milanais, à trois ou quatre lieues de celle de Milan ; fes lettres de naturalité ont été enregiftrées au Bureau des finances, vers l'année 1685 ou 1686.

Je crois que le nom de Prévidé qu'on a employé dans les lettres de provifions dud. sr Maffara, & qu'il a depuis adopté, vient de ce que Vincent Maffara, fon père, portait le nom de Saint Vincent de Prévidé, qui est un païs d'Italie dont les srs Maffara font originaires, car le nom de la famille eft Maffara ; d'ailleurs l'extrait baptiftaire du sr Maffara, Tréforier de France, le nomme feulement Pierre Paul Bernardin, fils de Vincent de Prévidé Maffara. Pierre Paul Bernardin Maffara a époufé, en 1724, une fille unique du sr Corompt, greffier à la douane & autres jurifdictions, dont il pourra avoir un jour, y compris ce qu'il a receu, quelque 80.000 livres. Sa femme a été héritière de Corompt, son père.

*Création
de Juillet 1577*

*Prédéceſſeur, p. 222
Succeſſeur, p. 300*

CLII

MATHIEU GIRARD

Inſtallé le 5 Décembre 1721

*D'azur au chevron d'or, accompagné en chef de 2 lions du même, rampans
& affrontés, & en pointe d'un cœur enflammé auſſi d'or.*

Les armes de Girard ſont autrement blazonnées dans l'Armorial qui eſt au
Bureau des Finances : l'écu eſt d'or au chevron d'azur, accompagné en chef de
2 lions affrontés rampans de gueules, & le cœur eſt auſſi de gueules. Girard a,
depuis, changé les couleurs & émaux, comme on les voit cy-deſſus, parce que,
comme c'étaient armes toutes neuves, il ne les avait pas encore bien pu arrêter.

MATHIEU GIRARD, fils de Jean Girard, marchand fabriquant en étoffes,
& de Marguerite Dervieu, né à Lyon le 8. May 1694; pourvu de ſon office
ſur la nomination de Laurent Fayard, frère & héritier de Gaſpard Fayard,
cy-devant, p. 222, par lettres de proviſions du 20. Octobre 1721. Reçu à la
Chambre des comptes, ſur la finance, le 25. dud. mois & inſtallé au Bureau le
5. Décembre 1721. Il a acheté ſa charge des héritiers Fayard, père & fils, la
ſomme de 44 ou 45.000 livres qui a de gages ſur l'état du Roy 2.248 livres
10 ſols. Mathieu Girard a eu, en 1733, un arreſt du Conſeil qui luy donne la
commiſſion des ponts & chauſſées pour en faire, dès à préſent, les fonctions;
mais les appointements, qui ſont de 800 livres par an, ont été conſervés à
M. Gayot de la Buſſière, ſa vie durant. Girard a été nommé échevin pour les
années 1734 & 1735, mais, comme ce n'a été qu'après le sr Bertin, avocat, la
Compagnie a déſapprouvé l'acceptation qu'il a faite de cette place & ne l'a pas
voulu reconnaître ; on a fait au Bureau des délibérations ſur ce ſujet qui ont
fait du bruit & qui ne luy ſont pas favorables. Girard, après s'être abſenté du
Bureau pendant ſon échevinage, y eſt revenu le 20. Janvier 1736. Il a épouſé,
en Juillet 1723, une fille de feu sr Jaques Aniſſon, échevin en 1711, dont il a
eu une cinquantaine de mille livres.

Création
de Janvier 1586

Prédécesseur, p. 205
Successeur, p. 245

CLIII

JEAN REFRÉGÉ

Inftallé le 21 Août 1722

D'argent au chevron d'azur, accompagné en pointe d'un arbre terrassé de finople, feneftré d'une tour crénelée de fable; au chef d'azur, chargé de 3 étoiles d'or.

JEAN REFREGÉ (a pris auffi quelques fois le nom de Jean Baptifte), fils de Jean & de Marie de Pafcal, né le 9. Septembre 1679, au lieu de Vallerange en Languedoc, pourvu de fon office de Tréforier de France, fur la réfignation de Jean Fleury Crupiffon, cy-devant p. 205, par lettres patentes du 12. Septembre 1720; receu à la chambre des comptes fur la finance, le 19. dud. mois, a été inftallé au Bureau en fond. office, le 21. Aouft 1722. Comme il était né en la religion proteftante, il a été obligé par fes provifions de rapporter un certificat de catholicité qui a été donné par un curé de Paris. Jean Refregé a exercé, à Lyon, dans fa jeuneffe, la profeffion de marchand drapier, il a fait fortune dans le temps qu'on a appelé du Miffiffipy & paya fa charge à Crupiffon, 100.000 livres & 2.000 livres d'eftrennes, le tout en billets de banque. Il a acheté des terres en Bourgogne & prend la qualité de feig^r du Thil & de Filletières, &ca ; on voit par là que Refregé eft un homme de fortune, ce qu'on appelle aujourd'hui un Miffiffipien. Il eft marié & a des enfans, il y a apparence qu'il n'a acheté fa charge que pour faire un employ, & qu'il ne paraîtra guère au Bureau. Refregé ayant dérangé fes affaires, vendit fa charge à Cuffet, ancien échevin pour fon ami élu ou à élire, le prix de 42 à 43.000 livres, fous condition néanmoins de la reprendre en un certain temps, ce que n'ayant fait, Cuffet la remit à René Toublanc, qui y fubrogea Jaques Toublanc, fon fils, qui y fut receu en 1730 ; partant Refregé a exercé fa charge environ huit ans & demi.

Création
d'Avril 1627

Prédécesseur, p. 215
Succeffeur, p. 279

CLIV

BALTHAZARD MICHON

Inftallé le 26 Novembre 1723

*D'azur à la fafce d'or, accompagnée de 2 molettes d'éperon d'argent en chef,
& d'une main dextre apaumée du même, en pointe.*

BALTHAZARD MICHON, frère de Léonard Michon, advocat du Roy,
cy-devant p. 190, né à Lyon, le 23. May 1678, pourvu de fon office fur la
réfignation de Bénigne André Legendre, cy-devant p. 215, dont il a acheté
la charge 40.000 livres par contraĉt paffé en may 1723, par devant Guyot,
notaire à Lyon, quoyque led. contraĉt porte 41000 livres. A été pourvu par
lettres de provifions du 16. Juin 1723, reçeu à la chambre des comptes fur
la finance, le 8. Juillet, aud. an & inftallé au Bureau, le 26. Novembre fuivant;
a été obligé de prendre lettres de difpenfe de parenté à caufe dud. Léonard
Michon, fon frère, qui font du 6. Juin 1723. Led. Balthazard Michon a
époufé Geneviève Taillandier, veuve de Jaques Borde, Tréforier de France,
cy-devant p. 187, & a été préfident au bureau de la Charité pour 1736 et 1737,
au lieu & place du sr de Mayol qui n'a voulu fervir, étant toujours abfent;
led. sr Balthazard Michon s'eft offert de fon bon gré à fervir à la Charité,
il en avait fort envie quoyqu'il ne le fit pas paraître.

C L V

CLAUDE GROS DE BOZE

Inſtallé par procureur (contre les règles) en 1726

D'or au chevron dentellé de gueules, accompagné de 3 molettes de ſable, 2 & 1.

Comme Thomas de Boze, ſon oncle maternel, cy-devant, p. 198, dont il a pris le nom & les armes par diſposition teſtamentaire dud. Thomas de Boze, qui l'inſtitua ſon héritier pour la plus grande partie de ſes biens, ſous cette condition.

Claude GROS DE BOZE, fils du sr Gros, notaire à Lyon, & de la demoiſelle de Boze, ſœur de Thomas de Boze, Tréforier de France, cy-devant, p. 198, eſt né à Lyon, le 28 Janvier 1680, quoyque dans ſes proviſions, ſa naiſſance ſoit datée du 12. Novembre 1687 ; ce qui a pu faire cette différence eſt que de Boze, né réellement & ondoyé le 28. Janvier 1680, ne fut tenu ſur les fonts de baptême que le 12. Novembre 1687 ; il a été bien aise de ſe ſervir de cette date, peut-être pour paſſer plus jeune ou parce que l'acte du baptême était peut-être auſſi plus noble que celui de l'ondoyement. Je crois que Claude Gros de Boze a été tenu ſur les fonts de baptême, par Claude de Saint-Georges, archevêque de Lyon. A été pourvu de l'office de Tréforier de France, en qualité de légataire dud. Thomas de Boze, ſon oncle maternel, par lettres du 7. Juillet 1724, reçu à la chambre ſur la loy, le 14. Décembre 1724 ; ſes lettres ont été enregiſttrées au Bureau, le 9. Aouſt 1726 & enſuite par ordonnance du 21. dud. mois & an, il y fut inftallé par procureur contre toutes fortes de règles & de raifon. La brigue & la faveur y eurent part. L'affaire fouffrit beaucoup de conteftation, les gens du roy n'y ont point confenti ; le s^r Gros de Boze a quelque crédit à Paris & des entrées à caufe de la profeffion de bel efprit qu'il y exerce, il eft un des 40 de l'Académie françoise, garde des médailles du cabinet du Roy & Intendant des devifes & infcriptions des édifices royaux, fecrétaire perpétuel de l'Académie royale des infcriptions & belles lettres ; toutes ces places luy donnent quelque protection & luy ont procuré celle de quelques uns des anciens de la Compagnie qui luy ont voulu faire le plaifir de le difpenfer de venir de Paris à Lyon pour fe faire inftaller en perfonne & cela dans l'efpérance de l'employer à Paris pour leurs affaires particulières, raifon pour laquelle on luy a auffi accordé fes droits de préfence quoyqu'abfent, par délibération du 6. Juin 1727. Claude Gros de Boze s'eft marié à Paris, en Avril 1732, à la demoifelle Imbert de Cangé, âgée d'environ 18 ans, qui a de dot, dit-on, 40.000 écus ; fon père eft commiffaire des guerres, gouverneur de Montargis, & a été officier dans la maifon de M. le duc d'Orléans. J'ay appris depuis que cette demoifelle de Cangé qui était auprès de la dernière ducheffe d'Orléans, décédée, en qualité de fille de chambre, était réellement âgée de 22 à 23 ans, & qu'elle pouvait avoir 25 à 30.000 livres de biens, tout au plus, mais qu'elle avait des efpérances.

C L V I

GASPARD ROCH AUGUSTIN QUINSON

Inftallé le 1er Décembre 1727

D'hermine plein.

Quinfon, Tréforier de France, a pris les armes du s^r de Quinfon, Lieutenant de Roy de Vienne, quoiqu'il ne foit pas fon parent ; cy-devant, fon père portait d'autres armes.

GASPARD-ROCH-AUGUSTIN QUINSON, avocat au parlement, fils de Roch Quinfon, bourgeois de Lyon, marchand fabricant d'étoffes de foye, puis échevin pour les années 1729 & 1730 & de Marguerite Fayard ; né à Lyon, le 28. Aouft 1700, a été pourvu de fon office de Tréforier de France, par lettres patentes du 10. Juillet 1727, fur la réfignation & au lieu & place de Marc Antoine Colombet, cy-devant p. 220, dont le père Quinfon a acheté la charge 50.000 livres & cent piftoles d'eftrennes, qui a de gages fur l'état du Roy 2873 livres 10 sols. (Je crois que cette charge n'a été vendue que 48 à 49.000 livres en tout). Receu à la chambre des comptes fur la loy, le 31. Juillet 1727, & inftallé au Bureau le lundy 1er Décembre fuivant. Marié en Février 1728 avec la demoifelle Bouilloud Defgranges, du Bourg Argental en Lionnois, qui a eu environ 70.000 livres en dot.

CLVII

MARC-ANTOINE TROLLIER

Inſtallé le 3o Janvier 1728

D'argent au lion d'aʒur (ou de gueules) à la faſce d'or.

MARC-ANTOINE TROLLIER, fils de Pierre Trollier, marchand de ſoye à Lyon, puis échevin en 1707 & 1708, & de Suzanne Gayot, né à Lyon, le 9. Octobre 17o3, pourvu de ſon office de Tréforier Général de France, par lettres du 5. Décembre 1727, ſur la réſignation & au lieu & place de Lambert Rovière, cy-devant p. 194, dont la charge a été achetée 4o,5oo livres, a eu lettres de diſpenſe d'âge, a été receu à la chambre des comptes ſur la finance, le 16. Décembre 1727, & inſtallé au Bureau, le vendredy 3o. Janvier 1728. A épouſé en Juin 1729, la demoiſelle Perrin, fille de feu sr Perrin de Vieuxbourg, ancien échevin de la ville, laquelle a eu du chef de ſon père environ 70 mille livres de dot.

Création
d'Avril 1627

Prédéceſſeur, p. 206
Succeſſeur, p. 301

CLVIII

GILBERT ROUSSET

Inſtallé le 1er Juillet 1729

D'aȥur à l'aigle éployée d'or ; écartelé d'aȥur à la croix d'argent.

Ces dernières armes ſont apparemment celles de ſa mère ; quoiqu'il en ſoit, ce ſont armes neufves ou nouvelles &, par conſéquent, il n'en coûte rien de ſe les donner belles. Depuis, il a changé la croix qui était d'argent, à cauſe du trop de rapport qu'elle avait à celle de Savoye, en une croix partie d'argent & de gueules.

GILBERT ROUSSET, fils de feu Gilbert Rouſſet, marchand de peaux & fourrures, rue Tupin *Aux Trois Merciers* pour enſeigne, & de feue Françoiſe Grata ; né à Lyon, le 21. Novembre 1708, pourvu de ſon office de Tréſorier général de France, par lettres du 8. Avril 1729, ſur la réſignation & au lieu & place de Marc Paniſſod, cy-devant p. 206, dont la charge a été vendue au prix & à des conditions particulières entre les parties contraſtantes, 36,000 livres. Led. Rouſſet n'étant âgé que de 20 ans & quelques mois, a obtenu lettres de diſpenſe d'âge du 24 mars 1729, pour n'avoir néanmoins voix délibérative qu'à 25 ans accomplis ; a été receu à la chambre des comptes ſur la finance, le 18. May 1729, & inſtallé au Bureau, le vendredy 1er. Juillet 1729 ; cette charge a de gages ſur l'état du Roy 2,248 livres 10 ſols, ainſi que la pluſpart des autres. Led. sr Rouſſet a obtenu lettres de diſpenſe de temps pour opiner avant 25 ans, du 11. Aouſt 1732, enregiſtrées au Bureau, le 18. dud. mois 1732. Il a épouſé au mois d'Aouſt 1729, la demoiſelle Dervieu de Villieu, fille de Gabriel Dervieu, lieutenant général d'épée, & de dame Pupil, dont environ 20.000 écus de dot en tout, tant fonds que argent. Echevin en 1741 & 1742.

Création
de May 1635

Prédéceſſeur, p. 184
Succeſſeur, p. 257

CLIX

Joseph LE CLERC

Inſtallé le 3o Décembre 1729

D'aʒur au chevron d'or, accompagné de 3 croiſſans montans d'argent.

Ces armes ont quelque rapport à celles des Leclerc de Leſſeville, préſidens & conſeillers au Parlement de Paris, auxquels Joſeph Leclerc n'eſt point parent.

Joseph LE CLERC, fils de Mᵉ Iſaac Le Clerc, conſeiller du Roy, ſon avocat en l'Election de Bugey & de demoiſelle Marie Joſſerand, né le 25. Décembre 1681, à Saint-Germain d'Amberieu en Bugey, diocèze de Lyon, généralité du duché de Bourgogne ; pourvu de ſon office de Tréſorier de France, par lettres du 5. Aouſt 1729, ſur la réſignation de Hugues Guillet, cy-devant p. 184, dernier poſſeſſeur de lad. charge, qui appartenait aux héritiers de Louis Bourbon, deſquels Joſeph Le Clerc l'a achetée & qu'il a priſe en payement des ſommes par luy prêtées au fils dud. Louis Bourbon, pour la ſomme de 30,000 livres, & ſelon d'autres, 28,000 livres ſeulement, & qui a de gages ſur l'état du Roy 2,225 livres, a été receu à la chambre des comptes ſur la finance, le 19. Aouſt 1729, & inſtallé au Bureau le vendredy 3o. Décembre 1729. Il avait exercé auparavant, dans cette ville, le commerce de marchand épicier en détail, raiſon pour laquelle la Compagnie ne voulut le recevoir que trois années après qu'il eut diſcontinué led. commerce, conformément aux règlemens de lad. Compagnie. Il a épouſé la demoiſelle Marie Françoiſe Beaucamp, dit de Saint-Germain, dont il a eu un bien aſſés conſidérable, ſavoir 60 ou 70 mille livres environ. Il eſt décédé dans la maiſon de campagne de ſa femme à Irigny, le 7. Octobre 1732, preſque ſubitement & ſans le ſecours des ſacremens de l'Egliſe & âgé d'environ 51 ans; il était indiſpoſé depuis quelques jours & avait eu quelques légers accez de fièvre; on préſume que c'était une fièvre maligne, dont il eſt mort. Il n'a point eu d'enfans de ſa femme, avec laquelle il avait fait un teſtament mutuel, auquel elle ne s'eſt pas tenue, ſon mari n'ayant pas laiſſé du bien, outre que ſa charge eſt tombée aux parties caſuelles, faute du payement de l'annuel; elle a été taxée au profit de la femme à la ſomme de 33000 livres y compris les 2 sols pour livre & elle l'a vendue au s^r Palerne, cy-après p. 257, celle de 36.000 livres, & s'eſt chargée des frais de proviſions ſur leſquels elle a eu encore de bon 3 mille 4 ou 500 livres.

Création
de Janvier 1581

Prédéceffeur, p. 191
Succeffeur, p. 281

CLX

AIMÉ-GABRIEL

MICHON DE PIERRECLAU DE CENVES

Inftallé le 12 Avril 1730

D'azur à trois befans d'or, 2 & 1, au lozange de même, péri en cœur.

Aymé Gabriel MICHON DE PIERRECLAU, sᵣ de Cenves (petite terre limitrophe du Beaujolois & du Maconnois ; Michon prend la qualité de baron de Cenves, mais fes provifions, ny l'ordonnance du Bureau ne la luy donnent pas), né à Pierreclau en Maconnois, le 6. Mars 1681, fils de Jean Baptifte Michon de Pierreclau, Procureur du Roy, au Bureau des finances, cy-devant p. 138, & de dame Gabrielle Charrier. A été pourvu de fon office de Tréforier général de France, fur la nomination & réfignation d'Antoine Alexandre Michon, fon frère, cy-devant p. 191, & dont il a acheté lad. charge 50,000 livres, qui a de gages fur l'état du Roy 2798 livres 10 fols. Reçeu à la chambre des comptes fur la finance, le 30. Mars 1730, & inftallé au Bureau, le mercredy 12. Avril 1730. Comme il eft fils de Maître, fon père ayant été Procureur du Roy au Bureau, il n'a payé que la moitié du droit de bienvenue, favoir 900 livres & 300 livres pour le repas, converti depuis plufieurs années en argent. Il y a une dizaine d'années qu'il époufa la demoifelle Laurencin de Paffy, du Peage, dont il eft veuf & n'a qu'un fils, âgé à préfent de 7 années environ. Les biens de feu Jean Baptifte Michon, fon père, luy font fubftitués & à fes enfans, au cas qu'Antoine Alexandre Michon, fon frère, décéde fans enfans. Son fils étant décédé, il s'eft remarié en Juillet 1733, à la demoifelle Charrier, fille du sᵣ Charrier, préfident, lieutenant particulier, fon coufin germain dont fort peu de biens.

Création
de Janvier 1586

Prédéceſſeur, p. 235
Succeſſeur, p. 294

C L X I

JACQUES TOUBLANC

Inſtallé le 15 Décembre 1730

De gueules au cygne d'argent, flottant ſur une rivière du même, & accoſté
de 2 croiſſans montans auſſi d'argent; au chef d'aʒur, chargé de
3 étoiles d'or.

JAQUES TOUBLANC, fils de René Toublanc, marchand fabricant,
& de Antoinette Bonjour; né à Lyon, rue de l'Arbreſec, paroiſſe Saint-
Pierre, le 1er. Février 1709, pourvu de l'office de Tréſorier de France, ſur la
réſignation de Jean Refregé, dernier titulaire, cy-devant p. 235, par lettres
de proviſions du 10. May 1730; enſuite de lettres de diſpenſe d'âge pour
3 ans, 9 mois, quelques jours. Receu à la chambre des comptes ſur la finance,
le 15. Juillet 1730, & inſtallé au Bureau le vendredy 15. Décembre 1730,
pour n'avoir voix & opinion délibérative qu'au 3. Février 1734, jour de ſa
majorité. René Toublanc, père de Jáques, acheta la charge pour ſon fils,
de Jean Baptiſte Cuſſet, ancien échevin, à qui Refregé l'avait vendu pour
ſon ami élu ou à élire, pour le prix de 42 à 43,000 livres, tant en argent
qu'en un contraĉt de rente due par un particulier. Cette charge a de gages
ſur l'état du Roy 2,248 livres 10 ſols. Jaques Toublanc eſt fils unique d'un
père qui a fait fortune en peu d'années. Il s'eſt marié en Aouſt 1733, à la fille
du feu ſr Grand, marchand fabricant, qui a eu en dot 60.000 livres. Le père
Toublanc a conſtitué à ſon fils en avancement d'hoirie 100.000 livres.

*Création
de May 1633*

*Prédéceſſeur, p. 188
Succeſſeur, p. 291*

CLXII

LOUIS DUMAREST

Inſtallé le 15 Décembre 1730

*D'aʒur au cygne d'argent, flottant, eſſorant ſur une rivière (ou marais)
du même; au chef d'argent, chargé de 3 mouchetures d'hermine de ſable.*

LOUIS DUMAREST, advocat en parlement, fils de Louis Dumareſt,
marchand de peaux de fourrures, à Lyon, & de demoiſelle Magdelaine
Malbay, né à Lyon, rue Mercière, paroiſſe Saint-Nizier, le 10. Mars 1692.
Pourvu de ſon office de Tréſorier de France, ſur la procuration & réſignation
de Nicolas Deſchamps, précédent titulaire, cy-devant p. 188, par lettres du
24. Aouſt 1730, receu à la chambre ſur la loy, le 6. Septembre 1730, &
inſtallé au Bureau le vendredy 15. Décembre 1730, le même jour que Jaques
Toublanc, quoyque après luy qui avait préſenté ſa requête avant Dumareſt.
Louis Deſchamps avait vendu, il y a quelques années, ſa chärge au sr Deſcomtes, au prix de 45,000 livres & 100 piſtoles d'eſtrennes. Deſcomtes
n'ayant voulu s'y faire pourvoir ni recevoir (il n'en avait payé qu'une partie
du prix), la revendit à Dumareſt avec perte de 3 ou 4,000 livres; elle a de
gages ſur l'état du Roy 2,580 livres 10 ſols. Dumareſt avait négotié avant
que d'être Tréſorier de France; en 1732, il a acheté la terre de Chaſſagny
en Lionnois, par décret ſur le sr Duprat, la ſomme de 52 à 53,000 livres,
ſans les frais du décret. Il a épouſé en Janvier 1733, la demoiſelle Jouvencel,
fille de Pierre, marchand drapier, qui a eu en dot 20,000 écus comptant
& aura 20,000 livres après père & mère.

CLXIII

Estienne CLAPEYRON

Inſtallé le 9 Avril 1731

D'azur à la faſce d'or, chargée de 3 croiſettes de gueules,
& accompagnée de 3 rouës de 6 rais d'argent, 2 & 1.

Estienne CLAPEYRON, fils de feu Simon Clapeyron, marchand de ſoye à Lyon, originaire de Saint-Chamond, puis député pour lad. ville de Lyon à Paris pour le fait du commerce, & de Marie-Anne Charron, originaire de Paris, eſt né à Lyon, paroiſſe Saint-Paul, le 4. May 1702. A été pourvu de ſon office de Tréſorier de France, par lettres du 31. Décembre 1730, ſur la réſignation de François Michallet, dernier poſſeſſeur d'iceluy, cy-devant p. 203, dont il a acheté led. office 36 à 37,000 livres, lequel a de gages ſur l'état du Roy 2,330 livres ; il était preſſé de vendre pour l'avoir donné à si bon marché. A été receu à la chambre des comptes ſur la finance, le 15. Janvier 1731 ; peu après il s'eſt fait recevoir avocat & a été inſtallé, le lundi 9. Avril 1731. En 1732, il a commencé à faire les fonctions de commiſſaire au département des tailles pour Mathieu Gayot de la Buſſière qui eſt, à cauſe de ſon age, hors de ſervice ; M. Dagueſſeau, le chancelier, a demandé à M. l'Intendant, cette commiſſion pour Clapeyron à laquelle il n'y a point d'appointemens attachés, mais ſeulement à celle de commiſſaire pour les ponts & chauſſées, dont les appointemens ſont conſervés avec le titre à M. de la Buſſière.

CLXIV

Pierre-Philippe BOURLIER

Inftallé le 3 Septembre 1732

Création
de Juillet 1577

Prédéceffeur, p. 217
Succeffeur, p. 308

D'argent au chevron de gueules, accompagné en pointe d'un chien épagneul
paffant de fable ; au chef d'azur, chargé d'un foleil d'or.

PIERRE PHILIPPE BOURLIER, advocat en Parlement, fils de Philippe Bourlier, Tréforier de France, cy-devant, p. 217, & de Marie Anne Meffier, né à Lyon, paroiffe St-Nizier, le 22. Mars 1702 ; fut pourvu de fon office de Tréforier de France, par lettres du 21. Juin 1731, fur la réfignation dud. Philippe Bourlier, fon père ; receu à la Chambre des comptes, fur la loy, le 19. Juillet 1731 & inftallé au Bureau, le lundy 3. Septembre 1731. Comme fils de maître, il n'a payé que la moitié du droit de bienvenue, savoir : 900 livres & pour le repas qui fe donnait cy-devant &, depuis, converti en argent, 300 livres fans diminution. La charge a de gages fur l'état du Roy, 2,248 livres 10 sols. Il a époufé le 13. Janvier 1732, la demoifelle Marie-Anne la Croix, fille de feu Jean la Croix, Tréforier de France, cy-devant, p. 223, laquelle a eu de dot 72 à 73,000 livres. Le père Bourlier a donné & conftitué à fon fils la fomme ou la valeur de 100,000 livres.

CLXV

Antoine LACROIX

Inſtallé le 23 May 1731

*D'a{ur à la croix tréflée d'or, cantonnée de 4 têtes de lion,
arrachées & affrontées, du même.*

Antoine LA CROIX, diacre, Prieur de la Ferté-Macé (ſitué au païs du Maine), qui vaut environ 1800 livres de revenu, chanoine baron de Saint-Juſt (la Chambre des comptes n'a pas paſſé la qualité de baron, quoyqu'elle eut été inférée dans les lettres de proviſions) bachelier en thélogie de la maiſon & ſociété royale de Navarre à Paris, fils de Jean La Croix, Tréſorier de France, cy-devant, p. 223, & de Marie Paſquier ; né à Lyon, rue Lafond, paroiſſe Saint-Pierre Saint-Saturnin, le 6. Décembre 1708. A été pourvu de ſon office de Tréſorier de France que tenait & exerceait led. La Croix, ſon père, ſur la démiſſion de Jean La Croix, ſon frère aîné, Conſeiller à la Cour des Monnoyes, héritier univerſel dud. Jean La Croix, leur père, par lettres de proviſions du 25. Avril 1732. Receu à la Chambre des comptes, le 29. Avril 1732, après avoir été trouvé ſuffiſant & capable, c'eſt-à-dire ſur la finance & inſtallé au Bureau le Vendredy 23. May 1732. Antoine la Croix s'eſt accommodé avec ſon frère, pour lad. charge de Tréſorier de France, qu'il a pris en payement des droits de feu ſon père, pour la ſomme de 38,000 livres, ſans y comprendre les frais des proviſions & de réception, que ſon frère a payé à ſon acquit, dont Antoine luy a tenu compte, & qui a de gages ſur l'état du Roy,

2,248 livres 10 fols. Il a eu difpenfe d'âge, n'ayant encore 25 ans, & de degré d'alliance, à caufe de Pierre Philippe Bourlier, Tréforier de France, qui a époufé fa fœur. Comme La Croix a commencé cette année-cy fa licence en théologie à Paris, il efpérait avoir un arrêt du Confeil pour être difpenfé de venir, pendant ce temps-là, fe faire inftaller au Bureau & y avoir, cependant, rang du jour de fa réception à la Chambre, mais ne l'ayant pu obtenir, il s'eft déterminé à venir icy pour fe faire inftaller, fauf à repartir inceffamment pour continuer fa licence. Comme fils de maître, il n'a payé que la moitié des droits d'inftallation, favoir : 900 livres & 300 livres pour le repas. Il eft le premier Tréforier de France en ce Bureau qui ait été clerc & lié aux ordres facrés, ce qui n'a fait aucune difficulté, ni au fceau, ni à la Chambre des comptes. Il a enfuite été preftre, docteur en théologie de lad. Univerfité de Paris & obéancier de Saint-Juft, en 1734, fur la réfignation de Léonard La Croix, fon oncle, dont il a, d'ailleurs, été héritier en lad. année 1734; a été préfident au Bureau de la Charité, en 1738 et 1739, à la place du sr Gafpard François Salladin du Frefne & enfuite pour lui-même, en 1740 & 1741.

Création
d'Août 1621

Prédéceſſeur, p. 201
Succeſſeur, p. 282

CLXVI

Pierre TERRASSE

Inſtallé le 16 Juillet 1732

D'azur à la bande d'argent, ſurmontée d'un lion paſſant d'or ;
au chef de gueules, chargé de 3 étoiles d'or.

Pierre TERRASSE, écuyer (quoyque ſes lettres de proviſions ne luy donnent pas cette qualité), avocat en Parlement, né à Lyon, paroiſſe Saint-Nizier, rue Saint-Dominique, le 13. May 1703, baptiſé le 15 dud. fils de Jaques Terraſſe, Conſeiller du Roy, commiſſaire aux revües & logement de gens de guerre pour Saint Chaumont, depuis échevin en 1726 & de 1727, & de Marguerite Trollier. A été pourvu de ſon office de Tréſorier général de France, qui a de gages ſur l'état du Roy, 2,798 livres 10 ſols, ſur la démiſſion de Jaques Terraſſe, ſon père, cy-devant, p. 201, par lettres du 16. May 1732 ; receu à la Chambre, ſur la loy le 16. Juin 1732 & inſtallé au Bureau, le mercredy 16. Juillet 1732, avant le sr Agniel, comme étant fils de maître &, partant, n'a payé que la moitié du droit d'inſtallation, ſavoir 900 livres & 300 livres pour le repas. Marié à Paris, en janvier 1736, à la demoiſelle Le Roy, fille d'un riche marchand, a eu 60,000 livres environ de dot & des eſpérances du chef de ſon père, pour une fois autant. Elle eſt morte à Lyon, à la ſuite de ſa première couche, le 23. Janvier 1737 ; le fils qu'elle avait fait eſt auſſi mort peu après, la dot a dû être reſtituée à la réſerve d'une dizaine de mille livres que les conjoinĉts s'étaient donnés. Marié en ſecondes noces, le 23. Janvier 1742, à une fille du sr Dominique Birouſte, ancien échevin, dont 70 ou 75,000 livres de dot.

CLXVII

PIERRE-HENRY AGNIEL

Inſtallé le 16 Juillet 1732

*Coupé d'or ſous aʒur : l'or chargé d'un agneau paſſant d'aʒur ;
l'aʒur chargé de 3 étoiles d'argent, ſommées d'un ſoleil d'or.*

Ce ſont armes parlantes, à cauſe de l'agneau.

PIERRE-HENRY AGNIEL DE CHENELETTE (terre qu'il poſſède en Beaujolois
& dont il porte le nom), écuyer, né à Lyon, paroiſſe Saint-Nizier, rue de la
Grenette, le 30. Octobre 1708, baptiſé le 31 dud., fils de sr Pierre Agniel,
bourgeois, aſſocié aux srs Eſtival, enſuite échevin en 1724 & 1725, &
de Geneviève Chomey. A été pourvu de ſon office de Tréſorier général de
France, qui a de gages ſur l'état du Roy, 2,248 livres 10 ſols, ſur la
réſignation de François de Ponſainpierre, dernier titulaire, cy-devant, p. 196,
lequel a vendu ſa charge 37.500 livres & par lettres de proviſions du
14. Juin 1732, avec diſpense d'age, & pour n'avoir voix délibérative qu'à
25 ans accomplis. Reçeu à la Chambre ſur la finance, le 5. Juillet 1732, il
eſpérait avoir diſpense de temps pour ſe faire recevoir avocat ; ne l'ayant pu
obtenir & voulant accélérer ſa réception, il s'eſt fait recevoir ſur la finance, a
été inſtallé au Bureau, le mercredy 16. Juillet 1732, après le sr Terrasse,
quoyque le même jour. Depuis & en 1734, il a été reçeu avocat au Parlement
de Paris, Il a épouſé le 17. Aouſt 1735, la demoiselle Ferrari qui a eu 50 mille
livres de dot.

CLXVIII

JEAN-FRANÇOIS MAZENOD

CHEVALIER D'HONNEUR

Inftallé le 2 Janvier 1733

*D'azur à 3 molettes d'éperon d'or, 2 & 1, au chef d'argent,
chargé de 3 bandes de gueules.*

JEAN FRANÇOIS MAZENOD, écuyer, sʳ de Pavezin, né à Lyon, rue de Flandres, paroiffe Saint Paul, le 11. Octobre 1706, fils d'Etienne Jofeph de Mazenod, écuyer, & de dame Marie Vande. A été pourvu de l'office de Confeiller du Roy, chevalier d'honneur au Bureau, par lettres du 16. May 1732, après le décès dud. Etienne Jofeph Mazenod, fon père, dernier titulaire & poffeffeur dud. office, cy-devant, p. 229, en conféquence du teftament mutuel avec Marie Vande, fon époufe, de la répudiation faite par lad. Vande, fa mère & de l'acceptation dud. Mazenod, leur fils, de l'hoirie de fon père, fous bénéfice d'inventaire, & auffi en conféquence du certificat du sʳ d'Hozier, juge général d'armes de France, portant que led. Jean François Mazenod a la nobleffe néceffaire pour être admis aux provifions dud. office de chevalier d'honneur. Receu à la Chambre le 29. May 1732, fans examen, après, néanmoins, information de vie, mœurs, age, &ca ; a été inftallé au Bureau, le vendredy 2. Janvier 1733, pour n'avoir féance qu'après le doyen ou celuy qui le repréfentera, & pour n'avoir voix que dans les matières civiles, fans pouvoir rapporter ni avoir part aux épices & autres revenans bons de la Compagnie &, par contre, n'entrera pas dans les dettes & engagemens de lad. Compagnie, tout de même & ainfi qu'il en avait été ufé à l'égard de fon père, nonobftant les demandes & nouvelles prétentions de fon fils, qui a payé pour droit d'inftallation 900 livres comme fils de maître, & 300 livres à l'ordinaire pour le repas ; & l'office duquel a de gages cy-devant réduits 1280 livres & 50 livres, pour exemptions d'entrées de vin par la ville & 4 minots fel, franc falé ; il paye pour le droit annuel 177 livres, 15. fols, 6 d., & de capitation, 100 livres.

Prédécesseur, p. 213
Successeur, p. 289

Création
de Novembre 1707

CLXIX

FRANÇOIS PHILIPPE RICHERI

Installé le 9 Janvier 1733

De gueules au dextrochère plié de carnation, mouvant d'une nuë d'argent au flanc fenestre, empoignant une épée du méme, garnie d'or; au chef d'or, chargé d'une aigle de sable, couronnée d'or, lampassée de gueules.

FRANÇOIS PHILIPPE RICHERI, né à Gênes, paroisse Saint Mathieu, le 27. May 1700, fils de Philippe Richeri & de Catherine... (l'acte baptistaire ne fait pas mention du nom de maison de la mère). A été pourvu de son office de Trésorier de France sur la résignation du sr Parisot, cy-devant, p. 213, dont il a acheté la charge 32,000 livres seulement, & par lettres de provisions du 4. Décembre 1732. En conséquence des lettres de naturalité par luy obtenues en Septembre 1729, enregistrées à la Chambre des comptes, le 21. Octobre & au Bureau, le 2. Novembre 1729. Receu à la Chambre des comptes sur la finance le 13. Décembre 1732, il a payé le droit ordinaire d'installation, de 1,800 livres & 300 livres pour le repas, a été installé le vendredy 9. Janvier 1733. Les gages de sa charge cy-devant réduits sont de 1760 livres, il jouit des 50 livres pour ses entrées de vin & de 4 minots de franc sallé; il a part aux épices s'il a le nombre suffisant de piqûres pour ses préfences ; mais il n'a pas part aux revenans bons de la Compagnie, ne s'étant pas soumis aux dettes & engagemens d'icelle, tout de mesme que le sr Parisot, son prédécesseur. Lad. charge paye d'annuel 285 livres & de capitation 180 livres, de même que les autres Trésoriers. Richeri a épousé en 1729 ou 1730, la demoiselle Geneviève Rigaud, fille de feu François Rigaud, advocat général à la Cour des Monnoyes de cette ville.

Création
de May 1635

Prédéceffeur, p. 199
Succeffeur, p. 272

CLXX

Léonard Claude GAULTIER

Inftallé le 1er Avril 1733

D'azur au chevron d'or, au chef du même, chargé d'un aigle iffant de fable.

Léonard Claude GAULTIER, sr du Fel (fief dépendant de la terre de Dortans, fitué en Bugey, appartenant au sr Gafpard Gaultier, fon frère aifné, confeiller à la Cour des Monnoyes). Né à Lyon, paroiffe Saint Pierre, le 13. Novembre 1706, fils de Pierre Gaultier, écuyer, confeiller fecrétaire du Roy, près la Cour des Monnoyes de Lyon, receveur de lad. ville, enfuite échevin en 1725 & 1726 & de Marie Louise de Barcos. A été pourvu de fon office de Tréforier de France, le 16. Novembre 1732, au lieu et place de Jean-François Philibert, cy-devant, p. 199, dernier titulaire d'iceluy, qui a été adjugé à Pierre Gaultier, pour fon fils par jugement des commiffaires nommés pour les affaires de la succeffion dud. Philibert, du 15. Septembre 1732, moyennant la fomme de 37,200 livres, y compris une quittance de 2,351 livres 5 fols, payée par la veuve Philibert aux parties cafuelles, pour le 8e denier & la nomination aud. office, lequel a de gages 2,225 livres. Les frais de l'adjudication ont été de 1200 livres ; Gaultier du Fel a été receu à la Chambre, fur la loy, le 11. Mars 1733 & inftallé au Bureau, le mercredy saint 1. Avril 1733 ; il paye de paulette & de capitation autant que les autres Tréforiers. Pierre Gaultier, le père, eft fils de Louise Michon, fœur de Annibal Michon, mon père.

CLXXI

ANTOINE MARIE PALERNE

Inſtallé le 4 May 1733

D'or au paon roüant d'azur, au chef d'azur, chargé de 3 étoiles d'argent.

ANTOINE MARIE PALERNE, né à Saint Chamond en Lionnais, le 8. Avril 1686, fils de Zacharie Palerne, moulinier & marchand de soye aud. Saint Chaumont & de Marguerite Grangier. Pourvu de l'office de Tréforier de France que tenait & exerceait feu Jofeph Le Clerc, cy-devant, p. 242, vacant aux parties cafuelles du confentement de la veufve du deffunct èz noms & qualités qu'elle procède, & par lettres du 12. Février 1733 ; receu à la Chambre fur la financé le 19. Mars 1733 & inſtallé au Bureau, le lundy 4. May 1733. La charge de Le Clerc a été taxée, à la rigueur, à 50,000 livres & 3000 livres pour les 2 fols pour livre aux parties cafuelles au profit de ſa veufve qui en avait traité auparavant avec led. Palerne, pour le prix de 41,000 livres, compris les frais de provifions qui ne luy font revenus qu'à 1500 livres environ; en forte qu'elle a bénéficié fur lad. vente, de 6,500 livres environ & la charge revient à Palerne, paffé par tout, à environ 45,000 livres; elle a de gages fur l'état du Roy, 2,225 livres & paye les mêmes annuel & capitation que les autres. Le sr Palerne n'eſt pas marié ; comme il avait négocié en foye jufqu'à préfent & qu'il comptoit peut-être encore de continuer, on fit beaucoup de difficultés fur fon inſtallation ; elles furent terminées au moyen de quelque délai qu'on mit à ſon inſtallation & aux ſoumiſſions qu'il fit de ne plus négotier, le tout conformément à la délibération & acte des 8. Avril & 4. May 1733, portés ſur le regiſtre des règlemens de la compagnie. Palerne eſt de la même famille de Gabriel & Léonard Palerne, mais parent fort éloigné; il en porte à peu près les mêmes armes; échevin en 1739 et 1740, décédé le 6. Juin 1742, enterré à Saint-Paul, ſa paroiſſe; mort garçon & riche de 500 & tant de mille livres.

CLXXII

CLAUDE RUFFIER

Inftallé le 3 Septembre 1734

*D'azur à la ruche d'or, cantonnée de 4 abeilles du même ; au chef d'or,
chargé d'une rofe de gueules.*

CLAUDE RUFFIER, avocat au Parlement, né à Lyon, paroiffe Saint-Nizier, le 29. Mars 1711, fils de Nicolas Ruffier, marchand de cette ville & de Jeanne Duport, fœur de Jean Philibert Duport, Tréforier de France, cy-devant, p. 208. Pourvu de fon office de Tréforier de France, le 28. May 1734 au lieu & place de Mathieu Gayot, dont il a acheté l'office 40,500 livres ; receu à la Chambre, fur la loy, le 23. Juin 1734 & inftallé au Bureau, le vendredy 3. Septembre fuivant. A eu lettres de difpenfe d'age pour n'avoir voix délibérative qu'à 25 ans, & de parenté, à cause du sr Duport, fon oncle maternel ; cette charge a de gages fur l'état du Roy, 2,248 livres 10 fols, & paye d'annuel comme les autres Tréforiers & la même capitation : annuel 285 livres, capitation 180 livres. A obtenu lettres de mainlevée de reftriction pour avoir voix délibérative, qui ont été regiftrées au Bureau, le 4. Avril 1735. Marié le 24. Janvier 1739, avec la demoifelle du Treul, fille du sr du Treul le jeune, marchand, Tréforier des deniers de la Charité, en 1737 & 1738, qui a eu pour dot 60,000 livres comptant, & 20,000 après le déceds des père & mère. Ruffier eft fort riche, il paffe pour avoir plus de 400,000 livres de biens ; il a acheté depuis quelque temps, la terre d'Attigna en Breffe.

Création
d'Avril 1627

Prédéceffeur, p. 216
Succeffeur, p. 265

CLXXIII

Jean Baptiste ESTIVAL

PROCUREUR DU ROY

Inftallé le 20 Janvier 1736

De gueules à 2 rameaux de laurier d'or pofés en fautoir ; au chef d'argent,
chargé de 3 mouchetures d'hermine de fable.

Jean Baptiste ESTIVAL, advocat au Parlement, né à Lyon, paroiffe
d'Ainai, le 6. Septembre 1713, fils unique d'autre Jean Baptifte Eftival, grand
Mᵉ des eaux & forêts de France au département de Lyon, & de demoifelle
Antoinette Chevalier qui était fille unique & héritière du sʳ Chevalier, procureur poftulant èz cours de Lyon, & qui fe remaria après le décèds dud.
Eftival au sʳ Jean François Noyel, confeiller à la Cour des Monnoyes, échevin
en 1727 & 1728, dont elle n'eut point d'enfant. A été pourvu de fon office de
Procureur du Roy, au Bureau, par lettres patentes du 9. Avril 1735, avec
lettres de difpenfe d'âge, fans aucune reftriction, au lieu & place de feu Jean
Baptifte Conftant, cy-devant, p. 216, de la veufve duquel ez qualités qu'elle
procédait. Led. office a été acheté pour led. sʳ Eftival, la fomme de
75,000 livres et 500 livres d'eftrennes, qui a de gages fur l'état du Roy,
2,748 livres 10 fols qui paye d'annuel 285 livres & de capitation 180 livres
comme les autres Tréforiers. Led Eftival receu à la Chambre fur la finance,
le 20. Avril 1735, mais peu après, fe fit recevoir advocat au Parlement; en
conféquence de lettres de difpenfe & d'interftice &, fous cette qualité, inftallé

au Bureau, le 20. Janvier 1736. Il n'eſt pas marié, ſa famille a fait ici le commerce de draperie & l'exerce encore aujourd'hui ; il eſt décédé à Paris, le 25. juillet 1736 & n'a exercé, ici, ſa charge que quelques jours ; il eſt mort pulmonique ſans être marié. Il a fait héritier un oncle, preſtre de l'Oratoire, âgé de 86 ans, frère de ſon père, mais ce ne peut être que de ſa légitime & des biens du sʳ Chevalier, ſon ayeul maternel qui étaient aſſez conſidérables ; quant aux biens du côté de ſon père, ils étaient subſtitués & ceux de ſa mère également. Il pouvait jouir de 12 à 13 mille livres de rentes.

*Création
de Mars 1691*

Prédéceſſ^r, p. 171
Succeſſeur, p. 283

CLXXIV

JEAN-ANTOINE BATHÉON DE VERTRIEU

PREMIER PRÉSIDENT

Inſtallé le 11 Avril 1736

*D'argent au ſautoir engrellé de ſinople, cantonné de 4 tourteaux de gueules ;
au chef d'aȝur, chargé d'une tête de lion arrachée d'or.*

JEAN-ANTOINE BATHÉON DE VERTRIEU, advocat au Parlement, né
à Lyon, rue des Baſſes Eclaiſons, paroiſſe Saint Pierre Saint Saturnin,
le 23. Aouſt 1714, fils de Léonard Bathéon, écuyer, ſeig^r de Vertrieu & autres
places, conſeiller à la Cour des Monnoyes, ſeneſchauſſée & préſid. de Lyon,
& de dame Bonne Pupil, petit-fils d'Antoine & arrière petit-fils de Léonard Ier
du nom, échevin en 1677 & 1678, lequel était fils d'Antoine Bathéon Ier du
nom. Pourvu de l'office de premier préſident au Bureau, le 27. Aouſt 1735, au
lieu & place de Jean Durret, cy-devant, p. 171, ſur la réſignation d'Elizabeth
Richer, ſa veufve & héritière, & moyennant la ſomme de 100,000 livres &
3.000 livres d'eſtrennes, pour laquelle led. ſr Durret avait, en 1733, vendu
ſon dit office au ſr Léonard Bathéon, pour Jean Antoine, ſon fils, à la charge
de n'avoir voix & opinion délibérative & de ne pouvoir préſider qu'à 25 ans
accomplis ; en conſéquence des lettres de diſpenſe d'âge par lui obtenues
le 23. Aouſt 1735. Receu à la Chambre des comptes ſur la loy, le 7. Sep-

tembre 1735, à condition de n'avoir ni voix ni opinion délibérative qu'aud. âge de 25 ans (l'arrêt de réception de la Chambre ne parle point de la faculté de préfider ou non) ; en laquelle Chambre il a été inftallé en la place de diftinction portée par l'arrêt de règlement de lad. Chambre du 19. Septembre 1696, intervenu fur le fait de la réception des premiers Préfidens des Bureaux des finances qui eft la dernière des deux premiers bancs des Maitres des comptes & différentes de celles des Tréforiers de France qui font inftallés à la dernière place du banc, appelé des correcteurs, qui eft au bas du Bureau, vis-à-vis les préfidens de la Chambre. Led. sr de Vertrieu a été inftallé au Bureau des finances, le mercredi 11. Avril 1736, & a prêté ferment entre les mains du sr Duport, comme plus ancien préfident de la Compagnie, après quoy on l'a fait affeoir dans la place du premier préfident & tout de fuite, led. sr Duport lui a dit que, n'ayant l'âge requis & ne pouvant préfider, il n'occuperait cette place qu'à 25 ans accomplis &, jusque-là, qu'il jugerait immédiatement après celui qui préfiderait au Bureau par droit d'ancienneté, & led. sr de Vertrieu s'étant enfuite levé, le sr préfident Duport l'a embraffé & a prit la place qu'il venait de quitter, & le sr de Vertrieu, après avoir été embraffé des officiers de la Compagnie, eft venu prendre la place qu'avait le sr Duport, le tout conformément au procès-verbal couché fur le plumitif dud. jour & en conféquence de la décifion de M. le Chancelier, à qui la Compagnie s'en était rapporté, touchant la place & féance dud. sr de Vertrieu, qui a payé pour droit d'inftallation 1,800 livres & 300 livres pour le repas comme les autres Tréforiers de France seulement. Sa charge a de gages fur l'état du Roy 4,000 livres pour deux quartiers de 8,000 livres & 6 minots de franc fallé, elle paye de paulette 356 livres 5 fols, & de capitation 180 livres, ni plus ni moins que les Tréforiers de France. Il a prit fa place de premier préfident pour préfider déformais au Bureau & ailleurs fur la Compagnie, le mercredi 26. Aouft 1739; le lundi précédent s'étant trouvé jour de fête. Il a époufé le 3. Février 1746, la demoifelle Nicoleau, fille du receveur de la ville ; on luy a donné cent mille francs, mariage faifant & 50,000 que luy a promis Mme Flachat, fa tante; l'augment a été fixé à 3,000 livres de rente viagère. Il eft décédé le 3. Juillet 1746, à Vertrieu, d'une fièvre putride, le 19e jour de fa maladie; c'eft une grande perte que la Compagnie a faite, il était fort doux & fort appliqué.

Création
de Février 1626

Prédéceſſeur, p. 209
Succeſſeur, p. 311

CLXXV

ANDRÉ JOSEPH FENOUILLET

Inſtallé le 2 Juillet 1736

*D'aʒur à 3 grenades d'or, ouvertes de gueules, 2 & 1, ſurmontées d'autant
d'étoiles d'argent.*

Ce ſont armes d'une autre famille Fenoüillet, que celui-cy a priſes
& adoptées pour lui.

ANDRÉ JOSEPH FENOUILLET, advocat en Parlement, né à Montluel en
Breſſe, paroiſſe Notre Dame Deſmarets, le 20. Septembre 1706, fils d'André
Fenouillet, bourgeois, marchand drapier en lad. ville & de Hélène Proſt.
A été pourvu de ſon office de Tréſorier de France, au lieu & place & ſur la
réſignation de Jean Verdan, cy-devant, p. 209, dont il a acheté la charge
40 mille livres & 500 livres d'étrennes non mentionnées au contraċt, & ce par
lettres du 8. Avril 1736. Receu à la Chambre des comptes ſur la loy, le
14. May 1736 & inſtallé au bureau, le lundi 2. Juillet 1736. Sa charge a de
gages 2,248 livres 10 ſols, paye d'annuel 285 livres & de capitation 180 livres,
il a payé les droits ordinaires d'inſtallation 2,100 livres.

Création
d'Avril 1627

Prédéceffeur, p. 260
Succeffeur, p. 286

CLXXVI

JEAN-JAQUES FAYARD

PROCUREUR DU ROY

Inftallé le 25 Février 1737

*D'or à l'arbre d'heftre, dit fayard, arraché de finople, accofté d'un croiffant
montant & d'une étoile d'azur.*

Comme cy-devant p. 222, à l'article de Gafpard Fayard, fon coufin germain.

Jean-Jaques FAYARD, écuyer, s^r des Aveinières (terre en Dauphiné,
à 7 ou 8 lieues, qui peut valoir 150,000 livres, fur laquelle il y a des
hypothèques, des dots & autres dettes à payer pour une cinquantaine de
mille livres, fans compter la dot & les droits de la femme de Fayard, le père,
qui font confidérables & affectés fur cette terre), avocat au Parlement, né à
Lyon, paroiffe Saint-Nizier, le 4. Janvier 1700, fils de Jean Fayard, marchand drapier, puis fecrétaire du Roy, & de Marguerite Claret fœur de
Jacques Claret de la Tourette, cy-devant lieutenant criminel. A été pourvu de fon
office de Procureur du Roy au Bureau par lettres du 31. Décembre 1736, au lieu
& place de Jean Baptifte Eftival, cy-devant, p. 260, des héritiers duquel & vers
le 15. Septembre dernier, on acheta pour luy lad. charge, la fomme de 77 mille
livres & 1,000 livres d'eftrennes pour la robe de fatin & quelques papiers &
regiftres touchant la charge, qu'on lui remit. Receu à la Chambre des
comptes fur la loi, le 9. Janvier 1737, & inftallé au Bureau, le lundi,

25. Février, aud. an ; il a payé le même droit d'inftallation que les Tréforiers de France, & il paye le même droit d'annuel & la même capitation qu'eux. Sa charge a de gages fur l'état du Roy 2,748 livres, 10 fols, il a 4 minots de franc fallé. Quelques jours avant fon inftallation, il y avait eu promeffe de mariage entre lui & la demoifelle Fufelier, fille de Pierre Fufelier, marchand, qui luy donnait en dot 80,000 livres comptant, mais le mariage fe rompit, principalement à caufe de Fayard, fon père, dont la mémoire n'eft pas ici en bonne odeur ; il eft encore vivant & établi à Paris, depuis plufieurs années. Led. Fayard, père, avait promis de remettre à fon fils, dès à préfent, lad. terre des Aveinières, mais il ne lui a pas tenu parole.

Création
d'Avril 1627

Prédéceſſeur, p. 226
Succeſſeur, p. 312

CLXXVII

JEAN PIERRE MARIE BLANCHET

Inſtallé le 23 Août 1737

D'aʒur à la bande d'or, accoſtée de 2 branches de lis, tigées,
fleurées & feuillées d'argent.

JEAN PIERRE MARIE BLANCHET, écuyer, né à Lyon, paroiſſe Saint-Nizier, le 6. Juillet 1710, fils de feu Jean-Claude Blanchet, marchand drapier, puis échevin en 1731 & 1732 & de Agnès de Mayol, ſœur de François de Mayol, cy-devant, p. 226, Tréſorier de France. A été pourvu de ſon office par lettres du 12. Juillet 1737, au lieu & place dud. de Mayol, ſon oncle, dont il a acheté la charge 40,000 livres & une eſtrenne ; reçeu à la Chambre ſur la finance, le 31. dud. & inſtallé le vendredi 23. Aouſt ſuivant. La charge a de gages 2,248 livres 10 ſols, & paye ſemblable annuel & capitation que les autres Tréſoriers. Il a épouſé en Mai 1737 la demoiſelle Dru, fille du feu ſr Dru, marchand fabriquant d'étoffes en dorure, & de demoiſelle Adamoli ; après le décès de laquelle elle pourra jouir d'environ 40,000 écus de biens.

Création
de Janvier 1581

Prédéceſſeur, p. 227
Succeſſeur, p. 310

CLXXVIII

JEAN ANDRÉ IGNACE SOUBRY

Inſtallé le 10 May 1741

*D'or à l'arbre terraſſé de ſinople, au chef d'aʒur, chargé d'un lion
paſſant d'argent.*

JEAN ANDRÉ IGNACE SOUBRY, écuyer, advocat en Parlement, fils de Jaques Soubry, marchand de dorures, puis échevin en 1737 & 1738, & de Catherine Prenel, né à Lyon, paroiſſe Saint-Nizier, le 29. Juillet 1705, baptiſé le 30. ſuivant. Pourvu de l'office de Tréſorier de France par lettres du 16. Décembre 1740, au lieu & place de Gaſpard François Salladin du Freſne, cy-devant, p. 227, dont il a acheté la charge 64,000 livres ſans eſtrennes, qui a de gages ſur l'état du Roy 2,948 livres 10 ſols, & paye le même annuel & la même capitation que les autres Tréſoriers de France du Bureau, & jouit des mêmes droits & émolumens. A été reçeu à la Chambre des comptes ſur la loy, 17. Avril 1741 & inſtallé au bureau, le 10. Mai aud. an 1741.

Création
d'Avril 1627

Prédéceſſeur, p. 212
Dernier titulaire

CLXXIX

FLEURY BORDEAUX

Inſtallé le 22 Décembre 1741

*D'azur au ſoleil d'or en chef, & en pointe à la rivière d'argent,
accompagnée de ſes 2 bords ou rivages d'or.*

Ce ſont armes nouvellement fabriquées & inventées comme armes parlantes,
à cauſe des *bords d'or* de cette rivière, qui font une mauvaiſe alluſion à Bordeaux.

FLEURY BORDEAUX, né à Lyon, le 13. May 1721, baptiſé à Saint-Nizier, le 14. ſuivant, fils de Lucien Bordeaux, marchand drapier & de demoiſelle Marie Françoiſe Chovet ; pourvu de l'office de Tréſorier de France ſur la réſignation de Catherine d'André de Fromente, veuve & héritière du s^r Rivet, dernier titulaire dud. office & ce par lettres de proviſions du 22. Septembre 1741 ; reçeu à la Chambre des comptes ſur la finance, le 14. Octobre aud. an, a obtenu lettres de diſpenſe d'âge pour n'avoir voix qu'à 25 ans accomplis, a été inſtallé au bureau, le vendredi 22. Décembre 1741, en ſon d. office, qui a de gages ſur l'état du Roy 2,248 livres 10 ſols, & qui a couté 46,000 livres & 500 livres d'étrennes, paye la même capitation & le même annuel que les autres officiers du Bureau. Led. Bordeaux n'eſt pas marié (1743).

Création
de May 1635

Prédécesseur, p. 257
Successeur, p. 295

C L X X X

VINCENT PALERNE

Installé le 24 Décembre 1742

D'or au paon roüant d'azur, au chef d'azur, chargé de 3 étoiles d'argent.

Comme à l'article de son frère, cy-devant p. 257.

VINCENT PALERNE, fils de Zacharie Palerne, marchand de soie, & de Marguerite Grangier, né à Saint Chamond en Lionnois, le 9. Février 1691, baptisé le 12. dud. paroisse Saint-Pierre & Sainte-Barbe; pourvu de l'office de Tréforier de France, de feu Antoine Marie, son frère, cy-devant, p. 257, comme son cohéritier avec Joseph Palerne, son frère, qu'il a pris sur le pied de 50,000 livres avec les arrérages des gages échus & revenans bons de la Compagnie pouvant monter à 4,000 livres, partant le prix de lad. charge ferait de 46,000 livres, & ce par lettres de provisions du 3. Aoust 1742 avec dispense d'alliance à cause de Estienne Clapeyron, Tréforier de France, dont il a épousé la sœur. Receu à la Chambre sur la finance, le 17. Aoust 1742, installé le lundi, 24. Décembre 1742; cet office a de gages 2,225 livres, paye les mêmes annuel & capitation, que les autres & le même droit de bienvenue. Vincent Palerne était marchand de soie en gros; il a remis son commerce sous le nom d'autrui & son installation a été retardée de 4 ou 5 mois pour raison dud. commerce.

*Création
de Juin 1586*

*Prédécesseur, p. 219
Successeur, p. 293*

CLXXXI

JEAN BAPTISTE HUBERT DE SAINT DIDIER

Inftallé le 20 Février 1743

*D'azur au chevron d'or, accompagné de 2 rofes d'argent en chef
& d'un croiffant montant en pointe, du même.*

JEAN BAPTISTE **HUBERT DE SAINT DIDIER**, écuyer, advocat en Parlement, né à Lyon, paroiffe Saint-Paul, le 23. Novembre 1719, baptifé le 24. dud., fils de Benoît Victor Hubert de Saint Didier, auffi écuyer & Tréforier de France & de Antoinette Aniffon, demoifelle. Pourvu de fon office fur la réfignation de fond. père, cy-devant, p. 219, par lettres du 4. Janvier 1743, avec difpenfe d'age & d'alliance, à caufe de Mathieu Girard, Tréforier de France, fon oncle, par alliance, fous les claufes & conditions ordinaires. Receu à la Chambre fur la loy, le 19. defd. mois & an & inftallé au Bureau, le mercredi, 20. Février 1743. Cet office a de gages 2.498 livres 10 fols, paie le même annuel & la même capitation que les autres. Jean Baptifte Hubert, comme fils de maître, n'a payé pour droit de bienvenue que 900 livres qui eft moitié de celle des autres & 300 livres pour le repas converti en cette fomme. Il n'eft pas marié (1743) ; il eft contrefait, boffu devant & derrière par accident, mais il paffe pour avoir de l'efprit, de la fageffe & du mérite pour fon âge.

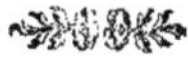

*Création
de May 1635*

*Prédéceſſeur, p. 256
Dernier titulaire*

CLXXXII

Simon VIAL

Inſtallé le 22 Février 1743

D'or au çhevron de gueules, accompagné en pointe d'un tourteau du même.

Simon VIAL, advocat au Parlement, né à Lyon, paroiſſe Saint-Nizier, le 8, baptiſé le 9. Aouſt 1717, fils de Benoît Vial, écuyer, conſeiller du Roy, contrôleur ordinaire des guerres (il avait été étapier au fauxbourg de la Guillotière), & de Marie-Anne Richard. Pourvu de ſon office de Tréſorier de France ſur la réſignation de Léonard Claude Gaultier du Fel, cy-devant, p. 256, acquis moyennant la ſomme de 50,000 livres en argent & ſans étrennes, & ce par lettres de proviſions du 12. Janvier 1743. Receu à la Chambre ſur la loy, le 21. deſd. mois & an, & inſtallé au Bureau, le vendredi 22. Février aud. an 1743. Cet office a de gages 2,225 livres & paie les mêmes droits de paulette, capitation & bienvenue que les autres. Simon Vial n'eſt pas marié (1743).

Création
d'Avril 1627

Prédéceſſeur, p. 224
Succeſſeur, p. 298

CLXXXIII

MAURICE LACHASSE DE MORLAND

AVOCAT DU ROY

Inſtallé le 19 Août 1743

D'aẓur au lévrier courant d'or, au chef d'argent chargé de 3 merlettes de ſable.

On trouve auſſi de gueules à 3 aiglettes d'argent, 2 & 1.

L'ARTICLE précédent (de Simon Vial) eſt le dernier rédigé & tranſcript par Léonard Michon dans ſon *Armorial* manuſcrit; on devrait trouver à cette place, ſuivant l'ordre chronologique adopté, l'article de Maurice Lachaſſe, inſtallé comme Avocat du roy au Bureau, en 1743. Mais l'auteur, qui n'eſt mort cependant qu'en 1746, n'en fait pas mention, & ſon fils, Balthazard Michon, qui a continué l'œuvre de ſon père, le paſſe auſſi ſous ſilence. Voici, pour ſuppléer à cette lacune, un extrait inédit du *Journal de Lyon* ou *Mémoires hiſtoriques* (T. VI, fᵒˢ 174 à 176) de meſſire Léonard Michon, où il eſt longuement queſtion du nouvel officier.

« Le ſʳ MAURICE LACHASSE, né au bourg de Thiſy en Beaujolois,
« le 5. Novembre 1692, fils d'un tiſſerand en fil de ce païs là, avait acquis
« par décret ſur le ſʳ Drappier (cy-devant p. 224), le ſecond office d'Avocat
« du roy au Bureau des finances; mais, comme il était en tout ſens très
« déſagréable à la Compagnie, elle forma d'abord des oppoſitions à l'obtention
« de ſes proviſions, & ſe donna des mouvemens pour empêcher qu'il ne
« parvînt à y être receu. Cependant, au moyen de ſes menées & de ſon
« induſtrie, tous ces ſoins furent inutiles, & il en obtint les proviſions en

« 1734, & s'y fit recevoir en 1736, à l'infcu même du Bureau. Ce ne fut,
« néanmoins, qu'en 1736, qu'il fe donna ici quelques mouvemens pour s'y
« faire inftaller, mais comme il y trouva beaucoup d'obftacles, il jugea à
« propos de furfeoir fes pourfuites & d'attendre un temps plus favorable.
« Il différa, pour cet effet, jufqu'au commencement de cette année (1743),
« qu'il renouvella fes pourfuites, & qu'il follicita vivement & avec chaleur
« fon inftallation, quelque repréfentation qu'on lui pût faire fur ce fujet,
« & quelque tempérament qu'on pût lui propofer pour le porter à refter
« dans la fituation où il était depuis fix ou fept ans, qu'il avait été receu en
« fa charge dans la chambre des comptes ; on lui fit même des propofitions
« avantageufes s'il voulait ne pas perfifter dans fon deffein. Toutes ces
« démarches étant inutiles, on mit cette affaire fur le Bureau, & l'on réfolut
« *unanimement*, après une longue difcuffion, de ne le pas recevoir, &
« d'envoyer à M. le Chancelier les motifs de notre refus, qui étaient contenus
« dans un long mémoire que la Compagnie lui adreffa... »
     Suit l'énumération de ces motifs.
     « ...On employait contre lui plufieurs autres griefs dans ce mémoire,
« qu'on peut voir tout au long tranfcript dans le Regiftre des affaires parti-
« culières de la Compagnie & au plumitif d'icelle, fous la date du 19. Avril
« 1743. Tous ces moyens paraiffaient bien faits pour déterminer M. le
« Chancelier, fur leur fimple expofé, à donner l'exclufion à Lachaffe... ; mais
« comme, depuis quelques années, c'eft un ufage, quoique de très dangereufe
« conféquence, que la Cour renvoye aux Intendans de province tous les placets
« ou mémoires qu'elle reçoit touchant quelque affaire que ce puiffe être,
« pour en recevoir leur avis, lequel eft toujours fuivi, & fait, comme on dit,
« l'arrêt, M. le Chancelier renvoya le Mémoire à M. Pallu, Intendant, lequel,
« fe trouvant alors à Paris, le renvoya, comme c'eft la coutume, à fon
« fubdélégué, le sr Le Camus, qui est en même temps fon fecrétaire, & qui
« s'eft fi fort rendu maître de l'efprit de M. Pallu, qu'il règle lui-même toutes
« les affaires de l'Intendance, & que ce qu'il ordonne eft bien réfolu & arrêté.
« Ce mémoire étant parvenu au sr Le Camus, il en fit informer fur le champ
« le sr Lachaffe, qui trouva auprès de lui la recommandation du nommé
« Deville, ingénieur des ponts, chemins & chauffées de la Généralité, qui
« eft le feul ami qu'il ait fcu fe faire dans ce païs. Lachaffe lui fournit fes
« réponfes à notre Mémoire, telles qu'il voulut, fans nous en donner la
« moindre communication, &, dans l'efpace de 24 heures, il les envoya
« à M. Pallu, avec fon avis, qui était tout à fait favorable à Lachaffe, & fort
« défavantageux pour les Tréforiers de France. M. Pallu l'ayant receu,
« fe fit un mérite auprès de M. le Chancelier de lui rendre promptement
« raifon de cette affaire, & de lui en faire un rapport bien circonftancié,
« comme fi il en était par lui-même parfaitement inftruit, tandis qu'on a tout
« lieu de croire qu'il n'avait jamais vu ni connu Lachaffe, & qu'il n'en avait
« même jamais ouy parler ; mais, comme il s'en remet uniquement à fon
« fecrétaire, & qu'il a, ainfi qu'on le croit, quelques raifons secrettes de le

« ménager, il ne s'écarta en aucune façon de l'avis qu'il lui avait envoyé,
« & le fit valoir comme le fien auprès de M. le Chancelier ; ce qui donna lieu
« à ce miniftre d'écrire aux Tréforiers de France une lettre vive & mena-
« çante, avec ordre de ne plus s'oppofer à l'inftallation de Lachaffe. La
« Compagnie a defféré à fes ordres, & l'a inftallé le lundi 19. de ce mois
« d'Aouft 1743, mais d'une manière dont perfonne que lui n'a jamais été
« receu : 1º aucun officier de la Compagnie ne voulut recevoir fa vifite. Il n'y
« en eut que trois qui fe trouvèrent à fon inftallation, favoir les srs
« Clapeyron, Ruffier & Blanchet. Clapeyron, comme préfident, reçut fon
« ferment fans le faluer, ni fe lever devant ni après la preftation d'icelui ;
« aucun d'eux ne le mit dans fa place, ainfi que c'est l'ufage de le faire, on
« la lui montra feulement de loin, & quand il fut affis, M. Clapeyron lui fit
« un petit discours, d'après l'ordre de la Compagnie, par lequel il lui repré-
« fenta que c'était uniquement par les ordres de M. le Chancelier qu'on
« venait de le recevoir ; que, cependant, il était à propos qu'il fuft bien informé
« des fentiments de la Compagnie à fon égard, qui n'avait que de juftes
« fujets de le regarder comme un membre dont la préfence lui ferait toujours
« défagréable, & que, s'il lui reftait quelques fentimens, il éviterait déformais
« de fe montrer, &ca... Après quoy on leva la féance, & on laiffa Lachaffe
« entre les mains des huiffiers, qui exigeaient avec rigueur les droits &
« falaires qu'ils prétendaient leur être dus pour fon inftallation. Il avait
« auparavant payé au greffe du Bureau 1200 livres pour le droit de fon
« inftallation qu'on appelle *bienvenue,* mais on ne le lui avait pas demandé ;
« on s'était contenté de lui dire que, fuivant l'ufage, il avait été réglé à cette
« fomme pour chacun des Avocats du roy. Auffi la Compagnie n'en a pas
« voulu profiter ; elle l'a donné par aumône, moitié à l'Hôpital, l'autre moitié
« à la Charité, & on en a tiré quittance, où l'on n'a pas cependant jugé à
« propos de faire mention d'où cet argent provenait, finon en général de la
« libéralité & charité des Tréforiers de France. Deux recteurs de chaqu'une
« de ces deux maifons des pauvres ont été députés, & font venus au Bureau
« remercier la Compagnie de cette aumône. On n'a pas fait figner aud.
« Lachaffe les engagemens de la Compagnie, que tous fes nouveaux officiers
« doivent figner à leur inftallation, parce qu'elle n'a pas voulu en aucune
« manière l'intéreffer dans fes affaires particulières, ni lui en faire part. On
« aurait encore bien d'autres faits à rapporter fur cette matière, mais on fe
« contentera de renvoyer le lecteur curieux aux Regiftres du Bureau des
« finances, & à la liaffe des papiers & mémoires qui font entre mes mains,
« & qui concernent cette belle affaire ».

Malgré les humiliations d'une pareille réception, Maurice Lachaffe de
Morland (c'eft ainfi qu'il eft nommé dans les *Almanachs de Lyon ;* Morland
eft un petit fief près de Coutouvre en Beaujolois) ne quitta point la place.
Peut-être finit-il par rentrer en grâce auprès de fes collègues ? Toujours
eft-il qu'il conferva fa charge d'Avocat du roy pendant 23 ans, c'eft-à-dire
jufqu'en 1766, qu'elle fut acquife par Claude Pollet, cy-après p. 298.

Création
de May 1635

Prédéceſſeur, p. 190
Succeſſeur, p. 322

CLXXXIV

BALTHASARD MICHON

AVOCAT DU ROY

Inftallé le 16 May 1746

*D'azur à la faſce d'or, accompagnée en chef de 2 molettes d'éperon d'argent,
& en pointe d'une main dextre appaumée du même ; écartelé d'argent
au ſautoir engrêlé de ſinople, cantonné de quatre tourteaux de gueules,
au chef d'azur, chargé d'une tête de lion arrachée d'or.*

BALTHAZARD MICHON, avocat au Parlement, né à Lyon, paroiſſe Saint
Pierre, le 4. Juillet 1720, fils de Léonard Michon, Avocat du Roy au Bureau,
pourvu de la charge d'Avocat du Roy, comme héritier de M. ſon père,
cy-devant, p. 190, par lettres du 31. Mars 1746 ; receu à la Chambre des
Comptes sur la loy le 4. Avril 1746, inftallé au Bureau le 16. Mai de la même
année, & après des difpenfes de parenté, à caufe de Balthazard Michon, ſon
oncle, Tréforier de France. Cet office a de gages, fur l'état du Roy, 1.452 livres
10 fols. Il a payé, pour droit de bienvenue, 450 livres comme fils de maître, &
300 livres pour le repas. Il réfigna fa charge à Claude Baroud, qui y a été
inftallé en 1787, voyés cy-après, p. 322; partant, il l'a exercée plus de 40 ans.
Il avait époufé, le 24. Février 1745, Jeanne Valfray, fille de Pierre Valfray,
libraire à Lyon, enfuite feigr de Salornay, & échevin de la ville de Lyon en 1743
& 1744. Il a laiſſé plufieurs enfants ; une de fes filles a époufé M. Hubert de
Saint-Didier, dont eft iffu M. Balthazard Hubert de Saint-Didier, né en 1779,
continuateur de cet *Armorial*. Cette famille ne fubfifte plus aujourd'hui dans
les mafles.

CLXXXV

Antoine MAINDESTRE

Inſtallé le 8 May 1747

*D'or au dextrochère de carnation mouvant du flanc ſénestre, empoignant une
rofe de gueules, tigée & feuillée de ſinople ; au chef d'aʒur chargé de
3 étoiles d'argent.*

Antoine MAINDESTRE, ſeigʳ de la Sarra, né à Lyon, rue de l'Enfant-
qui-piſſe, le 3. Mars 1707, baptiſé le même jour à Saint-Saturnin, était fils de
sʳ Etienne Maindeſtre, originaire d'Orléans, marchand épicier & bourgeois de
Lyon, qui fut échevin en 1726 & 1727, & de Geneviève de Madières. Pourvu
de l'office de Tréſorier de France au lieu & place de M. Jean-Philibert
Duport, cy-devant p. 208, ſur la réſignation des sʳˢ Ruffier & Peiſſon,
héritiers dud. sʳ Duport, par lettres de proviſions du 10. Mars 1747, reçeu à la
Chambre des Comptes ſur la finance, le 23. dud. mois, & inſtallé au Bureau
le 8. May ſuivant. Lad. charge a de gages fixes 2.248 livres 10 ſols, & ne luy
a coûté que 36.500 livres, les héritiers du sʳ Duport l'ayant gardée près de
3 ans, & n'ayant pas voulu ſe déterminer à la vendre d'abord à un prix
honnête qu'on leur en offrait. Il réſigna ſond. office à Jean-Jacques de
Boiſſieu, cy-après p. 303, qui y fut reçeu en 1771 ; partant, il l'a exercé
24 ans. Il est mort le 23 août 1779, & a été inhumé le lendemain dans l'église
d'Ainay.

Antoine Maindeſtre, Tréſorier de France, avait épouſé le 23. Aouſt 1743,
à Saint-Saturnin, Simone Tolozan, fille d'Antoine Tolozan, ſeigʳ de Montfort,

fecrétaire du Roy, & de Benoîte Geffe, dont il a eu 8 enfans. Son fils l'aifné, Jean-François Maindeftre, né à Lyon, quai Saint-Clair, le 21. Février 1746, a époufé le 27. Avril 1775, à Ainay, Benoîte-Bonaventure Tolozan, fille de Jean François Tolozan, avocat général en la Cour des Monnayes, & de dame Marie-Anne Perrin de Roche ; il périt victime de la Terreur à Lyon en 1793. Un autre fils d'Antoine, nommé Céfar Maindeftre, né à Lyon, quai Saint-Clair, le 12. Juin 1749, était, en 1786, capitaine commandant au régiment de Brie-Infanterie.

Création
d'Avril 1627

Prédécesseur, p.236
Successeur, p.304

CLXXXVI

Jacques GUIGUET

Installé le 15 Novembre 1747

De gueules au lion passant d'argent, coupé d'or au chêne arraché de sinople.

Jacques GUIGUET, sr de Vaurion (fief situé sur la paroisse de Chamelet en Beaujolois), né à Lyon, baptisé le 23. Mars 1713, à Saint-Nizier, fils de Vincent Guiguet, marchand bourgeois de Lyon, & de Jeanne Bruyas, pourvu de l'office de Tréforier de France au lieu & place de messire Balthazard Michon, cy-devant p. 236, sur la résignation du sr Balthazard Michon, Avocat du Roy au Bureau des Finances, en qualité d'héritier dud. Balthazard Michon, Tréforier de France, son oncle, par lettres du 12. Octobre 1747 ; reçu à la Chambre des Comptes sur la finance le 21. dud. mois, installé au Bureau le 15. Novembre suivant. Lad. charge a de gages sur l'état du Roy 2.248 livres 10 sols, & lui a coûté 39.000 & quelques cents livres. Jacques Giguet de Vaurion résigna sad. charge à Thomas Charton, cy après p. 304, qui en fut pourvu le 31. Décembre 1773 ; partant il l'avait exercée 25 ans.

Il a épousé Marie-Anne de Prévidé-Massara, dont il a eu plusieurs enfants ; une de ses filles, nommée Louise, fut mariée, le 16. Décembre 1783, à Ainay, à messire Nicolas-Marie Camier, conseiller en la Sénefchauffée & siège préfidial de Lyon. L'aîné de ses fils, Benoît-François Guiguet de Vaurion, baptisé le 2. Octobre 1750 à Saint-Nizier, capitaine commandant au corps royal de l'artillerie de marine, chevalier de Saint-Louis, a épousé, en Novembre 1786, à Lentilly en Lionnois, Elisabeth de Prévidé-Massara, fille de Pierre, cy-après, & d'Anne Claudine Mermier.

CLXXXVII

PIERRE DE PRÉVIDÉ-MASSARA

Inftallé le 26 Avril 1748

Parti d'azur à la maffe d'armes d'or & d'argent à l'aigle éployée de fable.

PIERRE DE PRÉVIDÉ-MASSARA, né à Lyon le 18. Juin 1729, baptifé le 20 à Saint-Paul, fils de Pierre-Paul-Bernardin de Prévidé-Maffara, Tréforier de France, cy-devant p. 232, qui fut échevin pour les années 1745 & 1746, & de la demoifelle Elifabeth Corompt, fille unique & héritière du sr Corompt, greffier à la douane & autres juridictions ; pourvu de fon office comme héritier de fon père, par lettres du 1er. Février 1748, receu à la Chambre des Comptes le 12. dud. mois, & inftallé au Bureau le 26. Avril fuivant. Il a été un des préfidens de la Compagnie, & était en charge au moment de fa fuppreffion.

Il avait époufé le 25. Septembre 1759, à Ainay, Anne-Claudine Mermier, fille de sr Jean Mermier, receveur général de la ferme des octrois de Lyon, & d'Elifabeth François. Il en a eu deux filles, fçavoir : 1° Elifabeth, mariée, en 1786, à Benoît-François Guiguet de Vaurion, capitaine d'artillerie de marine ; 2° Anne-Pierrette-Victoire, mariée, le 21. Mai 1797, à Jofeph François de Forcrand.

Création
de Janvier 1581

Prédéceffeur, p. 244
Succeffeur, p. 318

CLXXXVIII

AIMÉ-JULIEN RIGOD

Inftallé le 24 May 1748

De gueules à la bande d'or chargée d'un cœur enflammé d'argent, brochant
& tranfpercé d'une épée du même, en contrebande, garnie d'or ; au chef
d'argent chargé de 3 étoiles d'azur.

AIMÉ-JULIEN RIGOD, feigr de Terrebaffe (terre et château situés en
Dauphiné, près de Rouffillon, au bailliage de Vienne), né à Lyon le
27. Septembre 1726, baptifé le 28, à Saint-Nizier, fils de Julien Rigod, originaire de Serrières-en-Bugey, marchand tireur d'or à Lyon, qui fut échevin en
1747 & 1748, & de Hélène-Louife Rivière ; pourvu de fon office de Tréforier
de France, fur la réfignation de la veuve d'Aimé-Gabriel Michon de Cenves,
cy-devant p. 244, dernier poffeffeur dud. office, par lettres du 10. Février
1748, receu à la Chambre des Comptes le 13 dud. mois, & inftallé au Bureau,
le 24. Mai aud. an. Il fut un des préfidens de la Compagnie, & obtint des lettres
d'honneur ou de vétérance. Il est mort fur l'échafaud révolutionnaire, place
des Terreaux, le 17. Décembre 1793.
    Il avait époufé le 10. Juillet 1753, en l'églife de Saint-Vincent à Lyon,
Benoîte Roulet, fille de Jacques Roulet, bourgeois de Lyon, & de Andrée
Reboul. Son fils André-Julien Rigod de Terrebaffe acquit, en 1782, la charge
de premier Préfident au Bureau des Finances, voyés cy-après p. 313. Cette
famille, qui avait acquis des biens confidérables dans le commerce, eft
aujourd'hui éteinte ; c'eft elle qui a fait conftruire la belle fafcade sur la place
de la Charité, portant actuellement les nos 5, 7, 9 & 11.

Kk

CLXXXIX

PIERRE MERMIER

Inftallé le 1er Juillet 1748

*D'azur à la foy d'argent, accompagnée de 3 grenades d'or,
ouvertes de gueules, 2 & 1.*

PIERRE MERMIER, né à Lyon le 31. Mai 1725, baptifé à Saint-Paul le 30. Aouft fuivant, était fils de Jean Mermier, receveur général de la ferme des oĉtrois de Lyon & bourgeois de cette ville, & de Elifabeth François; pourvu de fon office de Tréforier de France, fur la réfignation de Pierre Terraffe d'Yvours, cy-devant p. 251, par lettres du 26. Avril 1748, avec difpenfe d'âge, receu à la chambre des comptes le 11. May 1748, & inftallé au Bureau le 1er. Juillet de lad. année. Il a eu fes lettres d'honneur ou de vétérance, après avoir réfigné fa charge au sr Durand de Châtillon, qui y fut receu en 1769; partant il l'avait exercée vingt & un ans. Il époufa le 4. Septembre 1753, en l'églife d'Ainay, la demoifelle Marguerite Aulas de Moleyfe, fille de Pierre Aulas, feigr de Moleyfe, & de défunĉte dame Jeanne Bertaud. Trois fils font iffus de ce mariage, favoir : 1. Jean-Pierre, baptifé le 7. Juin 1755; 2. Pierre, baptifé le 16. Décembre 1757; 3. Jean-Gafpard, baptifé le 24. Janvier 1759.

*Création
de Mars 1691*

*Prédécesseur, p. 262
Successeur, p. 287*

CXC

JEAN-MARIE-LOUIS DURRET DESTOURS

PREMIER PRÉSIDENT

Installé le 18 Septembre 1748

Fascé d'argent & de sinople de 6 pièces, à la bande brochante d'or.

JEAN-MARIE-LOUIS DURRET DESTOURS, baptifé à Lyon le 25. Mars
1727, fils de Louis Durret, écuyer, feigr d'Eftours, ancien capitaine de
cavalerie, & de Pierrette Philibert, pourvu de l'office de premier Préfident,
avec difpenfe d'âge, fur la nomination des héritiers de Jean-Antoine Bathéon
de Vertrieu, décédé le 3. Juillet 1746, cy-devant p. 262, dernier poffeffeur
d'iceluy, & ce, par lettres du 1er. Mai 1747, receu à la chambre des comptes
le 30. Mai fuivant, & inftallé au Bureau le 18. Septembre 1748. Il réfigna
fond. office à Camille-Jacques-Annibal-Gafpard Claret de Fleurieu, cy-après
p. 287, à la fin de l'année 1752 ; partant il ne l'exercea que quatre années.
Il eft mort le 9. Juin 1759, à Lyon, fans avoir été marié ; inhumé le 11. en
l'églife d'Ainay. Led. Louis Durret, fon père, feigr d'Eftours (petit fief fitué
près de Crèches en Maconnois), était fils de Pierre Durret, confeiller fecrétaire du Roy, ancien maître tireur d'or à Lyon, & de Jeanne la Grollée, &
frère de Jean Durret, premier Préfident au Bureau, voyés cy-devant
p. 171.

CXCI

JEAN-PIERRE DELGLAT

Inftallé le 4 Juin 1749

D'argent à l'arbre terraffé de finople, au chef d'azur chargé de 3 étoiles d'or.

JEAN-PIERRE DELGLAT, feig^r de la Tour-du-Boft (fief fitué en Bour-gogne, dépendant du bailliage d'Autun), né à Lyon, rue Lanterne, le 27. Février 1726, baptifé le lendemain à Saint-Saturnin, fils d'autre Jean-Pierré Delglat, marchand bourgeois de Lyon, puis écuyer, fecrétaire du Roy, & de Marie Thibaud; pourvu de l'office de Tréforier de France fur la réfi-gnation de Marc-Antoine Trollier, cy-devant p. 240, par lettres du 14. Avril 1749, reçeu à la chambre le 24. Mai fuivant, & inftallé au Bureau le 4. Juin 1749.

Il s'eft marié deux fois ; d'abord, le 25. Novembre 1749, dans la chapelle des Pénitens du Confalon, avec la demoifelle Marie Imbert, fille de défunct s^r Jofeph Imbert, négociant, & de dame Françoife de Beaufils, dont il eut une fille nommée Françoife-Pierrette Delglat, baptifée le 22. Septembre 1750, à Ainay, laquelle, ne s'étant pas mariée, inftitua, en 1825, les hôpitaux de Lyon fes légataires univerfels, fous diverfes conditions pieufes et charitables (cette fucceffion s'eft élevée à la fomme de 180 mille & 200 livres). Jean Pierre Delglat, Tréforier de France, époufa en fecondes nopces, le 9. Mai 1758, à Ainay, Catherine Dupont, fille de défunct François Dupont, commiffaire en droits feigneuriaux de Saint-Etienne en Forès, & de Claudine

Lhopital; il eut de ce fecond mariage un fils, Jean-Pierre Delglat, qui acquit, en 1787, la charge de chevalier d'honneur au Bureau des finances, voyés cy-après p. 323, & quatre filles.

C'eft Jean-Pierre Delglat de la Tour-du-Boft qui fit conftruire la belle maifon de la rue du Plat, portant actuellement les nos 8 & 10, avec fafcade fur la Saône.

La famille de Delglat eft originaire du diocèze de Mirepoix, & vint s'établir à Lyon au commencement du XVIIIe fiècle.

Création
d'Avril 1627

Prédécesseur, p. 265
Successeur, p. 306

CXCII

JEAN-MARIE DELAFONT

PROCUREUR DU ROY

Inftallé le 6 Décembre 1751

D'azur à la fontaine d'or, jailliffante d'argent,
pofée fur une terraffe de finople.

JEAN-MARIE DELAFONT, feigr de Juis, né à Lyon le 13. Juillet 1729, baptifé le 14, à Saint-Paul, fils de Gilbert Delafont, marchand bourgeois de Lyon, puis greffier en chef au Bureau des finances, feigr de Juis, du marquifat de Miribel, de Curis, Margnolas, &ca, & de Marie-Anne Clapeyron ; pourvu de l'office de procureur du Roy, fur la réfignation de Jean-Jacques Fayard des Aveinières, cy-devant p. 265, par lettres du 13. Septembre 1751, reçu à la chambre le 17. Septembre, inftallé au Bureau le 6. Décembre 1751. Il céda fad. charge à Jean-Pierre-François Catalan, cy-après p. 306, le 11. Octobre 1775 ; partant, il l'avait exercée pendant 24 ans, & avait eu fes lettres de vétérance. Il avait époufé le 10. Novembre 1761, à Ainay, Catherine Françoife Boeffe, fille de défunct Antoine-Jofeph Boeffe, écuyer, chevalier de Saint-Louis, ancien capitaine au régiment de Normandie, & de Françoife Suzanne Perrichon, dont il n'a pas eu d'enfans. Il tefta le 26. Aouft 1780. La famille Delafont, originaire de Saint-Paul en Jareft, auprès de Saint-Chamont, où elle a longtemps négocié en foye, ne fubfifte plus aujourd'hui.

*Création
de Mars 1691*

Prédéceſſeur, p. 283
Succeſſeur, p. 313

CXCIII

CAMILLE-JACQUES-ANNIBAL-GASPARD
CLARET DE FLEURIEU

PREMIER PRÉSIDENT

Inſtallé le 31 Janvier 1753

D'argent à la bande d'azur chargée d'un ſoleil d'or.

Camille-Jacques-Annibal-Gaspard CLARET DE FLEURIEU, né à Lyon le 26. Octobre 1727, baptiſé le lendemain à Ainay, fils de meſſire Jacques-Annibal Claret de la Tourrette, chevalier, ſeigʳ de Fleurieu, la Tourrette, &ca, Préſident en la Cour des Monnoies, qui fut Prévoſt des Marchands de 1740 à 1745, & d'Agathe Gaultier; pourvu de l'office de premier Préſident au Bureau des finances, ſur la réſignation du sʳ Durret Deſtours, cy-devant p. 283, par lettres de proviſions du 9. Décembre 1752, receu à la chambre le 20. dud. mois & an, & inſtallé au Bureau le 31. Janvier 1753. Il a exercé ſon office pendant 29 ans, juſqu'en l'année 1782, que André-Julien Rigod de Terrebaſſe lui ſuccéda comme premier Préſident; il a eu ſes lettres d'honneur ou de vétérance.

Il a épouſé le 9. Février 1764, à Ainay, Marguerite-Camille-Marthe Fayard des Avenières, fille de Jean-Jacques Fayard, écuyer, ſeigʳ des Avenières, ancien Procureur du roy au Bureau des finances, voyés cy-devant p. 265, & de Marguerite Suzanne Boëſſe, d'où deux fils, ſcavoir : 1. Annibal-

Jacques-François, baptifé le 5. Septembre 1765, à Ainay; 2. Jean-Jacques, baptifé auffi à Ainay, le 19. Octobre 1766. Ce dernier, décédé en 1826, a époufé Mlle Sanfon de Sanfal, & a continué la defcendance, qui fubfifte dans la province; une branche eft établie auprès de Villefranche en Beaujolois, une autre près de Vienne en Dauphiné. Cette famille, aujourd'hui très nombreufe, s'eft auffi répandue dans d'autres provinces.

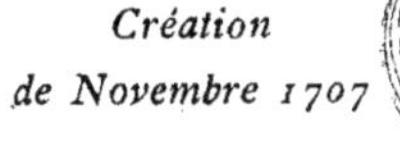

CXCIV

Sébastien DUTREUL

Installé le 30 Décembre 1754

D'azur au chevron d'argent, accompagné en chef d'un soleil d'or mouvant du franc canton, & en pointe d'une aigle d'or empiétant son aiglon & fixant le soleil.

Sébastien DUTREUL, baptisé à Lyon, paroisse Saint-Nizier, le 23. Décembre 1724, fils d'Antoine Dutreul marchand bourgeois de Lyon, qui fut échevin en 1741 & 1742, & d'Anne Guillet ; pourvu de son office de Trésorier de France, sur la résignation du s^r François-Philippe Richéry, cy-devant p. 255, par lettres du 12. Aoust 1754, receu à la chambre le 5. Septembre suivant, & installé au Bureau le 30. Décembre 1754. Il est mort le 30. Juillet 1761, sans avoir été marié, ayant ainsi exercé sa charge pendant sept ans, laquelle fut acquise par Claude Servant de Poleymieux, cy-après p. 296. Sa sœur, Claudine Dutreul, avait épousé le 31. Janvier 1739, à Saint-Nizier, Claude Ruffier, seig^r d'Attignat, Trésorier de France, cy-devant p. 259.

Prédécesseur, p. 237
Successeur, p. 309

*Création
de May 1635*

C X C V

ENNEMOND-PIERRE-JOACHIM MOGNIAT

Installé le 29 Décembre 1755

*D'azur au chevron d'or, accompagné de 2 étoiles d'argent & d'un croissant
du même ; au chef d'argent chargé de 3 roses de gueules, tigées & feuillées
de sinople.*

ENNEMOND-PIERRE-JOACHIM MOGNIAT, seigr de Liergues & Pouilly-le-
Monial (fiefs situés près d'Anse en Lionnois), né à Lyon le 28. Juin 1730, fils de
Ennemond Mogniat, échevin en 1738 & 1739, qui fut recteur de l'Hôtel-Dieu
en 1743, 1745 & 1747, & de Antoinette Dumarest ; pourvu de l'office de
Tréforier de France que tenait le sr Gros de Boze, cy-devant p. 237, par
lettres du 24. Mars 1755, reçu à la chambre le 30. Avril suivant, & installé
au Bureau le 29. Décembre 1755. Il est décédé le 18. Octobre 1773, ayant
ainsy exercé sa charge environ 18 ans, laquelle fut acquise par le sr Burtin de
la Rivière, cy-après p. 309, qui y fut reçu en 1779.

Il avait épousé le 12. Avril 1763, dans la chapelle de N. D. du Confalon,
Marie-Michelle Teftel, décédée en 1830, fille de défunct sr Antoine Teftel,
négociant à Lyon, & de dame Antoinette Dian. De ce mariage sont issus trois
enfans : 1º François-Marie-Ennemond, baptifé à Ainay le 22. Janvier 1764,
qui n'a pas laissé d'enfans de son mariage avec demoifelle Elisabeth-Emilie
Defrioux de Meffimy ; 2° Charles-Marie, baptifé le 6. Janvier 1765, à Ainay,
mort en bas âge ; 3º Marie, baptifée à Ainay le 15. Aouft 1767, qui n'a pas
été mariée.

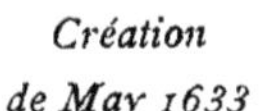

Prédécesseur, p. 246
Successeur, p. 317

*Création
de May 1633*

CICVI

LOUIS-PIERRE DUMAREST

Inftallé le 25 Juillet 1757

*D'azur au cygne d'argent efforant fur un marais du même, au chef d'argent
chargé de 3 mouchetures d'hermine de fable.*

LOUIS-PIERRE DUMAREST, feig^r de Chaffagny (fief fitué près de
Mornant, en Lyonnois), baptifé à St-Nizier, le 21. Juin 1738, fils de s^r Louis
Dumareft, avocat en parlement, Tréforier de France, qui fut échevin pour les
années 1747 & 1748, & de la demoifelle Anne Jouvencel, fille de Pierre
Jouvencel, marchand drapier; pourvu de l'office que tenait led. s^r Louis
Dumareft, fon père, cy-devant, p. 246, par lettres de provifions du
27. Mai 1757; reçu à la chambre des comptes le 23. Juin, & inftallé au
Bureau le 25. Juillet 1757.

Il avait époufé Ennemonde Demeffieu, fille de défunct Antoine Demeffieu
ou Demeyzieu, & de Marie Robert; il en avait eu Aurore-Félicité Dumareft,
née à Lyon le 7. Décembre 1785, mariée en 1808, avec le baron Scipion de
Drujon, gentilhomme de Savoye.

CXCVII

CLAUDE-CHARLES-FLORENT
THOREL DE CAMPIGNEULLES

Inſtallé le 23 Juin 1760

*D'or au chevron d'aʒur, chargé d'une étoile d'argent & accompagné
de 3 roſes de gueules.*

CLAUDE-CHARLES-FLORENT THOREL DE CAMPIGNEULLES, né à
Montreuil-ſur-Mer, le 3 ou 5. Octobre 1737, baptiſé le 6 dud. mois ; pourvu de
ſon office de Tréſorier de France, ſur la réſignation de sʳ Etienne Clapeyron,
cy-devant p. 247, par lettres du 22. Avril 1760 ; receu à la chambre le 13. Mai
ſuivant, inſtallé au Bureau le 23. Juin 1760. Il exerça ſa charge juſqu'à la fin
de l'année 1782, qu'il la céda à Joſeph Auguſtin Madeleine Lacour, cy-après
p. 316, l'ayant ainſi exercée environ 23 ans ; il a eu ſes lettres de vétérance.

Il était membre des Académies de Lyon, Anvers, Villefranche, Caen, &ca.;
littérateur auſſi fécond qu'ennuyeux, il a produit une grande quantité
d'ouvrages, entre autres : *Cléon, ou Apologie de l'Hiſtoire naturelle,* 1750 ;
Eſſais ſur différents ſujets, 1758 ; *Anecdotes morales,* 1760 ; *Le nouvel
Abeilard,* 1763 ; *Nouveaux Eſſais,* 1765 ; *Dialogues moraux de M. de C.,*
1768, &ca. Il avait auſſi fondé, en 1759, un *Journal des Dames,* qu'il rédigea
juſqu'au mois d'avril 1761, & qui a été continué par d'autres juſqu'en 1778.

Avant que d'être officier au Bureau, Thorel de Campigneulles avait été
garde du corps ; il eſt mort en 1809. On trouve à Lyon, en 1810, Claude-Louis
Florent Thorel de Campigneulles, qui habitait alors la rue Saint-Jean, avec ſa
femme Marie-Françoiſe Boſſard ; c'était vraiſemblablement le fils du
Tréſorier de France.

Création
de Juin 1586

Prédéceſſeur, p. 271
Succeſſeur, p. 299

CXCVIII

Antoine DUGAS DES VARENNES

Inſtallé le 12 Août 1763

De gueules à 2 épées d'or en ſautoir, écartelé d'azur à l'arbre arraché d'or.

Antoine DUGAS DES VARENNES, né à Saint - Chamond le 3. Février 1705, fils de Charles Dugas, capitaine chatelain & juge général de la ville & marquiſat de Saint-Chamond, & de demoiſelle Catherine Philibert, fille de sr Pierre Philibert, Avocat du Roy au Bureau des Finances, cy-devant p. 109 ; a été pourvu de ſon office de Tréſorier de France, ſur la réſignation de la veuve du sr Hubert de Saint-Didier, dernier poſſeſſeur, cy-devant p. 271, par lettres du 12. Juillet 1763 ; receu à la chambre le 26. Juillet, inſtallé au Bureau le 12. Aouſt 1763. Il eſt mort le 10. Avril 1766, n'ayant ainſi exercé ſa charge que l'eſpace de 3 ans. Il s'eſt marié deux fois, la première avec Marie Jacqueline Ravachol, dont il a eu deux enfans morts en bas âge, & la ſeconde fois, avec Benoîte Chaland, fille d'Antoine Chaland & de Marguerite Boucher, qui eſt décédée le 14. Juin 1756, ne laiſſant qu'un fils, Antoine-Marie-Charles Dugas des Varennes, qui a été auſſi Tréſorier de France, cy-après p. 317.

CXCIX

LOUIS-CLAUDE BRUYSET

Inſtallé le 8 Août 1764

D'aʒur à 3 pointes d'or mouvant du flanc ſenestre, accompagnées en pointe de 3 beſans rangés du même ; au chef d'or chargé de 3 bouterolles de gueules.

Louis-Claude BRUYSET, sr de Mannevieux (terre & château ſitués ſur les bords du Gier, dans la paroiſſe de Saint-Martin de Cornas), né à Lyon le 16. Décembre 1738, fils d'Etienne Bruyſet, maître fabricant en étoffes de ſoie, puis ſecrétaire du Roy, & de Charlotte Pernon ; pourvu de ſon office de Tréſorier de France ſur la réſignation de la veuve du sr Jacques Toublanc, cy-devant p. 245, par lettres du 29. Juin 1764 ; receu à la chambre le 2. Juillet, & inſtallé au Bureau le 8. Aouſt 1764 ; il était en charge au moment de la ſuppreſſion de la Compagnie.

Il avait épouſé, le 16. Avril 1765, demoiſelle Jeanne-Françoiſe-Thérèſe Guérin, fille de sr Jean Guérin, avocat en parlement, ſeigr de la Colonge, & de Francoiſe Imbert.

Création
de May 1635

Prédéceſſeur, p. 270
Succeſſeur, p.320

ANTOINE-MARIE-AUGUSTIN PALERNE DE CHINTRÉ

Inſtallé le 14 septembre 1764

D'or au paon rouant d'azur, au chef d'azur chargé de 3 étoiles d'argent.

ANTOINE-MARIE-AUGUSTIN PALERNE DE CHINTRÉ (Chintré ou Chaintré, fief ſitué en Maconnois, paroiſſe de la Chapelle de Guinchay) né à Lyon le 28. Aouſt 1732, baptiſé le 29 à Saint-Paul, fils de Vincent Palerne, marchand bourgeois de Lyon, enſuite Tréſorier de France, cy-devant p. 270, & de Catherine Clapeyron, laquelle était fille de Simon Clapeyron, député de la ville de Lyon au Conſeil du Commerce à Paris ; pourvu de ſon office de Tréſorier de France, après le décès dud. sʳ Vincent Palerne, ſon père, par lettres du 1ᵉʳ Aouſt 1764 ; reçu à la Chambre le 21. Aouſt, & inſtallé au Bureau le 14. Septembre de lad. année. Il réſigna ſond. office, en 1785, à Jean-Joſeph Dafflon, cy-après p. 320, l'ayant ainſi exercé pendant 21 ans ; il a eu ſes lettres de vétérance.

Avant que de devenir officier au Bureau des Finances, il avait ſervi à l'armée, comme capitaine dans le régiment d'Orléans ; il a épouſé le 15. Janvier 1765, à Ainay, la demoiſelle Louiſe Bouvier, fille des défuncts Jean Bouvier, négociant à Lyon, & Jeanne Chancey.

Palerne de Chintré, Tréſorier de France, était le frère de Fleury-Zacharie-Simon Palerne de Savy, avocat général en la cour des Monnayes, premier maire de la ville de Lyon, en 1790, décédé en 1835, qui avait épouſé le 11. Juillet 1764, à Ainay, Anne-Victoire de Riverieulx de Chamboſt, d'où Meſdames Barge de Certeau & de Neyrieu-Domarin.

Création
de Novembre 1707

Prédéceſſeur, p. 289
Dernier titulaire

C C I

CLAUDE SERVANT DE POLEYMIEUX

Inſtallé le 3 Décembre 1764

*D'azur au cerf d'argent paſſant ſur une terraſſe de ſinople, & regardant
un vent d'argent soufflant du franc canton.*

CLAUDE SERVANT DE POLEYMIEUX, né à Lyon, place des
Terreaux, baptiſé le 28. Janvier 1741, à Saint-Saturnin, fils de sr Antoine
Servant, marchand bourgeois de Lyon, enſuite écuyer, conſeiller ſecrétaire
du Roy près le parlement de Bourgogne, & de Jeanne-Benoîte Hubert;
pourvu de l'office de Tréſorier de France, que tenait le sr Sébaſtien Dutreul,
décédé, cy-devant p. 289, par lettres de proviſions du 26. Septembre 1764;
reçu à la Chambre le 24. Octobre, & inſtallé au Bureau le 3. Décembre 1764;
il était titulaire à la suppreſſon de la Compagnie.

Il a épouſé le 21. Avril 1772, à Ainay, Clémence-Louiſe Hubert de Saint-
Didier, fille de feu meſſire Jean Baptiſte Hubert de Saint-Didier, Tréſorier
de France, cy-devant p. 271, & de dame Françoiſe Savaron.

Claude Servant vendit, en 1786, le château de Poleymieux à Marie-Aimé
Guillin du Montet, ancien capitaine de la marine royale. On ſait que ce
dernier ſeigneur de Poleymieux y fut aſſiégé par la populace furieuſe le
26. Juin 1791, & périt maſſacré, après une défense héroïque.

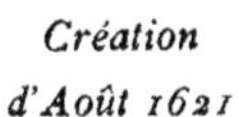

CCII

ANGELI ELISABETH DUVERNEY

Inftallé le 6 Décembre 1765

Echiqueté de gueules & d'argent de 3 traits, coupé de gueules.

ANGELI ELISABETH DUVERNEY, baptifé à Lyon paroiffe Saint-Nizier, le 16. Juin 1740, fils de Mathieu Duverney, avocat en parlement, & de Marie Pillet ; pourvu de fon office de Tréforier de France, fur la réfignation de s^r Claude Ruffier d'Attignat, cy-devant p. 259, par lettres de provifions du 2. Octobre 1765 ; receu à la Chambre le 17. Octobre, & inftallé le 6. Décembre de lad. année.

Il a époufé le 15. Janvier 1771, à Saint-Saturnin, Marie-Anne Régny, fille de s^r Aymé Régny, bourgeois de Lyon, qui négociait à Gênes en Italie, & de défuncte Marie-Anne Moyroud, dont il a eu un fils & deux filles, favoir : Aimé-André-Elisabeth, baptifé à Ainay, le 30. Novembre 1771 ; Hélène-Elisabeth-Christine, baptifée le 12. Décembre 1773, & Jeanne-Geneviève, baptifée le 8. Janvier 1776.

Duverney, Tréforier de France, périt fur l'échafaud révolutionnaire, place des Terreaux, le vendredi 13. Décembre 1793.

Création
d'Avril 1627

Prédéceſſeur, p. 273
Dernier titulaire

C C I I I

CLAUDE POLLET

ADVOCAT DU ROY

Inſtallé le 12 Novembre 1766

D'azur au coq hardi d'or, crêté, barbé & membré de gueules, ſur un croiſſant
d'argent en pointe, & accoſté d'un bâton écoté d'argent en pal & d'une
biſſe de même, ſurmontés l'un & l'autre d'une étoile d'or.

CLAUDE POLLET, baptiſé à Lyon paroiſſe Saint-Nizier, le 28. Septembre 1737, fils de sr Etienne Pollet, négociant à Lyon, & de Jeanne-Françoiſe
Le Clerc ; pourvu de la charge d'avocat du Roy, ſur la réſignation de Maurice
Lachaſſe de Morland ou de ſes héritiers, par lettres du 1er Octobre 1766, receu
à la Chambre le 20. Octobre, inſtallé au Bureau le 12. Novembre de la même
année. Il a payé, pour droit de ſurvivance, 1687 livres 10 ſols, & 168 livres
15 ſols pour les 2 ſols par livre, &, comme marc d'or, 648 livres, outre les 6 ſols
par livre, qui font 194 livres 8 ſols.

Claude Pollet n'a pas été marié ; il eſt mort à Lyon, le 15. Octobre 1810.
Cette famille eſt venue du Mâconnois. On trouve Antoine Pollet, docteur
médecin à Mâcon, en 1696, ſeigr de Pouilly, petit fief de la paroiſſe de Solutré
en Mâconnois. Claude Pollet, bourgeois de Lyon, frère d'Etienne, cy-deſſus,
lequel fut père de l'Avocat du Roy au Bureau des Finances, n'eut qu'une fille,
Jeanne-Marie-Philippe Pollet, laquelle, par ſon mariage, apporta le fief de
Pouilly à la famille Chanorier.

CCIV

JÉROME BICLET

Inſtallé le 12 Décembre 1766

*D'aₓur au jeu de biclet d'argent, accompagné de 3 mufles de léopard d'or,
au chef de gueules, chargé de 3 étoiles d'argent.*

JÉRÔME BICLET, advocat au Parlement, né à Lyon, place Saint-Pierre, baptiſé à Saint-Saturnin le 25. Juin 1739, fils de sr Claude-Benoiſt Biclet, bourgeois de Lyon, & de Eliſabeth Breton ; pourvu de l'office de Tréſorier de France ſur la nomination des tuteurs d'Antoine-Marie-Charles Dugas des Varennes, fils & héritier de sr Antoine Dugas, cy-devant p. 293, dernier poſſeſſeur dud. office, par lettres du 10. Septembre 1766, reçeu à la chambre le 19. Septembre, & inſtallé au Bureau le 12. Décembre de lad. année. Il était titulaire au moment de la ſuppreſſion des Tréſoriers de France. Cette famille était originaire de Nancy, en Lorraine, & vint s'établir à Lyon vers le milieu du xviie ſiècle.

Jérôme Biclet n'a pas été marié ; il poſſédait à la montée de Balmont, près la porte de Veize, une maiſon de campagne qui, après pluſieurs changemens de propriétaires, eſt venue en la poſſeſſion de la famille Heckel, & appartenait, par ſuite d'une alliance avec cette dernière, à Me Octave Mathevon, avocat èz cours de Lyon.

CCV

Jean DUCULTY

Inftallé le 12 Février 1768

*De gueules à la bande d'argent, chargée de 3 rofes du champ, tigées
& feuillées de finople, & accompagnée de 2 befans d'or croifetés d'azur.*

Jean DUCULTY, prêtre, abbé de Saint-Jean de Poitiers, chanoine
d'honneur de Saint-Paul à Lyon, né à Saint-Chamond le 18. Septembre 1707,
baptifé le 20, à Notre-Dame, fils de Pierre Duculty, marchand à Saint-
Chamond & de demoifelle Catherine Marcellin ; pourvu de fon office de
Tréforier de France fur la réfignation des héritiers de Mathieu Girard,
cy-devant p. 234, par lettres du 20. Janvier 1768, receu à la chambre le
25. Janvier, inftallé au Bureau le 12. Février 1768. Sa qualité de clerc, engagé
aux ordres sacrés, ne fit point obftacle à fon admiffion dans la Compagnie,
ainfi que cela avait été déjà pratiqué pour Antoine Lacroix, comme on le
peut voir à fon article, cy-devant p. 249.

Jean Duculty eft décédé le 12. Juillet 1789, & a été inhumé, le lendemain,
dans la chapelle de la Trinité de l'églife Saint-Paul.

Création
d'Avril 1627

Prédécesseur, p. 241
Successeur, p. 3o5

CCVI

MAURICE FLACHON

Inftallé le 5 Août 1768

D'argent au griffon de gueules.

MAURICE FLACHON, feigr de la Jomarière (fief fitué fur la paroiffe de Brignais en Lyonnois), né à Lyon, rue Mulet, le 22. Avril 1738, baptifé le même jour à Saint-Saturnin, fils de Pierre Flachon, marchand fabricant & bourgeois de Lyon, puis feigr de la Jomarière, qui fut échevin en 1760 & 1761, & de Jeanne Ballet; pourvu fur la réfignation des héritiers du sr Gilbert Rouffet de Saint-Eloy, cy-devant p. 241, par lettres de provifions du 15. Juin 1768, receu en la chambre le 21. Juin, inftallé au Bureau le 5. Aouft 1768. Il est décédé le 27. Octobre 1777, rue des Deux Angles, ayant ainfi exercé fa charge pendant 9 ans, à laquelle fon frère, Etienne Flachon de la Jomarière, cy-après p. 3o5, lui a fuccédé en 1778.

Création
d'Août 1621

Prédécesseur, p. 282
Dernier titulaire

CCVII

SIMON-JEAN-CÉSAR DURAND DE CHATILLON

Inftallé le 7 Août 1769

*D'argent au chevron de gueules, accompagné de 2 étoiles d'azur en chef
& d'un cœur de gueules en pointe.*

SIMON-JEAN-CÉSAR DURAND DE CHATILLON, baptifé à Lyon,
paroiffe Saint-Nizier, le 6. Janvier 1744, était fils de Paul Durand, fabricant
veloutier, enfuite confeiller fecrétaire du Roy, maifon & couronne de France
(qui acquit en 1753 la baronnie & le château de Châtillon-d'Azergues & la
terre de Bayères en Lionnois), & de Marie-Anne Vial. Il fut pourvu de fon
office de Tréforier de France fur la réfignation de Pierre Mermier, cy-devant
p. 282, par lettres de provifions du 21. Juin 1769, receu en la chambre le
8. Juillet, & inftallé au Bureau le 7. Aouft 1769. Il était en charge au moment
de la fuppreffion du Bureau en 1790, & mourut en 1831. Il avait époufé,
en 1771 Bonne Bathéon de Vertrieu, fille de Barthélemy Jofeph Bathéon
de Vertrieu, écuyer, feig⟨r⟩ de Vertrieu, Amblagnieu, Quirieu, &ca, chevalier
de Saint-Louis, gouverneur de la ville de Vienne en Dauphiné, & de Marie
de Lacroix-Laval, dont il eut plufieurs enfans. L'aînée de fes deux filles,
Marie-Bonne-Antoinette Durand de Châtillon, baptifée le 12. Septembre 1773,
à Ainay, époufa, en 1796, Pierre-Anne de Chaponay, dit le marquis de
Chaponay, feig⟨r⟩ de Morancé & de Beaulieu, lieutenant-colonel de cavalerie,
chevalier de Saint-Louis, fils de Pierre Elifabeth Philibert de Chaponay,
chevalier, feig⟨r⟩ de Beaulieu & de Morancé, & de Suzanne Nicolau.

D'après les Mémoires généalogiques de M. de Varax (*Les Rivérieulx*,
p. 149), Durand de Châtillon, Tréforier de France, aurait eu un fils, tué
dans les rangs de l'armée de Précy, pendant le fiège de Lyon.

Création
de Juillet 1577

Prédéceſſeur, p. 277
Dernier titulaire

CCVIII

JEAN-JACQUES DE BOISSIEU

Inſtallé le 7 Août 1771

D'aʒur au chevron d'or, chargé d'un trèfle du champ.

JEAN-JACQUES DE BOISSIEU, né à Lyon le 3o. Novembre 1736, baptifé le 2. Décembre à Saint-Pierre & Saint-Saturnin, fils de noble Louis Jacques de Boiffieu & de Antoinette Vialis, qui était fille de François Vialis, héraut d'armes de France; pourvu de fon office de Tréforier de France fur la réfignation du s^r Antoine Maindeftre, cy-devant p. 277, par lettres du 3. Juillet 1771, reçu à la chambre le 8. Juillet, & inftallé au Bureau le 7. Aouft 1771. Tout le monde fait quelle univerfelle renommée Jean-Jacques de Boiffieu s'eft acquife dans l'art de la gravure, où il excella d'une façon qui n'a pas été furpaffée. Il exerçait fadite charge au moment de la fuppreffion du Bureau des finances, & mourut à Lyon le 1er. Mars 1810. Il avait époufé, le 20. Avril 1773, Anne Roch de Valous, fille de Benoît de Valous, advocat au Parlement, échevin pour les années 1765 & 1766, enfuite fecrétaire & procureur général de la ville de Lyon, & de Françoife Fourgon de Maifonforte, dont il a eu deux fils; le fecond, qui a feul laiffé poftérité, eft repréfenté par MM. de Boiffieu de Lyon & de Saint-Chamond.

CCIX

Thomas CHARTON

Inſtallé le 28 Février 1774

De gueules à la bande d'or, chargée de 3 étoiles d'azur.

Thomas CHARTON, né à Lyon, rue Puits-Gaillot, le 21. Aouſt 1747, baptiſé le lendemain à Saint-Saturnin, fils de Jean (ou Jean-Baptiſte) Charton, marchand fabricant, puis conſeiller ſecrétaire du Roy, & de Marie-Anne Gras, pourvu de l'office de Tréſorier de France que tenait le ſr Jacques Guiguet de Vaurion, cy-devant p. 279, par lettres de proviſions du 31. Décembre 1773, receu le 14. Janvier 1774, & inſtallé au Bureau le 28. Février 1774; il exerçait led. office lors de la ſuppreſſion de la Compagnie.

Il avait épouſé le 5. Septembre 1774, à Saint-Saturnin, Anne-Marie-Charlotte Graſſot, fille de ſr Pierre-Nicolas Graſſot, chirurgien de Lyon, & de Marie-Antoinette-Catherine Dareſte, veuve de ſr Antoine Perret. Trois enfans ſont iſſus de ce mariage, tous les trois baptiſés à Saint-Saturnin, ſcavoir : 1. Jean-Alphonſe, le 20 Aouſt 1775 ; 2. Marguerite-Catherine-Emilie, le 5. Janvier 1778 ; 3. Pierre-Camille, né le 27. Septembre 1782, baptiſé le 12. Octobre suivant.

CCX

ÉTIENNE FLACHON DE LA JOMARIÈRE

Inftallé le 7 Décembre 1778

D'argent au griffon de gueules.

Etienne FLACHON DE LA JOMARIÈRE, écuyer, né à Lyon, rue Mulet; le 11. Avril 1740; baptifé le lendemain à Saint-Saturnin, fils de Pierre Flachon, feigr de la Jomarière, échevin en 1760 & 1761, & de Jeanne Ballet, pourvu de fon office de Tréforier de France après le décès & comme héritier de fon frère Maurice Flachon, cy-devant p. 3o1, & inftallé au Bureau le 7. Décembre 1778; il exerçait led. office à l'époque de la fuppreffion de la Compagnie.

Il avait époufé fa coufine Jeanne-Séraphique Ballet, d'où au moins un fils, Etienne-Maurice Flachon, baptifé le 6. Mars 1777, à Saint-Saturnin.

Etienne Flachon habitait la maifon qu'il s'était fait conftruire aux Brotteaux, place Montgolfier ; c'eft fans doute le premier lyonnais qui ait établi fa réfidence de l'autre côté du Rhofne.

CCXI

JEAN-PIERRE-FRANÇOIS CATALAN

PROCUREUR DU ROY

Inftallé le 2 Mars 1778

D'or au porc épic de fable, écartelé d'azur à l'étoile d'argent.

JEAN-PIERRE-FRANÇOIS CATALAN, feig^r de la Sarra & de Longchêne, né à Narbonne, en Languedoc, vint s'établir à Lyon vers 1764; fon père, Antoine Catalan, était contrôleur des offices de bouche de S. M. catholique, à Madrid. Pourvu de la charge de Procureur du Roy au Bureau des finances, fur la réfignation de Jean-Marie Delafont, cy-devant p. 286, par lettres du 11. Octobre 1775, laquelle charge lui a coûté la fomme de 78.000 livres, inftallé au Bureau le 2. Mars 1778. Jean-Pierre-François Catalan réfigna fad. charge, en 1785, à Antoine Morand de Jouffrey, cy-après p. 321, & fut enfuite lieutenant général de la Sénefchauffée de Lyon.

Il a été marié deux fois : d'abord avec Marie-Anne-Salvador-Céleftine de Trémouille, dont il n'a pas eu d'enfans, &, en fecondes noces, le 28. Décembre 1784, à Ainay, avec Marie-Anne-Charlotte Leclerc de la Verpillière, fille de meffire Jacques Catherin Leclerc de la Verpillière, chevalier, feig^r de la Verpillière, Irigny, Variffan, Montgelas &ca, & de demoifelle Marie-Gabrielle Croppet d'Irigny ; elle eft décédée en 1846, n'ayant eu qu'une fille, Antoinette-Françoife-Suzanne Catalan, laquelle a époufé, le 14. Octobre 1803, M. Pafferat de la Chapelle, gentilhomme de Bugey.

Création
de Juillet 1577

Prédécesseur, p.239
Dernier titulaire

C C X I I

JEAN-MARIE TERRASSE DE TESSONET

Inftallé le 9 Août 1779

Quelques armorialiftes donnent aux Terraffe de Teffonet les armoiries des Terraffe d'Yvours. Quoique les deux familles foient originaires de Saint-Chamond, on ne faurait dire fi elles viennent de la même fouche. Il eft certain toutefois qu'elles portaient des armes différentes ; on n'a pu retrouver celles de Jean-Marie Terraffe.

JEAN-MARIE TERRASSE, né à Lyon, le 2. Décembre 1747, fils de Antoine Terraffe, négociant marchand de dorures, officier de la Monnaie, fecrétaire du Roy, & de Jeanne Pitra, pourvu de l'office de Tréforier de France, fur la nomination des héritiers de Gafpard-Roch-Auguftin Quinfon, cy-devant p. 239, dernier poffeffeur d'iceluy, lequel était décédé le 27. Février 1777, par lettres de provifions du 16. Juin 1779, receu à la chambre le 1er. Juillet fuivant, & inftallé au Bureau le 9. Aouft de lad. année 1779. Il était en charge au moment de la fuppreffion du Bureau. Après le fiège de Lyon, victime des vengeances républicaines, il fut exécuté le 26. Novembre 1793, fur la place Bellecour.

Il avait époufé le 21. Décembre 1779, à Ainay, Sophie Agniel de la Vernoufe, fille de défunct Jean-Baptifte Agniel de la Vernouze, écuyer, confeiller en la cour des Monnayes & de défuncte dame Catherine-Marie-Victoire Cizeron, dont au moins deux fils. Le feul qui ait furvécu, Simon-Antoine Terraffe de Teffonet, a époufé Anne Gérard, d'où deux filles, fcavoir : Nennecy Terraffe de Teffonet, décédée en 1887, qui avait été mariée en 1838, avec M. Antoine Neyrand, de Saint-Chamond, & Marie Terraffe de Teffonet, qui a époufé le baron Louis Dubeffey de Contenfon, officier de marine.

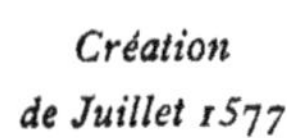

CCXIII

Jean-Louis BOEUF DE CURIS

Inſtallé le 9 Août 1779

*D'argent au pal de ſinople, chargé en pointe d'un buſte de bœuf d'or,
& accoſté de 4 tours de gueules.*

Jean-Louis BŒUF DE CURIS, ſeigr de Curis (fief ſitué à Saint-Germain au Mont d'Or en Lyonnois), baptiſé le 15. Décembre 1757, fils de Honoré Bœuf, négociant à Lyon, qui fut échevin pour les années 1773 & 1774, & de Catherine Terraſſe, pourvu de l'office de Tréſorier de France, ſur la réſignation & nomination des héritiers de Pierre-Philippe Bourlier, décédé le 10. Aouſt 1775, cy-devant p. 248, dernier poſſeſſeur dud. office, par lettres de proviſions du 16. Juin 1779, reçeu à la chambre le 1er. Juillet ſuivant, & inſtallé au Bureau le 9. Aouſt 1779.

Il épouſa le 18. Juillet 1780, à Saint-Saturnin, Louiſe-Henriette Steinman, fille de sr Joſeph Steinman, négociant & échevin en 1788 & 1789, & de défunƈte Madeleine-Jacqueline Sacquin. Il exerçait ſa charge au moment que la Compagnie fut ſupprimée, & périt, victime de la Terreur, le 28. Décembre 1793.

Cette famille ne ſubſiſte plus à Lyon ; elle s'eſt éteinte dans celle des Meaudre de Sugny.

Création
de May 1635

Prédéceffeur, p. 290
Dernier titulaire

C C X I V

JEAN-FRANÇOIS BURTIN DE LA RIVIÈRE

Inftallé le 20 Décembre 1779

D'argent au Neptune au naturel à dextre, affis fur une roche d'où coule une rivière d'azur, à la trangle de gueules en arc, foutenant un chef d'azur à fenestre, chargé de 3 étoiles d'or en bande.

JEAN-FRANÇOIS BURTIN DE LA RIVIÈRE, né le 11. Juillet 1753, fils de Jean Burtin, avocat en Parlement, écuyer, fecrétaire du Roy, qui fut recteur de la Charité en 1757, & de Louife Fabry des Plaines, pourvu de l'office de Tréforier de France fur la nomination des héritiers de Ennemond Pierre Joachim Mogniat, cy-devant p. 290, décédé en 1773, par lettres de provifions du 11. Aouft 1779, receu à la chambre le 21. dud. mois, & inftallé au Bureau le 20. Décembre 1779 ; il exerçait led. office, au moment de la fuppreffion de la Compagnie.

Il avait époufé le 4. Avril 1780, à Ainay, Marie-Thérèse Favre, fille de sr Claude Amédée Favre, négociant à Lyon, & de dame Françoife Durand, d'où un fils & une fille, fcavoir : François Burtin de la Rivière, baptifé le 3o. Juillet 1781, à Ainay, & Amélie-Claudine-Jeanne-Marie Burtin de la Rivière, baptifée auffi à Ainay, le 1er. Octobre 1782.

Les Burtin avaient acquis des Guiguet, en 1772, le fief de Vaurion, près de Chamelet en Beaujolois, & firent dès lors deux branches : les Burtin de Vaurion & les Burtin de la Rivière.

On trouve un Burtin de la Rivière, ancien capitaine au régiment d'Artois, qui commandait, fous Précy, au fiège de Lyon ; il était vraifemblement frère du Tréforier de France.

Création
de Janvier *1581*

Prédécesseur, p. 268
Dernier titulaire

C C X V

Léonard GARNIER

Inftallé le 25 Avril 1781

De gueules à la fafce d'or, accompagnée de 3 étoiles d'argent rangées en chef,
& d'un croiffant du même en pointe.

Léonard GARNIER, né à Lyon, baptifé le 5. Avril 1735, à l'églife Sainte-Croix, fils de noble Pierre Garnier, avocat au Parlement, bourgeois de Lyon & de Catherine Verné ; pourvu de l'office de Tréforier de France, inftallé au Bureau le 25. Avril 1781 ; titulaire à la fuppreffion.

Il avait époufé le 28. Janvier 1777, à Saint-Saturnin, Catherine Francoife Faure, fille d'Alexandre Faure, négociant bourgeois de Lyon, originaire de Saint-Paul-en-Jareft, & de défuncte Pierrette Jacquème Vouty, & fœur de Marc-Jean Faure, Tréforier de France, cy-après p. 318. Léonard Garnier eft décédé le 29. Aouft 1815, fa femme, le 13. Avril 1834. Ils avaient eu deux filles mortes en bas âge & trois fils, favoir : Pierre Garnier, qui n'a pas été marié ; Mathieu Garnier, qui avait époufé Emilie Aynard, & Jean-Marie Garnier ; ces deux derniers n'ont pas eu de poftérité.

Cette famille eft originaire du bourg de Pérouges, en Brefle ; le premier qui vint s'établir (vers 1630) à Lyon, était Pierre Garnier, qui fut doyen du collège de médecine de Lyon & mourut en 1681. Il avait époufé, en 1639, une demoifelle de la Monière, d'où plufieurs de cette famille ont pris ce nom de La Monière. Une branche s'eft établie à Paris, l'autre a continué à Lyon.

Création
de Février 1626

Prédéceſſeur, p. 264
Dernier titulaire

CCXVI

NICOLAS GALTIER

Inſtallé le 9 Juillet 1781

D'azur au chevron d'argent, accompagné de 3 coqs hardis d'or.

Ce ſont armes parlantes, à cauſe des 3 coqs, ſéparés par le chevron,
qui ſont *Gal-tiers.*

NICOLAS GALTIER, né à Lyon, le 21. Aouſt 1750, baptiſé le lendemain
à Saint-Nizier, était fils de sr Ennemond Galtier, marchand quincailler &
conſeiller en la juridiction de la Douane de Lyon & Valence, qui fut Tréſorier
au Bureau de la Charité pour les années 1771 & 1772, & de Jeanne-Marie
Vérot. Il avait lui-même négocié avant que de devenir officier. Il acquit le
9. Avril 1781, pour la ſomme de 40.000 livres, l'office de Tréſorier de
France, & fut inſtallé au Bureau, le 9. Juillet 1781 ; il était titulaire au moment
de la ſuppreſſion. Il prit part, comme capitaine de grenadiers, à la défenſe de
Lyon sous Précy, & parvint à ſe réfugier à Lauſanne en Suiſſe, où il demeura
juſqu'à la mort du tyran Robeſpierre ; il eſt décédé à Lyon, le 25. Juillet 1831.
Il avait épouſé le 17. Février 1789, en l'égliſe de Sainte-Croix, demoiſelle
Olive Mariétan, fille de Benoît Mariétan, bourgeois de Lyon, & de Catherine
Comarmônd, laquelle eſt décédée le 21. Février 1846. Ils avaient eu 8 enfans,
ſavoir : 4 filles & 4 fils, dont un ſeul, nommé Ennemond, a été marié avec
demoiſelle Thérèſe Dupré.

Cette famille, originaire de Camboulas, petit hameau de la paroiſſe de
Saint-Georges, auprès de Rodez en Rouergue, vint s'établir dans cette ville
de Lyon au commencement du xviiie ſiècle. Antoine Galtier, prêtre, ſecond
fils de Nicolas Galtier, Tréſorier de France, a fondé à Fourvières la congré-
gation & le monaſtère du Verbe Incarné.

CCXVII

ANTOINE CHOREL DE LA PLAGNY

Inftallé le 7 Décembre 1781

*D'azur au chevron d'argent, accompagné en chef d'un foleil
& d'une étoile d'or, & en pointe d'une colombe d'argent.*

ANTOINE CHOREL DE LA PLAGNY, pourvu de l'office de Tréforier de France, fut inftallé au Bureau, le 7. Décembre 1781 ; il exerçait led. office en 1790, lorsque le Bureau des finances fut fupprimé.

Les Chorel font une ancienne famille bourgeoife connue depuis le xvᵉ fiècle, qui a fourni de nombreux châtelains dans la province, principalement dans le Jareft. Elle a fait plufieurs branches, les Chorel de Kernelin, de Clay en Anjou, de la Plagny ; c'eft à cette dernière qu'appartenait Antoine Chorel, Tréforier de France, cy-deffus.

Création
de Mars 1691

Prédécesseur, p. 287
Successeur, p. 319

CCXVIII

ANDRÉ-JULIEN RIGOD DE TERREBASSE

PREMIER PRÉSIDENT

Inftallé le 27 Février 1782

*De gueules à la bande d'or, chargé d'un cœur enflammé d'argent, tranfpercé
en contrebande d'une épée de même garnie d'or ; au chef d'argent chargé
de 3 étoiles d'azur.*

ANDRÉ-JULIEN RIGOD DE TERREBASSE, feigr de Terrebaffe, né le
14. Septembre 1754, fils d'Aimé-Julien Rigod, Tréforier de France,
cy-devant p. 281, & de Benoîte Roulet ; fut pourvu de l'office de premier
Préfident au Bureau des Finances, que tenait Camille-Jacques-Annibal-
Gafpard Claret de Fleurieu, cy-devant p. 287, & inftallé au Bureau le
27. Février 1782 ; il a exercé led. office feulement l'efpace de trois années, l'ayant
cédé, en 1785, à Jean-Rodolphe Quatrefages de la Roquette, cy-après p. 319.
Il a époufé le 4. Juillet 1786, à Ainay, Chatherine-Françoise Bourbon,
fille de Jean-Baptifte Bourbon, écuyer, feigr de Deaulx, & de Catherine
Geffe de Poifieu, d'où trois filles, dont la feconde, Marie-Julienne-Henriette,
baptifée le 4. Avril 1789, à Ainay, décédée en 1824, a été mariée à Jacques
Bourbon de Venant, décédé en 1859.
La famille Rigod de Terrebaffe ne fubfifte plus à Lyon.
André-Julien Rigod, premier Préfident au Bureau des Finances, vendit,
en 1790, la terre & le château de Terrebaffe à Pierre Jacquier, juge de la
Confervation à Lyon, recteur de la Charité en 1787-1788, enfuite banquier,
dont les defcendants portent aujourd'hui le nom de Terrebaffe.

CCXIX

NICOLAS-MAMERT DE JUSSIEU DE MONTLUEL

CHEVALIER D'HONNEUR

Inſtallé le 25 Septembre 1782

D'azur à la tour d'argent, maçonnée de ſable.

NICOLAS-MAMERT DE JUSSIEU, écuyer, ſeigr de Montluel, né à Lyon le 4. Avril 1763, baptiſé le lendemain à Ainay, fils de François-Joſeph-Mamert de Juſſieu de Montluel, conſeiller en la Cour des Monnayes & de dame Marie-Claire Barmont ; pourvu de l'office de Conſeiller du Roy, Chevalier d'honneur au Bureau des Finances, que tenait Jean-François Mazenod de Pavezin, cy-devant p. 253, lequel n'était plus en charge dès 1779, & inſtallé au Bureau le 25. Septembre 1782. Il réſigna led. office, en 1787, à Jean-Pierre Delglat, cy-après p. 323.

Il épousa le 7. Novembre 1786, à Collonges près Lyon, Claudine-Charlotte-Louise Archimbaud, fille de Pierre Archimbaud, chevalier, conſeiller en la Cour des Monnaies & de Anne-Charlotte Guy le Bouleur.

Il était fils du premier mariage de ſon père, qui ſe remaria, en 1764, avec Marie-Gabrielle Dujaſt d'Ambérieu, fille de Dominique Dujaſt, ſeigr d'Ambérieu, conſeiller secrétaire du Roy & de Marie-Anne Bottu de Saint-Fonds.

CCXX

DIEUDONNÉ SARTON DU JONCHAY

Inftallé le 25 Septembre 1782 .

D'or au lion de gueules, au chef d'azur chargé d'une étoile d'argent.

DIEUDONNÉ SARTON DU JONCHAY, feigr du Jonchay (petit fief fitué près d'Anfe en Lionnois) ; pourvu de l'office de Tréforier de France, fut inftallé au Bureau le 25. Septembre 1782 ; il était titulaire à la fuppreffion.

Il avait époufé le 5. Juillet 1785, à Saint-Nizier, Anne Imbert, fille de défunct Jean Imbert, écuyer, & de Jeanne Lebœuf; de ce mariage eft iffu Jacques Sarton du Jonchay, né le 23. Octobre 1786, baptifé le même jour à Ainay.

Cette famille s'eft fort répandue dans la province, où elle eft repréfentée par plufieurs branches.

C C X X I

JOSEPH-AUGUSTIN-MADELEINE LACOUR

Installé le 24 Février 1783

*D'azur au chevron d'or, accompagné de 3 mouchetures d'hermine du même,
au chef d'or chargé de 3 étoiles de gueules.*

JOSEPH-AUGUSTIN-MADELEINE LACOUR, né à Lyon le 2. Août 1760,
baptisé le lendemain à Saint-Nizier, fils de Jean-Baptiste Lacour, marchand
fabricant à Lyon, qui fut échevin pour les années 1763-1764, & de Françoise-
Maurice Giraud ; s'étant fait recevoir avocat au Parlement, son père lui acheta
le 26. Septembre 1782 l'office de Trésorier de France que tenait le s^r Thorel
de Campigneulles, cy-devant p. 292, pour la somme de 50.000 livres ; installé
au Bureau le 24. Février 1783 ; il exerçait sond. office lors de la suppression
du Bureau des finances.

Il est mort à Lyon, le 22. Février 1820.

Il avait épousé : 1° Antoinette Desgouttes, dont il n'eut qu'une fille morte
âgée de 30 ans, sans avoir été mariée ; 2°, le 27. Mai 1803, Amélie-Jeanne-
Hélène Lambert, fille de Joseph-Henri Lambert & de Marie-Catherine-
Françoise Guyot, d'où trois filles, savoir : Césarine, Marie-Magdeleine-Elfride
& Marie-Sabine, les trois décédées sans alliance, laissant la terre de Mont-
luzin, près de Limonest, anciennement fief des Lacour, à une communauté
religieuse.

Cette famille, originaire de Lorraine, s'appelait autrefois Perret ; ce fut
l'arrière grand-père de l'échevin, Claude-Antoine Perret, dit Lacour, qui vint
(vers 1639) s'établir à Lyon, où il fut intendant des marquis de la Poype.

CCXXII

ANTOINE-MARIE-CHARLES DUGAS DES VARENNES

Inftallé le 30 Juillet 1783

De gueules à 2 épées d'or en fautoir, écartelé d'azur à l'arbre arraché d'or.

ANTOINE-MARIE-CHARLES DUGAS, écuyer, sr des Varennes, né le 27. Juin 1755, fils d'Antoine Dugas, cy-devant p. 293, & de Benoîte Chaland, pourvu de l'office de Tréforier de France par lettres du 26. Mars 1783, nftallé au Bureau le 30. Juillet fuivant. Avant que d'être officier au Bureau des Finances, il avait fervi à l'armée, comme gendarme de la garde du Roy, enfuite comme fous-lieutenant de grenadiers royaux. Il exerçait fad. charge au moment de la fuppreffion, & prit une part active à la défenfe de Lyon, en 1793. Elu député du département de la Loire en 1814, il a confervé ces fonctions jufqu'à la veille de l'ufurpation de 1830. Il a époufé, en 1786, Antoinette-Catherine de Vincent de Soley-mieux, fille d'Antoine de Vincent de Soleymieux écuyer, & de Antoinette Neyron; il n'en a eu qu'une fille, Marie Dugas des Varennes, morte en bas âge.

CCXXIII

MARC-JEAN FAURE

Inftallé le 3o Juillet 1783

On n'a pu retrouver les armoiries de Marc-Jean Faure, malgré de très exactes
recherches dans les papiers laiffés par fes enfants, & auprès de leurs héritiers ;
un de ces derniers penfe que Marc-Jean Faure portait *d'azur au fautoir
d'argent*, mais cela n'eft pas certain.

MARC-JEAN FAURE, né à Lyon, quai de Retz, le 12. Septembre 1762,
baptifé le lendemain à Saint-Saturnin, fils d'Alexandre Faure, négociant
bourgeois de Lyon, recteur de la Charité en 1783, & de Pierrette-Jacquème
Vouty; pourvu de l'office de Tréforier de France, receu avec difpense d'âge &
de parenté, à caufe de fon beau-frère Léonard Garnier, cy-devant, p. 310, qui
avait époufé fa fœur Catherine Faure ; inftallé au Bureau le 3o. Juillet 1783.
Il exerçait sad. charge au moment de la fuppreffion du Bureau. Il eft mort le
9. Décembre 1840, à fa maifon de campagne de Saint-Clair, petit village
auprès des Roches de Condrieu, diocèze de Vienne. Il avait époufé à
Saint-Chamond, par contrat du 23. Avril 1787, Henriette-Pierrette-Charlotte-
Françoise Royer, laquelle eft décédée le 9. Janvier 1832, & était fille de Jean-
Henri-Jofeph Royer, écuyer, avocat en parlement, juge général de la ville &
marquifat de Saint-Chamond, & de Victoire de Mazenod de Labaftie. Il avait eu
neuf enfans, favoir : huit fils, dont quatre furent mariés & n'ont pas laiffé
poftérité, & une fille, Victorine Faure, qui n'a pas été mariée. Cette famille
ne subfifte donc plus aujourd'hui : elle était originaire de Saint-Paul-en-
Jareft, où Pierre Faure, grand père de Marc-Jean Faure, négociait en foie.

Création
de Mars 1691

Prédéceſſeur, p. 313
Succeſſeur, p. 325

CCXXIV

JEAN-RODOLPHE QUATREFAGES DE LA ROQUETTE

PREMIER PRÉSIDENT

Inſtallé le 19 Août 1785

D'azur au chevron d'or, accompagné en pointe d'un lion du même;
au chef d... chargé de 3 étoiles d...

JEAN RODOLPHE QUATREFAGES DE LA ROQUETTE, né le 14. Mars 1763, baptiſé le 15, à Ainay, était fils de meſſire Rodolphe Quatrefages de la Roquette, écuyer, ſeigr de Limoneſt (fief près de Lyon, au faubourg de Veize) & de Saint-André du Coing, conſeiller à la Cour des Monnaies, ſéneſchauſſée & préſidial de Lyon, & de Anne-Odet Poſuel de Verneaux. Son père acheta pour lui l'office de premier Préſident au Bureau des Finances, que tenait André Julien Rigod de Terrebaſſe, cy-devant p. 313; reçeu avec diſpenſe d'âge, & inſtallé au Bureau le 19. Aouſt 1785. Il réſigna ſond. office, en 1789, à François Boulard de Gatellier, cy-après p. 325, qui fut le dernier premier Préſident du Bureau des Finances.

Jean Rodolphe Quatrefages de la Roquette avait deux ſœurs aînées, ſçavoir : 1º Anne Pierrette, née en 1759, qui épouſa le 5. Mai 1778, à Ainay, Jean Pierre Terraſſe d'Yvours, fils de Pierre Terraſſe, ſeigr d'Yvours, Tréſorier de France, cy-devant p. 251, & de Marguerite Birouſte ; 2º Marie Anne, baptiſée le 24. Novembre 1760, à Ainay, qui a épouſé le 18. Janvier 1780, auſſi à Ainay, Marc Antoine Mathieu Charrin, fils de défunct Antoine Charrin, écuyer, & de Antoinette Delaval.

Cette famille ne ſubſiſte plus aujourd'hui dans Lyon.

CCXXV

JEAN-JOSEPH DAFFLON

Inſtallé le 26 Août 1785

Bandé d'aʒur & d'argent de 5 pièces, à 3 ſautoirs d'argent mis en bande.

JEAN JOSEPH DAFFLON, fils d'autre Jean Joſeph, eſt né le 10. Février 1752, à la Tour de Trême, au canton de Fribourg en Suiſſe. Attiré à Lyon par ſon oncle, qui était agent de ceux de ſa nation, il y fit le commerce de la commiſſion, dans lequel il acquit des biens conſidérables. Il a été pourvu de l'office de Tréſorier de France ſur la réſignation de Antoine Marie Auguſtin Palerne de Chintré, cy-devant p. 295, & inſtallé au Bureau le 26. Aouſt 1785. Titulaire à la ſuppreſſion. Il eſt mort à Lyon le 4. Juin 1813. Il avait épouſé, en Juillet 1792, demoiſelle Eliſabeth Pétronille Prodon, dont il a eu un fils, Charles Pierre Joſeph Dafflon, né en 1793, mort à ſa maiſon de campagne de Champvert, près de Veize, le 13. Novembre 1856, ſans avoir été marié, & une fille, Françoiſe Joſéphine Dafflon, née le 2. Mai 1798, qui a épouſé M. Legendre, d'où M. Charles Legendre, notaire.

Création
d'Avril 1627
Prédécesseur, p. 3o6
Dernier titulaire

C C X X V I

Antoine MORAND DE JOUFFREY

PROCUREUR DU ROY

Inftallé le 29 Août 1785

De gueules à 3 cormorans d'or, 2 & 1 .

  Antoine MORAND DE JOUFFREY, né à Lyon, quai Saint-Clair, le
1er. Mars 1760, baptifé le lendemain à Saint-Saturnin, fils de Jean Antoine
Morand, l'habile architecte qui conftruifit (de 1771 à 1775) le pont fur le
Rhône, lequel réédifié porte encore fon nom, & de Antoinette Levet, acquit
l'office de Procureur du Roy que poffédait Jean Pierre François Catalan
de la Sarra, cy-devant p. 3o6, & a été inftallé au Bureau le 29. Aouft
1785. Led. Jean Antoine Morand, fon père, était originaire de Briançon,
dans le haut Dauphiné, où il était né le 10. Novembre 1727 ; il eft
mort fur l'échafaud révolutionnaire, à Lyon, le 24. Janvier 1794. Antoine
Morand de Jouffrey, créé chevalier de l'Empire par lettres patentes du
6. Octobre 1810, a époufé Marie Madeleine Guilloud, dont il a eu un fils,
Aimé Jean Jacques Morand de Jouffrey, confeiller à la Cour royale de Lyon
(1823-1826), enfuite procureur général du roy à la Cour de Douai & à celle de
Grenoble. De fon mariage avec Marie de Ponthus, du 25. Mars 1816, il a
laiffé deux fils : MM. Antoine & Edmond Morand de Jouffrey, repréfentés
refpectivement par M. Guftave Morand de Jouffrey, qui a époufé demoifelle
Clémentine de Valfons, fille du marquis de Valfons, en Languedoc, & par
M. Léonce Morand de Jouffrey, marié avec demoifelle Geneviève de Rivière,
du mandement de Vienne en Dauphiné.

Pp

*Création
de May 1635*

*Prédécesseur, p. 276
Dernier titulaire*

CCXXVII

Claude BAROUD

ADVOCAT DU ROY

Inftallé le 11 Juillet 1787

*Tiercé en fafce, au 1 bandé d'argent & de gueules ; au 2 d'argent au lion
léopardé de gueules ; au 3 d'azur au mouton couché d'argent.*

Claude BAROUD, né le 5. Février 1750, baptifé le 6, à Saint-Nizier,
fils de noble Louis Jofeph Baroud, avocat au parlement, notaire à Lyon, qui
fut échevin pour les années 1784-1785, & de Claudine Brun ; pourvu de
l'office d'Avocat du roy, au lieu & place du s^r Balthazard Michon, cy-devant
p. 276, dernier poffeffeur dud. office, & inftallé au Bureau le 11. Juillet 1787.
Il était titulaire à la fuppreffion, & ne paraît pas avoir laiffé de poftérité.

La famille de Claude Baroud était originaire de Savigny en Lyonnois.
Son grand-père vint s'établir à Lyon & fut fecrétaire du marquis de
Rochebonne ; il y époufa, le 18. Février 1710, la demoifelle Elifabeth
Defgranges, fille du feu s^r François Defgranges, maître tireur d'or à Lyon & de
Benoîte Morel, defquels iffut led. Louis Jofeph Baroud, père de Claude,
cy-deffus, Avocat du roy au Bureau des Finances.

CCXXVIII

JEAN-PIERRE DELGLAT

CHEVALIER D'HONNEUR

Inftallé en 1787

D'argent à l'arbre terraffé de finople, au chef d'azur chargé de 3 étoiles d'or.

JEAN PIERRE DELGLAT, écuyer, né à Lyon le 3. Avril 1759, baptifé le lendemain à Ainay, fils de Jean Pierre Delglat de la Tour-du-Boft, Tréforier de France, cy-devant p. 284, & de Catherine Dupont, feconde femme dud. ; pourvu de l'office de confeiller du Roy, chevalier d'honneur au Bureau dès finances, au lieu & place de Nicolas Mamert de Juffieu-Montluel, cy-devant p. 314, dernier poffeffeur dud. office, inftallé au Bureau le..... 1787.

Il a époufé, à Ainay, le 7. Septembre 1790, demoifelle Antoinette Gauthier de la Tournelle, fille de Gabriel Gauthier de la Tournelle & de Marie Françoife Charrin. Il exerçait fon office lors de la fuppreffion du Bureau des finances, & mourut le 6. Février 1802, fa femme étant déjà décédée.

Leur fille unique, Marie Delglat de la Tour-du-Boft, née à Lyon le 16. Avril 1794, époufa, le 25. Mai 1811, Laurent François Marie de Marbeuf, chef d'efcadron aux chaffeurs à cheval de la Garde impériale, baron de l'Empire, chevalier de la Légion d'honneur, fils de défunct Louis Charles René de Marbeuf, ancien lieutenant-général, commandant en chef dans l'île de Corfe, & de Catherine Salinguera Antoinette de Gayardon de Fenoyl.

On a publié une fingulière lettre, adreffée, à l'occafion de ce mariage, au comte de Beurnonville, fénateur, qui avait fait agréer à Mlle Delglat un autre prétendant ; la voici :

<table>
<tr><td>POLICE GÉNÉRALE</td><td>Paris, 26 Février 1811.</td></tr>
<tr><td>CABINET
DU MINISTRE</td><td></td></tr>
</table>

J'ai reçu, Monfieur le Comte, la lettre que vous m'avez fait l'honneur de m'écrire, par laquelle vous me prévenez de l'intention que vous avez d'unir M. de Durfort à Mlle Delglat, riche héritière de Lyon.

Sans doute, dans un temps ordinaire & plus éloigné des troubles politiques dont nous fortons, cette union ne fouffrirait aucune difficulté ; mais vous, Monfieur le Comte, qui avez traverfé tous les événements de notre révolution, vous concevez aifément l'intérêt que je prends, comme miniftre, à l'alliance de Mlle Delglat avec M. de Durfort. Si la jeune perfonne était majeure ou avait connu M. de Durfort, cela pourrait lui être favorable. Mais, outre que ce n'eft qu'un arrangement entre les parents, qui n'ont point confulté la difproportion d'âge & l'importance qu'on pouvait y attacher, il y a encore une autre confidération plus grande, qui eft celle-ci : M. de Durfort, très eftimable, fans doute, & iffu d'une famille diftinguée dans notre hiftoire, était fufceptible, fous la dernière dynaftie, de s'allier à tous les grands partis de France. Ces temps-là font changés. La dynaftie que nous fervons a fes créatures & fes familles à former, & il n'y a plus en France, aujourd'hui, affez de partis de l'importance de celui de Mademoifelle Delglat, pour qu'on ne les réferve pas pour les ferviteurs de l'Empereur. La famille des Durfort a befoin de donner à la dynaftie nouvelle les mêmes gages que les nouvelles familles qu'elle a créées, & la fouche de ce nom eft plutôt, fous ce rapport, dans le jeune Durfort, qui eft au fervice, que dans celui qui ne peut plus y entrer. D'après ce principe, vous concevez, Monfieur le Comte, le motif qui m'a déterminé à réitérer à M. le préfet du Rhône l'ordre de ne laiffer contracter aucun acte qui lierait Mademoifelle Delglat & fa fortune, & ce fera un fervice à rendre à M. de Durfort que de l'engager à renoncer de bonne grâce à ce mariage.

Agréez, je vous prie, Monfieur le Comte, l'expreffion fincère de mes regrets & l'affurance que j'ai de vous dédommager.

Signé : LE DUC DE ROVIGO.

La conféquence de cette étrange preffion gouvernementale fut que le comte Taillepied de Bondy, préfet du Rhône, obligea Mlle Delglat à renoncer au projet déjà arrêté, pour donner fa main & fa fortune au jeune & brillant colonel de Marbeuf.

CCXXIX

FRANÇOIS BOULARD DE GATELLIER

PREMIER PRÉSIDENT

Inſtallé le.... Octobre 1789

*D'azur à une branche de 3 rameaux de bouleau d'argent feuillés d'or,
au chef couſu de gueules, chargé de 3 beſans d'or.*

FRANÇOIS BOULARD DE GATELLIER, né à Lyon le 27. Juillet 1759,
était fils de Claude Simon Boulard, ſeigʳ de Gatellier, Cuire, Caluire, la
Pape, Rillieux, &ca, qui fut échevin pour les années 1778 & 1779, & de Anne
Clérico de Janzé ; d'abord pourvu, le 3o. Juin 1779, de la charge de conſeiller
au Parlement de Bourgogne, vacante par le décès de Charles Marie Févret
de Fontette, dernier poſſeſſeur, & receu aud. Parlement le 1ᵉʳ. Février 178o.
Le 16. Avril 1788, il acquit de Jean Rodolphe Quatrefage de la Roquette,
cy-devant p. 319, l'office de premier Préſident au Bureau des finances pour
la ſomme de 100.000 livres & les étrennes en ſus. Il fut pourvu par lettres
de proviſions du 3o. Septembre 1789 & inſtallé peu après. Il ſe ſignala parmi
les défenſeurs de Lyon aſſiégé par les armées de la Convention. Conſeiller
à la Cour d'appel de cette ville, de 1811 à 1815, il eſt mort à Florence en
Italie, le 10. Mars 1827. Nommé chevalier de la Légion d'honneur en 1814,
il fut, ſous la Reſtauration, conſeiller municipal de Lyon & conſeiller général
du département du Rhône. Il avait épouſé le 6. Juillet 1790, Françoiſe
Fourgon de Maiſonforte, fille de Roch Marie Vital Fourgon de Maiſonforte,

écuyer, ancien conſeiller à la cour des monnaies de Lyon & de Marie Pierrette Robin d'Orliénas. Il en a eu cinq enfants, ſcavoir : trois fils & deux filles. L'aînée des filles, Eliſabeth de Gatellier a épouſé, en 1819, le baron de Jeſſé Levas, garde de corps de S. M. Louis XVIII, dont elle n'a pas eu d'enfans ; la ſeconde, Antoinette Marie Simonne, fut mariée le 12. Février 1833 à M. Alphonſe de Boiſſieu, membre correſpondant de l'Inſtitut. L'aîné des fils, M. Vital Boulard de Gatellier, conſeiller à la cour royale, adjoint au maire de Lyon, né en 1792, a épouſé demoiſelle Philiberte Hélène Cellard du Sordet, d'où ſont iſſus : M. Léon de Gatellier, né en 1825, marié dans la maiſon des Agniel de Chênelette, d'où poſtérité ; M. Gaſton de Gatellier, né en 1830, & M. Paul de Gatellier, né en 1839.

DERNIÈRE PHASE

VANT leur difparition définitive en 1790, les Bureaux des Finances, comme toute l'antique organifation adminiftrative, eurent à fubir de rudes affauts. Les Tréforiers de France avaient lutté énergiquement & maintenu leurs inftitutions ; mais l'ère fatale allait bientôt s'ouvrir, qui devait renverfer, dans un irréparable défaftre, notre édifice politique & focial. Loménie de Brienne, fervile inftrument de quelques utopiftes, ennemis fecrets de la Royauté, s'était empreffé, en arrivant au pouvoir, de porter une main facrilège fur la fage organifation qui avait fait, pendant de longs fiècles, la force et la grandeur de la France monarchique. C'étaient des réformes qu'on attendait du nouveau miniftre : il entreprenait la deftruction totale de l'état de chofes établi ! Ses mefures furent telles qu'elles irritèrent tout le monde, autant par leur inopportunité que par leur violence. La réfiftance éclate alors de toutes parts. Il fallut un lit de juftice pour impofer l'obéiffance au Parlement de Paris, & comme il ne ceffait de renouveler fes proteftations, Loménie l'exila à Troyes, pour le rappeler du refte deux mois après.

A Lyon, M. Barou du Soleil, ancien procureur général à la Cour des Monnaies & Procureur du Roy en la Sénéchauffée & fiège préfidial, refufa, à l'exemple du Parlement de Paris, de procéder à l'enregiftrement des Déclarations du 8. Mai 1788, & fut exilé à Brafcou, près d'Agde. Le Bureau des finances, frappé lui auffi, joignit fa voix aux réclamations des autres cours fupérieures ; les Tréforiers de France fe réunirent en dehors du local officiel de leurs féances, dont ils s'étaient vu fermer les portes, & après une longue délibération, rédigèrent & publièrent un violent mémoire, dont voici la reproduction :

PROTESTATIONS
DU
BUREAU DES FINANCES
DE LYON

Ce jourd'hui, mercredi onze Juin mil fept cent quatre-vingt-huit, Nous Préfidens, Tréforiers de France, & Gens du Roi, Souffignés, tant pour Nous que pour nos Confreres abfens, affemblés chez l'un de Meffieurs, attendu les circonftances qui interdifent aux Miniftres de la Juftice, avoués par la Nation, l'entrée de fon Sanctuaire.

Confidérant que la tranfcription qui a été faite aujourd'hui fur nos Regiftres, du très-exprès commandement de Sa Majefté, porté par le Sieur Commiffaire départi en cette Généralité, d'un Édit portant Suppreffion des Tribunaux d'Exception, revêtu de Lettres-Patentes à Nous adreffé, ainfi que l'appofition des Scellés fur nos Greffes & Archives, ne font que des formes illégales, comme toutes celles qui ont été employées jufqu'à préfent, pour foutenir le fyftème deftructeur, qui répand le deuil & la confternation dans toute la France, renverfe les Lois conftitutives du Royaume, & nous anéantit avec elles.

Que la notification des ordres du Roi nous met dans l'impoffibilité de continuer l'exercice de nos fonctions, mais ne fauroit donner à la Loi qui prononce notre fuppreffion, cette fanction & ce caractére de Loi publique qu'elle ne peut acquérir que par fon libre enregiftrement dans les Cours.

Que des Corps de Magiftrature, dont l'origine remonte aux temps les plus reculés, qui ont été créés par des Lois vérifiées & enregiftrées dans les Cours aux formes ordinaires, dont l'exiftence légale et honorable a été reconnue par les Affemblées Générales de la Nation, où leurs Députés ont toujours eu une Séance diftinguée, qui, fous chaque regne, ont vu fe multiplier les titres qui confirment leurs privilèges & les diftinctions attachées à leur état ; qu'une Déclaration du 12 Juillet 1770, & un Arrêt du Confeil du 7 Juin 1786 ont encore maintenus dans tous leurs droits, ne peuvent être effacés, en un inftant, des faftes de la Monarchie.

Que des Conftitutions, folennellement établies, avouées & maintenues, ne fauroient être annullées par un Édit, rédigé à la hâte, enregiftré, à main armée, dans toutes les Cours, & dont le préambule & le difpofitif font également contraires à la vérité, à la juftice du Souverain, à fes intérêts, & à ceux de fes Peuples.

Contraires a la vérité. Les Bureaux des Finances, fous la dénomination de *Tribunaux d'exception*, font repréfentés à la Nation comme une charge pour l'État, tandis que le Gouvernement y a toujours trouvé des fecours, & que le Bureau des Finances de Lyon, feul, a fourni au Roi, dans l'efpace de moins d'un fiecle, une fomme de treize cents foixante & douze mille quarante-neuf livres. *Les gages & droits, attribués à la plupart de ces Officiers, les exemptions qui leur font accordées, l'entretien même des bâtimens où ils tiennent leurs féances, ont formé fur notre Domaine une charge excédante l'intérêt de la finance de leurs Offices & le produit des droits cafuels qu'ils peuvent nous procurer.* Cependant les gages & droits actuellement attribués à nos Offices ne font plus en proportion avec leurs finances premieres. Sans qu'il y eût eu aucun rembourfement opéré, on les réduifit aux trois quarts par une Déclaration du 22 Octobre 1648, portant que les Tréforiers de France ne jouiront que de trois quartiers de leurs gages, de même que les autres Officiers des Cours & Compagnies Souveraines, pendant la guerre feulement; ils furent enfuite réduits à deux quartiers, par Arrêt du Confeil du 10 Avril 1658, qui ordonne ce retranchement dont l'État a bénéficié depuis cette époque. La retenue de Capitations confidérables, celle des Dixiemes, diminuent encore cette moitié de leurs premiers gages, de près d'un cinquieme. Ainfi le Gouvernement ne paye pas aux Titulaires deux pour cent des finances, tant principales qu'acceffoires, verfées dans le Tréfor royal.

· *Les exemptions qui leur font accordées* ont été fucceffivement réduites; & ce, dans le moment même où l'on diminuoit nos gages, & où l'on nous forçoit à des emprunts onéreux, pour fatisfaire aux demandes multipliées du Gouvernement. Les frais énormes de nos réceptions dédommagent amplement de la portion des charges publiques dont nous fommes exempts. Le privilege d'acquérir la nobleffe tranfmiffible par deux fervices, ne contribue pas à multiplier beaucoup les Nobles du Royaume, puifque, dans cette Généralité, il ne s'eft perpétué, jufqu'à préfent, qu'une feule famille, dont la nobleffe provienne du fervice de fes peres au Bureau des Finances. Il eft vrai que cette Compagnie a toujours été compofée, en grande partie, d'Officiers déjà nobles, & qui ont fait cependant des frais confidérables de réception, fans acquérir d'autres droits que ceux que leur donnoit leur naiffance.

L'entretien des bâtimens où les Bureaux des Finances tiennent leurs féances, ne fauroit grever le Domaine de Sa Majefté, puifqu'il eft à la charge des Communautés, depuis l'Arrêt du Confeil du 29 Mars 1773.

La plupart de nos Sujets ont préféré les Offices qui donnoient moins de travail & plus de profit. Ainfi l'injure fe joint à l'injuftice. Nous croyons avoir fuffifamment démontré qu'un vil intérêt n'a jamais pu engager à fe pourvoir d'Offices dans les Bureaux des Finances. La diverfité des fonctions, foit en Finance, foit en Domaine & Voierie, qu'ont à remplir les Officiers qui les compofent, & qui exigent beaucoup de connoiffances & d'études différentes; la maniere dont ils les exercent en général; la fatisfaction que le Gouvernement leur a fouvent témoignée de leurs fervices, prouvent auffi que des Magiftrats, qui aiment à remplir les devoirs de leur état, peuvent dans ces Cours, comme dans toute autre, fe rendre utiles au Prince & à la Patrie, & que l'efpoir d'une oifiveté honteufe ne put jamais déterminer leur choix.

Nous avons réfolu de rendre aux Offices de Judicature, que nous laifferons fubfifter, la confidération qui leur eft due. Et, pour y parvenir, on dégrade ces Corps antiques de la Magiftrature où la Nation a toujours trouvé des Juges integres & des défenfeurs zélés de fes droits, où le Souverain a toujours trouvé la vérité qu'on écarte avec tant de foin des Rois, & que les Magiftrats patriotes ont feuls le courage de leur faire entendre; & l'on fubftitue à ces Cours des Tribunaux informes, dont la compofition ne peut jamais infpirer la confiance, puifque l'opinion publique a noté d'avance quiconque oferoit s'affeoir fur les débris des Lois, & fe revêtir des dépouilles de leurs vrais Miniftres.

Nous avons confervé aux Officiers, qui compofent ces Tribunanx, les fonctions de pure adminiftration, néceffaires au bien de notre fervice. Et cependant les Articles I & II de l'Edit ne laiffent aucune efpece de fonctions aux Bureaux des Finances, & dépouillent auffi entiérement les Élections, dont l'utilité, que nous fommes dans le cas d'apprécier, la fidélité aux vrais principes, & la confiance bien méritée des Contribuables, devoient garantir la ftabilité.

CONTRAIRES A L'ÉQUITÉ DU SOUVERAIN. *Les États-Généraux de notre Royaume, tenus à Orléans & à Blois, demanderent la réduction des Offices dans nos Cours Supérieures.* Mais il n'étoit queftion que de réduction, & non de fuppreffion totale dans les Cours Supérieures, dont les Bureaux des Finances font effentiellement partie; mais les Lois, rendues fur les doléances de ces États, ne prononcerent ces réductions qu'en ordonnant qu'elles n'auroient lieu, que *vacation arrivant par mort ou par forfaiture.* Mais M. le Garde des Sceaux a dit lui-même, dans le dernier Lit de Juftice, tenu à Verfailles le 8 Mai dernier, *que Sa Majefté reconnoît hautement que la deftitution perfonnelle d'un Juge, pour en fubftituer un autre, ou, ce qui feroit la même chofe, la fuppreffion d'un Tribunal pour le remplacer par un autre, exige une forfaiture préalablement jugée. Voilà, Meffieurs,* ajouta-t-il, *la fauve-garde de la Magiftrature, ou plutôt des Peuples auxquels vous adminiftrez la Juftice au nom du Roi.*

Et ces principes ne font rappelés que pour les méconnoître; ces Lois ne font citées que pour les violer.

Il eft dit, Article IX : *Les Titulaires & Propriétaires des Offices fupprimés par le préfent Édit, feront tenus de remettre, dans trois mois, leurs titres de propriété, quittances de finances, & autres pieces, ès mains du Contrôleur-Général de nos Finances, pour, par eux, recevoir leur rembourfement des deniers qui feront par Nous à ce fucceffivement deftinés.* La confiance qu'infpirent les promeffes de S. M. ne nous permet pas de douter de la certitude de ce rembourfement; mais nous devons craindre qu'il ne foit bien différé, & que les Créanciers de notre Compagnie ne fouffrent, comme nous, de ces retards. Il étoit de la Juftice, de la dignité du Souverain, de ne renvoyer des Serviteurs fidelles, qu'en leur reftituant les fommes que fes Prédéceffeurs ont reçues; & l'époque même de leur fuppreffion devoit être celle de leur rembourfement.

L'Article X s'exprime ainfi; *Maintenons néanmoins les Officiers fupprimés, dans les privileges attribués à leurs Offices, defquels voulons qu'ils jouiffent pendant leur vie, excepté toutefois l'exemption de la taille, & autres charges publiques, qui ne fera confervée qu'à ceux defdits Officiers qui auroient exercé leurs Offices pendant vingt ans.* Excepter des priviléges dont continueront de jouir les Officiers qui n'auront pas vingt ans d'exercice, la feule exemption utile & honorable qui nous refte, « c'eft », (ainfi que s'exprime le Parlement de Bourgogne dans fes Proteftations du 4 de ce mois,) » joindre l'ironie « la plus amere, à la violation la plus manifefte des engagemens ». Le nouveau Titulaire qui commence avec honneur une carriere, dont on ne peut décider quel eût été le terme; celui qui l'a parcourue pendant dix-neuf ans; celui qui a fuccédé à l'Office de fon pere, & dont la mort, arrivée avant cet Edit, eût affuré à fes enfans la Nobleffe tranfmiffible, perdroient ainfi tous les droits qu'ils ont dû acquérir par leurs fervices & par le payement de marc d'or de Nobleffe, & de frais confidérables de réceptions. Ainfi, l'ordre conftamment établi en cas de fuppreffion, feroit interverti, pour accabler des Sujets qui n'ont donné au Roi que des preuves de zele & de fidélité.

Les dédommagemens qu'offre l'article XI, aux Officiers fupprimés, fe trouvent en oppofition avec les principes d'honneur que nous avons toujours profeffés. A-t-on pu croire que des Officiers, reconnus par toutes les Lois conftitutives de leur état, Membres de Cours Souveraines, pourroient fe décider à entrer dans des Tribunaux qui n'auroient, ni les mêmes diftinctions, ni les mêmes prérogatives ? A-t-on pu croire que des Magiftrats, eftimés & honorés de leurs concitoyens, renonceroient à ces avantages, en prenant place parmi des Juges que les François voient avec effroi devenir les arbitres de leur vie & de leur honneur, & qui ne peuvent qu'être intérieurement défapprouvés par les auteurs même du bouleverfement actuel, & de ceux qui, par état, font chargés de l'exécution des ordres donnés au nom du Roi, & obligés de concourir à la formation de ces nouveaux Tribunaux ?

Contraires aux intérêts du Prince. Les Bureaux des Finances ont toujours veillé, avec le plus grand foin, à la confervation & à l'accroiffement du Domaine de Sa Majefté. L'Edit de 1627 conftate que la juridiction du Domaine, dès fa premiere origine & inftitution, a toujours appartenu *aux Préfidens Tréforiers-Généraux de France;* qu'au moyen de l'attribution de Juridiction, donnée en cette partie, aux Baillis & Sénéchaux, ou à leurs Lieutenans, par l'Edit de Crémieu, du mois de Juin 1536, le Domaine avoit grandement diminué, pour n'avoir, lefdits Baillis & Sénéchaux, ou leurs Lieutenans, aucune connoiffance de la valeur d'icelui, & ne tenir aucun papier-terrier, & *que ledit Domaine fe pourroit entierement perdre & ufurper, fi la Juridiction étoit plus long-temps par eux exercée.* Et on ne craint pas aujourd'hui de s'exposer aux mêmes dangers, en dépouillant de leurs fonctions ceux qui ont été les reftaurateurs & les confervateurs du Patrimoine de nos Rois.

Il eft dit, par l'Article II : *Nous réfervant de ftatuer inceffamment fur le renvoi de ladite partie d'Adminiftration, tant à notre Confeil, qu'aux Etats-Provinciaux, & Affemblées Nationales de notre Royaume.* Cependant l'on nous interdit toutes fonctions, fans avoir pourvu aux moyens de les faire exercer, quoique les circonftances actuelles ne faffent que trop évidemment connoître combien il importe de maintenir l'ordre dans la comptabilité, la promptitude dans les recouvremens, l'économie dans l'emploi des fonds de la Généralité, l'examen de la fituation des contribuables, les formes ufitées pour l'envoi des brevets d'impofitions, & l'attache qui les rend exécutoires ; quoique la fuppreffion de toute furveillance, en matiere de Voirie, paroiffe devoir être dans la Province en général, & en cette Ville en particulier, la fource des abus les plus multipliés.

L'Etat eft obéré, obligé de recourir à des emprunts ruineux ; & c'eft le moment qu'on choifit pour opérer des changemens qui néceffitent le rembourfement de fommes confidérables, dont le Roi ne paye maintenant qu'un intérêt modique !

Contraires enfin aux intérêts des Peuples. Parce que cet accroiffement des dettes de l'Etat, donnera bientôt lieu à de nouveaux impôts, & parce que l'Adminiftration de la Juftice ne peut pas être fufpendue dans toutes fes parties, fans qu'il n'en réfulte les plus grands inconvéniens pour les jufticiables.

Confidérant qu'une Loi auffi peu fondée dans fes motifs, auffi fauffe dans fes principes, auffi injufte dans fes difpofitions, auffi dangereufe dans fon exécution, ne peut jamais devenir une Loi de l'Etat ; qu'elle ne fauroit être approuvée ni par la Nation qu'elle greve, ni par les Cours qui ont protefté contre fon exiftence, ni par le Souverain lui-même, dont elle bleffe les intérêts & la juftice ; qu'y adhérer, feroit enfreindre les fermens que nous avons prêtés au Roi, dans les mains de fon Chancelier, manquer à nos devoirs, méconnoître les Réglemens & Ordonnances qui nous défendent d'obéir aux Lois qui n'en ont pas le véritable caractere, et que notre réſiſtance actuelle eſt la preuve la plus éclatante que nous puiſſions donner à Sa Majeſté de notre inviolable fidélité.

Déclarons unanimement que nous perſiſtons de plus fort dans les Proteſtations inférées dans l'Arrêté de notre Compagnie du 13 Mai dernier; qu'en conféquence nous ne regarderons notre ſuppreſſion comme légale, que lorſqu'elle aura été approuvée par l'Aſſemblée des États-Généraux, vérifiée & enregiſtrée librement dans les Cours; lorſque nos Créanciers auront touché les ſommes que nous avons empruntées d'eux, pour nous conformer aux ordres de Sa Majeſté; lorſque les finances, tant principales qu'acceſſoires, verſées par nos auteurs dans le Tréſor royal, ſeront rembourſées aux propriétaires actuels des Offices.

Que nous n'accepterons jamais aucune commiſſion qui pourroit être adreſſée à un ou à pluſieurs d'entre nous, pour exercer, même momentanément, quelques-unes des fonctions que rempliſſoit la Compagnie, ſans ſon approbation & ſon conſentement formel.

Qu'enfin nous réunirons nos efforts à ceux de tous les Ordres de l'État, pour obtenir, de la juſtice du Roi, la révocation des Édits violateurs, dont l'admiſſion ne tarderoit pas à juſtifier les craintes qu'ils inſpirent; le rappel des Parlemens à leurs fonctions, qui devient urgent pour rétablir la paix intérieure & faire renaître la confiance, et la convocation des Etats-Généraux, qui, ſeule, peut prévenir des maux irréparables, & remédier à ceux qui nous accablent; faire ſuccéder la tranquillité & la joie au déſordre & à la conſternation publique; rendre au Monarque le pouvoir délicieux de faire des heureux, & aux Sujets les occaſions de laiſſer éclater les ſentimens d'amour que leur inſpire ſa Perſonne ſacrée.

Fait à Lyon, le mercredi onze Juin mil ſept cent quatre-vingt-huit, & avons ſigné, avec déclaration qu'il ſera fait deux minutes des préſentes Proteſtations, leſquelles, attendu les circonſtances, ſeront dépoſées en lieu ſûr, juſqu'à ce que le Bureau ſoit rétabli dans la poſſeſſion libre de ſes Greffes, & puiſſe faire tranſcrire leſdites proteſtations ſur ſes Regiſtres. *Signé,* SERVANT DE POLEYMIEUX, DUVERNEY, DURAND DE CHATILLON, DE BOISSIEUX, TERRASSE, GARNIER, GALTIER, LACOUR, DUGAS DES VARENNES, Tréſoriers de France.

MORAND DE JOUFFREY, Procureur du Roi.

Et le deux Juillet mil ſept cent quatre-vingt-huit, ceux de MM. qui étoient abſens & trop éloignés pour pouvoir ſe rendre aux ordres du Roi le onze du mois dernier, ſe ſont réunis; & ayant pris lecture des Proteſtations ci-deſſus, ils ont déclaré qu'ils y adhéroient, & les approuvoient dans tout leur contenu.

Signé, AGNIEL DE CHENELETTES, VIAL, DELGLAT DE LA TOUR DU BOST, Préſidens.

DELGLAT, Chevalier d'honneur.

DUCULTY, FLACHON DE LA JOMARRIERE, BEUF DE CURIS, BURTIN DE LA RIVIERE, SARTON DU JONCHAY, FAURE, Tréſoriers de France.

Nota. Le Bureau des Finances de Lyon a reçu, le 22 Juin, une Lettre adreffée à MM. les *anciens Officiers du Bureau des Finances*, par M. Terray, Intendant de la Généralité, avec copie par lui certifiée de la décifion du Roi du 10 du même mois, qui fait de nouveaux avantages aux Officiers des Tribunaux fupprimés, qui entreroient dans la compofition des Grands-Bailliages & Préfidiaux.

Le 2 Juillet, la Compagnie a répondu à M. Terray, en ces termes :

Monsieur,

« Nous avons reçu la Lettre que vous nous avez fait l'honneur de nous adreffer, en date du 22 Juin, » avec copie certifiée par vous, de la décifion du Roi du 10 du même mois ; elle ne change rien aux » principes que nous avons fait connoître ; & fi la conduite que nous croyons devoir tenir dans ces » circonftances, nous éloigne de la faveur de M. le Garde des Sceaux, nous efpérons qu'elle nous » donnera de nouveaux droits à fon eftime, & à celle du Public.

» Nous fommes avec refpect,

Monsieur,

Vos très-humbles & très-
obéiffans ferviteurs,

*Les Préfidens, Tréforiers-Généraux
de France de la Généralité de Lyon.*

Signé *par toute la Compagnie.*

Il ne faudrait pas chercher dans les termes hardis de ce mémoire, les indices d'une révolte contre le pouvoir royal ; c'était là, au contraire, une proteftation contre l'arbitraire d'un miniftre bouleverfant de parti pris des inftitutions féculaires, œuvre de l'autorité fouveraine & fanctionnées par des actes fans ceffe renouvelés. Dans cette lutte, le miniftre fut vaincu, mais le réfultat qu'avaient cherché les auteurs de ce conflit défaftreux ne tarda pas à fe produire. Le Bureau des finances avait furvécu momentanément : il devait fuccomber bientôt d'une manière irréparable.

LA SUPPRESSION

ES Etats-Généraux, dont la convocation fut motivée par ces diffen-
fions, fe transformèrent, dès les premiers jours, en une Affemblée,
dite Nationale, qui fe déclara elle-même fouveraine & au-deffus
de tous les autres pouvoirs publics. Dès lors, tous les organifmes
traditionnels, tous les corps établis par le long travail & l'expérience des
fiècles durent difparaître devant les créations hâtives des théoriciens, ou
inspirées par l'intérêt de quelques ambitieux.

L'heure fuprême a fonné !

Emportés par leur folie réformatrice, les nouveaux maîtres de la France
fe ruent à toutes les deftructions ; le triangle égalitaire & maçonnique rafe
une à une nos antiques inftitutions, avant de s'abattre fur la tête des citoyens.

Les 6 & 7 Septembre 1790, l'Assemblée Conftituante difcute une loi
générale fur l'organifation adminiftrative & judiciaire, qui abolit les anciennes
juridictions d'exception & détermine la compétence des nouvelles autorités
adminiftratives & judiciaires, quant aux matières rentrant dans le reffort de
ces anciennes juridictions. Quatre jours après, le 11 Septembre 1790, la
nouvelle loi était promulguée ; on y lit :

« ARTICLE X. Au moyen des difpofitions des articles précédents, les
« Elections, Greniers à fel, juridictions des Traites, Grueries, Maîtrifes des
« eaux & forêts, *Bureaux des Finances*, juridictions & cours des Monnaies, &
« les cours des Aides demeureront fupprimés ».

Les Tréforiers généraux de France de la Généralité de Lyon avaient
vécu !

SUCCESSION CHRONOLOGIQUE
DES OFFICIERS

DANS LES CHARGES DU BUREAU DES FINANCES

Suivant l'ordre de création defdites charges

1re CHARGE

Créée en Juillet 1577 (I).

1. Antoine CAMUS. 1578
2. Marc Antoine CAMUS, *son fils* . 1599
3. Mathieu SÈVE DE SAINT-ANDRÉ. 1612
4. Gabriel PALERNE. 1651
5. Léonard PALERNE, *son fils* . . 1653
6. Pierre SUDUYRAUD 1664
7. Jacques DE LA FRASSE . . . 1679
8. Claude DE LA FRASSE, *son frère*. 1692
9. Marc Antoine COLOMBET . . 1713
10. Gafpard Roch Auguftin QUINSON 1727
11. Jean Marie TERRASSE . . . 1779

2e CHARGE

Créée en Juillet 1577 (II)

1. Claude CAMUS 1578
2. Antoine CAMUS, *fon fils*. . . 1594
3. Benoît DE POMEY 1608
4. Pierre GUILLARD 1649
5. Jean GENEVEY 1691
6. Philippe BOURLIER 1712
7. Pierre Philippe BOURLIER, *fon fils* 1731
8. Jean Louis BŒUF 1779

3e CHARGE

Créée en Juillet 1577 (III)

1. Antoine GROLLIER 1578
2. Jean DE LA VEÜHE 1606
3. Laurent DE LA VEÜHE, *fon fils*. 1638
4. Claude CORTEILLE 1676
5. Jean VACHERON. 1687
6. Jean Philibert DUPORT. . . . 1709
7. Antoine MAINDESTRE . . . 1747
8. Jean Jacques DE BOISSIEU . . 1771

4e CHARGE

Créée en Juillet 1577 (IV)

1. Louis DE L'AULBE 1579
2. Jean DE RAVERIE 1588
3. Aimé BARRAILLON 1604
4. Louis PUGET 1612
5. Gabriel PUGET, *fon fils*. . . 1627
6. Philippe DE COULEUR . . . 1633
7. Etienne DE COULEUR, *fon fils*. . 1664
8. Théodore DAVID DE FONTCRAINE 1685
9. Jean GAYOT D'ECOSSIEU. . . 1693
10. Gafpard FAYARD. 1715
11. Mathieu GIRARD. 1721
12. Jean DUCULTY 1768

5e CHARGE

Créée en Juillet 1577 (v)

1. Louis DE L'AULBE .   1578 ou 1579
2. Claude GARRAULT (*non reçu ni inſtallé*)   1579
3. Jean BARRAILLON DE NANTA .   1583
4. Jean SÈVE DE FROMENTE . .   1603
5. Jean Baptiſte SARDE. . . .   1623
6. Denis BERNICO.   1642
7. Louis DE MADIÈRE   1672
8. Antoine PERRONNET DE MOLINES   1693
9. François DE PONSAINPIERRE. .   1703
10. Pierre Henry AGNIEL . . .   1732

6e CHARGE

Créée en Janvier 1581 (I)

1. Pierre SCARRON.   1582
2. Barthélemy PRÉVOST . . .   1603
3. François DUGUÉ   1612
4. Gaſpard DUGUÉ, *ſon frère* (*il réſigna en 1651*)   1614
5. Michel DUGUÉ, *fils de Gaſpard*.   1660
6. Laurent DE CHAPONAY, *frère utérin de Michel Dugué*   1665
7. Antoine SALLADIN DU FRESNE .   1687
8. Gaſpard François SALLADIN, *ſon fils*   1717
9. Jean André Ignace SOUBRY. .   1741
10. Léonard GARNIER   1781

7e CHARGE

Créée en Janvier 1581 (II)

1. Jacques DAVEYNE   1582
2. François CLAPISSON. . . .   1611
3. Dominique PARTICELLE (*non inſtallé*), 1618 ou 1619

4. Jean CHARRIER LA ROCHETTE .   1621
5. Jean CHARRIER SOLEYMIEUX, *ſon fils*   1670
6. Antoine Alexandre MICHON. .   1701
7. Aimé Gabriel MICHON, *ſon frère*   1730
8. Aimé Julien RIGOD. . . .   1748
9. Marc Jean FAURE   1783

8e CHARGE

Créée en Janvier 1586 (I)

1. Pierre DE CHAPONAY . . .   1586
2. Bertrand DE CHAPONAY. . .   1615
3. Claude PELLOT.   1621
4. François BOURDICAUD . . .   1633
5. Barthélemy GUESTON . . .   1642
6. Chriſtophe BOESSE. . . .   1673
7. Jacques BORDE.   1697
8. Lambert ROVIÈRE   1703
9. Marc Antoine TROLLIER . .   1728
10. Jean Pierre DELGLAT DE LA TOUR DU BOST   1749

9e CHARGE

Créée en Janvier 1586 (II)

1. Jacques REYNIER   1586
2. François DE MERLE. . . .   1604
3. Camille DE MERLE, *ſon fils*.   1639
4. Pierre DUON   1679
5. Humbert PIARRON   1702
6. Jean Fleury CRUPISSON. . .   1708
7. Jean REFREGÉ   1722
8. Jacques TOUBLANC. . . .   1730
9. Louis Claude BRUYZET. . .   1764

10ᵉ CHARGE

Créée en Juin 1586

1. Claude DE MONTCONYS. . . 1588
2. Jean Baptiste SARDE. . . . 1605
3. Mathieu GAILLAT 1618
4. Antoine CHARRIER LA BARGE . 1629
5. Jean CHARRIER LA BARGE, *son fils* 1652
6. Jean DE BROSSES, *son gendre*. . 1673
7. Gaspard GODEFROY. . . . 1694
8. Hiérome VIALIS. 1702
9. Benoît Victor HUBERT ST DIDIER 1713
10. Jean Baptiste HUBERT DE SAINT DIDIER, *son fils*. 1743
11. Antoine DUGAS DES VARENNES. 1763
12. Jérôme BICLET 1766

11ᵉ CHARGE

Créée en Août 1621 (I)

1. Alexandre MASCRANNY. . . 1622
2. Louis MASCRANNY, *son fils* . . 1664
3. Jacques TERRASSE 1705
4. Pierre TERRASSE, *son fils* . . 1732
5. Pierre MERMIER. 1748
6. DURAND DE CHATILLON. . . 1769

12ᵉ CHARGE

Créée en Août 1621 (II)

1. Alexandre ORLANDINY. . . 1622
2. Hugues DINET 1634
3. Eustache ROVIÈRE (*non reçu ni installé*) 1642
4. Mathieu GAYOT. 1644
5. Louis GAYOT, *son frère*. . . 1654
6. Mathieu GAYOT, *fils de Louis* . 1687
7. Claude RUFFIER. 1734
8. Angeli Elisabeth DUVERNEY . 1765

13ᵉ CHARGE

Créée en Février 1626 (I)

1. Balthazard DE MORNIEU. . . 1626
2. Baptiste PIANELLO 1636
3. Laurent PIANELLO, *son fils* . . 1670
4. Jean LA CROIX. 1715
5. Antoine LA CROIX, *son fils*. . 1732
6. SARTON DU JONCHAY . . . 1782

14ᵉ CHARGE

Créée en Février 1626 (II)

1. François DE MURARD . . . 1626
2. Guillaume SARDE DE ST VÉRAN 1653
3. Claude BARANCY 1674
4. Jean DE LA MARTINIÈRE. . . 1680
5. Jean VERDAN 1710
6. André Joseph FENOUILLET. . 1736
7. Nicolas GALTIER 1781

15ᵉ CHARGE

D'AVOCAT DU ROY

Créée en Avril 1627

1. Antoine BOURGEOIS. . . . 1629
2. Jean Baptiste BORGHÈSE ou BOURGEOIS, *son fils* 1667
3. Jean Marie BOURBON . . . 1694
4. Guy DRAPPIER 1716
5. Maurice LACHASSE DE MORLAND 1743
6. Claude POLLET. 1766

16ᵉ CHARGE

DE PROCUREUR DU ROY

Créée en Avril 1627

1. Aimé CHARRIER LA ROCHE. . 1629
2. Jean Baptiste MICHON DE PIERRE-CLAU, *son gendre* 1671

Rr

3. André PHILIBERT 1690
4. Jean Baptifte CONSTANT . . 1712
5. Jean Baptisfte ESTIVAL. . . 1736
6. Jean Jacques FAYARD . . . 1737
7. Jean Marie DELAFONT . . . 1751
8. J. M. CATALAN DE LA SARRA . 1778
9. Antoine MORAND DE JOUFFREY. 1785

17e CHARGE

Créée en Avril 1627 (I)

1. Jacques DE THÉLIS. . . . 1629
2. Gafpard DE THÉLIS, *fon fils*. . 1667
3. Marc PANISSOD. 1708
4. Gilbert ROUSSET 1729
5. Maurice FLACHON 1768
6. Etienne FLACHON
   DE LA JOMARIÈRE, *fon frère* 1778

18e CHARGE

Créée en Avril 1627 (II)

1. Jean BERTRAND. 1629
2. Alexandre MAZUYER . . . 1631
3. Jean MAZUYER, *fon fils*. . . 1657
4. Antoine DE LA PRAYE . . . 1687
5. Jean DE LA PRAYE, *fon coufin* . 1696
6. François DE MAYOL. . . . 1716
7. Jean Pierre Marie BLANCHET . 1737
8. CHOREL DE LA PLAGNY. . . 1781

19e CHARGE

Créée en Avril 1627 (III)

1. Barthélemy LOUBAT-CARLES . 1629
2. Camille LOUBAT-CARLES, *fon fils* 1673
3. Ifaac MOLIN. 1682
4. François RICHARD 1694

5. Bénigne André LEGENDRE . . 1710
6. Balthazard MICHON. . . . 1723
7. Jacques GUIGUET 1747
8. Thomas CHARTON 1774

20e CHARGE

Créée en Avril 1627 (IV)

1. Jean BÉRAUD 1629
2. François BÉRAUD, *fon fils* . . 1647
3. Barthélemy DE PONT ST PIERRE 1673
4. Louis RIVET. 1710
5. Fleury BORDEAUX 1741

21e CHARGE

Créée en Mai 1633

1. Michel PARTICELLE. . . . 1635
2. Urbain PARTICELLI, *fon fils*
   (pourvu non reçu)
3. Louis DESCHAMPS 1672
4. Nicolas DESCHAMPS, *fon fils*. . 1699
5. Louis DUMAREST 1730
6. Louis Pierre DUMAREST, *fon fils* 1757
7. Antoine Marie Charles DUGAS. 1783

22e CHARGE

D'AVOCAT DU ROY ALTERNATIF

Créée en Mai 1635

1. Antoine BOURGEOIS. . . . 1636
2. Louis MAYOSSON 1643
3. Pierre PHILIBERT 1648
4. Jean François PHILIBERT,
   fon neveu 1676
5. Léonard MICHON 1700
6. Balthazard MICHON, *fon fils*. . 1746
7. Claude BAROUD. 1787

23ᵉ CHARGE
Créée en Mai 1635 (i)

1. Jean MERCIER 1656
2. Pierre CHANA DU COING . . 1686
3. François MICHALLET . . . 1705
4. Etienne CLAPEYRON. . . . 1731
5. Florent THOREL
            DE CAMPIGNEULLES 1760
6. Jos. Auguſtin Madeleine LACOUR 1783

24ᵉ CHARGE
Créée en Mai 1635 (ii)

1. Théodore SAVARON. . . . 1657
2. Charles GROLLIER DE SERVIÈRES 1675
3. Louis BOURBON. 1692
4. Hugues GUILLET 1696
5. Joſeph LECLERC. 1729
6. Antoine Marie PALERNE . . 1733
7. Vincent PALERNE, *ſon frère*. . 1742
8. Antoine Marie Auguſtin PALERNE
         DE CHINTRÉ, *fils de Vincent*. 1764
9. Jean Joſeph DAFFLON . . . 1785

25ᵉ CHARGE
Créée en Mai 1635 (iii)

1. Pierre COCHARDET 1658
2. Etienne COCHARDET, *ſon frère*. 1681
3. Jean François PHILIBERT . . 1705
4. Léonard Claude GAULTIER. . 1733
5. Simon VIAL. 1743

26ᵉ CHARGE
Créée en Mai 1635 (iv)

1. Georges GALLON 1661
2. Joſeph DU SOLEIL 1687
3. Jean BRUNENC 1696
4. Thomas DE BOZE 1704
5. Claude GROS DE BOZE, *ſon neveu* 1726

6. Pierre Joachim MOGNIAT . . 1755
7. J. Fr. BURTIN DE LA RIVIÈRE . 1779

27ᵉ CHARGE
DE PREMIER PRÉSIDENT
Créée en Mars 1691

1. Jean DURRET 1692
2. Jean Antoine BATHÉON. . . 1736
3. Jean Marie Louis DURRET
            D'ESTOURS 1748
4. Cam. Jacques Annibal Gaſpard
         CLARET DE FLEURIEU 1753
5. André-Jul. RIGOD DE TERREBASSE 1782
6. Jean Rodolphe QUATREFAGES
         DE LA ROQUETTE 1785
7. François BOULARD DE GATELLIER 1789

28ᵉ CHARGE
Créée en Décembre 1698

1. Pierre P. Bernardin DE PRÉVIDÉ
            MASSARA 1720
2. Pierre DE PRÉVIDÉ MASSARA,
            ſon fils 1748

29ᵉ CHARGE
DE CHEVALIER D'HONNEUR
Créée en Juillet 1702

1. Etienne Joſeph MAZENOD . . 1720
2. Jean François MAZENOD . . 1733
3. Nicolas Mamert DE JUSSIEU-
           MONTLUEL 1782
4. Jean Pierre DELGLAT . . . 1787

30ᵉ CHARGE
Créée en Novembre 1707

1. Louis PARISOT 1710
2. François Philippe RICHÉRY. . 1733
3. Sébaſtien DUTREUL. . . . 1754
4. Claude SERVANT DE POLEYMIEUX 1764

FAUTES A CORRIGER

	Au lieu de :	Il faut lire :
P. 66, ligne 1 :	*Prédéceffeur p. 66.*	*page 65.*
P. 114, ligne 2 :	*de Mars 1626.*	*Février 1626.*
P. 147, ligne 2 :	id.	id.
P. 154, ligne 2 :	id.	id.
P. 223, ligne 17 :	confoncture	conjoncture.
P. 237, ligne 6 :	*accompagné de 3 molettes*	*3 merlettes.*
P. 279, ligne 23 :	le 2 octobre 1750, à Saint-Nizier,	le 15 janvier 1750.
P. 289, ligne 17 :	le 31 janvier 1739,	le 27 janvier.
P. 291, ligne 3 :	CICVI	CXCVI.

On trouvera d'autres petites fautes dans l'impreffion, qui fe peuvent corriger facilement, fans qu'il foit néceffaire de les indiquer.

AVIS

L'ufage s'eft établi, depuis plufieurs années, de terminer les ouvrages qui contiennent des renfeignements généalogiques, par la lifte des noms propres mentionnés dans lefdits ouvrages; par quoi, on trouve une grande facilité pour les recherches qu'on peut avoir à y faire. On a donc cru utile de donner cy après, pour la commodité du lecteur, la table alphabétique de tous les noms des perfonnes & des lieux contenus au préfent Armorial.

TABLE ALPHABÉTIQUE

DES NOMS DES FAMILLES CITÉES

TABLE ALPHABETIQUE
DES NOMS DES VILLES, VILLAGES ET FIEFS
et autres noms de lieux

Le préfent Armorial de MM. Les Tréſoriers de France
de la Généralité de Lyon, par Meſſire Léonard Michon,
ſe vend chez le sr Louis Brun, libraire, ſucceſſeur
du sr Auguſte Brun, ſon père

Ruë du Plat, 13, proche la place de Louis-le-Grand,
à l'enſeigne de la Providence.

Le prix eſt de 40 livres.